新 悦

遇见智慧与思想

A SHORT HISTORY
OF
WESTERN POLITICAL
THOUGHT

政治思想简史

[美] W. M. 斯佩尔曼（W. M. Spellman） / 著

贾珍妮　段瑞俊 / 译

中国社会科学出版社

图字：01-2017-7845号

图书在版编目（CIP）数据

政治思想简史 / （美）W.M.斯佩尔曼著；贾珍妮等译. —北京：中国社会科学出版社，2019.11

书名原文：A Short History of Western Political Thought

ISBN 978-7-5203-3989-6

Ⅰ.①政… Ⅱ.①W… ②贾… Ⅲ.①政治思想史－西方国家
Ⅳ.①D091

中国版本图书馆CIP数据核字（2019）第019536号

出 版 人	赵剑英	
项目统筹	侯苗苗	
责任编辑	侯苗苗	桑诗慧
责任校对	韩天炜	
责任印制	王 超	

出　　版	**中国社会科学出版社**
社　　址	北京鼓楼西大街甲 158 号
邮　　编	100720
网　　址	http://www.csspw.cn
发 行 部	010-84083685
门 市 部	010-84029450
经　　销	新华书店及其他书店

印刷装订	北京君升印刷有限公司
版　　次	2019 年 11 月第 1 版
印　　次	2019 年 11 月第 1 次印刷

开　　本	880×1230　1/32
印　　张	11.25
字　　数	222 千字
定　　价	69.00 元

凡购买中国社会科学出版社图书，如有质量问题请与本社营销中心联系调换

电话：010-84083683

谨以纪念约瑟夫·M. 莱文

目 录

致 谢 001

前 言 公民社会与人类兴盛 001

第一章
城邦与共和国：公元前 400—公元 400 年 001

　　早期政治团体 /// 002

　　世俗基础和希腊城邦 /// 008

　　柏拉图 /// 013

　　亚里士多德 /// 021

　　从城邦到罗马帝国 /// 028

　　犬儒学派、伊壁鸠鲁学派、斯多葛学派 /// 031

　　衰退与上帝之城 /// 037

　　新柏拉图主义和奥古斯丁的解药 /// 040

　　自然法学说的出现 /// 045

第二章

君权神授：公元 400—1500 年　049

日耳曼王国与基督教　/// 053

拜占庭的君主专制　/// 057

教皇的继承　/// 059

短命的加洛林帝国　/// 061

封建倒退　/// 066

教皇与皇帝　/// 067

教会内部改革　/// 069

中世纪中期的王国与政治　/// 075

都市重生　/// 075

"哲学家"的回归　/// 079

中世纪晚期的各种思想　/// 082

政府的世俗转变　/// 085

统一的君主政体与同意原则　/// 088

马基雅维利和政治权术　/// 090

第三章

主权国家的出现：1500—1700 年　095

物质生活和人文主义贡献　/// 096

宗教改革和宗教政治　/// 099

教会及其盟友 /// 101

路德意想不到的遗留问题 /// 104

专制的发展 /// 108

让·博丹和王权 /// 109

都铎王朝的改革与王权 /// 111

詹姆斯一世与神权理论 /// 114

托马斯·霍布斯和世俗的专制主义 /// 115

17 世纪的趋势 /// 118

反抗理论和宪政 /// 120

加尔文主义与神圣的都督 /// 121

约翰·洛克、基督教契约与财产追求 /// 128

共和国、权利与宗教 /// 132

激进的民主 /// 134

自然法的新方向 /// 136

走出神性 /// 139

第四章

从臣民到公民：1700—1815 年 143

旧政权和哲人 /// 145

伏尔泰和自上而下的改革 /// 146

孟德斯鸠与权力制衡 /// 149

卢梭、契约和共同体 /// 152

美国的贡献　/// 156

辽阔的共和国　/// 160

西欧的革命思想　/// 162

自然权利的质疑　/// 165

埃德蒙·柏克、自然权利以及保守主义的出现　/// 167

第一次国际革命　/// 169

功利主义的转变　/// 173

亚当·斯密和最小的政府　/// 177

启蒙运动的局限　/// 179

世界主义的时刻　/// 183

现代的议程　/// 186

第五章
意识形态与平等观念：1815—1914 年　189

物质变换　/// 191

保守主义和自由主义　/// 194

保守派的情况　/// 196

保守派的立场　/// 200

保守派政治家　/// 201

古典自由主义：法律面前人人平等　/// 206

工业国家　/// 208

约翰·斯图亚特·穆勒和自由主义的重新构想　/// 209

自由主义和人类潜能　/// 213

女性和民主　/// 216

条件平等　/// 217

乌托邦社会主义　/// 218

马克思与"科学社会主义"　/// 221

福利国家的到来　/// 226

民族主义和社会动荡　/// 232

民主质问　/// 234

第六章

瓦解和不确定性：1914—2010 年　239

否定自由民主　/// 242

法西斯主义和纳粹主义的兴起　/// 243

意大利法西斯主义　/// 246

风雨飘摇的民主政体　/// 248

莫斯科的马克思主义　/// 252

更加坚定的信仰：1945 年之后的民主　/// 256

权利的重新构思　/// 259

西方对共产主义的质疑　/// 261

战后福利国家　/// 263

凯恩斯主义的中庸之道　/// 266

对福利国家的质疑　/// 268

失去中心：全球化与差异　/// 273

后现代批判　/// 277

差异政治　/// 278

移民和认同　/// 281

民族主义　/// 282

约翰·罗尔斯和自由主义的命运　/// 283

结语　以新视角解读经典理论　288

参考书目及注释　294

后　记　322

索　引　329

致 谢

感谢该领域的专家学者前期大量而细致的工作，使本书得以有所凭借并顺利完成。剑桥大学出版的政治思想史系列丛书，主要由历史学家和政治理论家撰写，内容翔实深入。本丛书的每一卷都包含了该领域最新文献的优秀书目。我所在的大学机构，尤其是教务长凯瑟琳·霍特利，给我宝贵的时间来完成这个项目。位于阿什维尔的北卡罗来纳大学的研究图书管理员和流通专家，包括布莱恩·辛克莱、海伦·德赞多夫和莱斯·塔特，帮助查找资料并简化了图书馆间的借阅过程。我提出是否可以在拉姆西图书馆（Ramsey Library）申请一间教室使用一年，琳恩·奥林（Lynne Olin）和大学图书管理员吉姆·库尔曼（Jim Kuhlman）批准了我的申请。在我撰写这本书的大纲时，我的同事比尔·萨波（Bill Sabo）为我提出了宝贵的建议和意见，而两位匿名读者则指出了一些遗漏，并提出了纠正措施。帕尔格雷夫出版社的珍妮·伯内尔（Jenni Burnell）的督促使项目顺利开展。这本书是为了纪

念我们同时代的一位杰出的文化和思想历史学家约瑟夫·M.莱文
（Joseph M. Levine）而作，这位和蔼可亲的老师曾带过数届研究生，
经常与学生针对研究问题开展深入探讨。

前　言

公民社会与人类兴盛

这篇对西方政治思想史的简要概述，介绍了西方政治思想的鼻祖——古希腊，以及对 20 世纪之前的西欧和美洲影响最为重要的政治思想，同时也考虑到了其他专业的读者和学生们。叙述是围绕着人类参与和平集体行动的可能性的观点来组织的。该观点认为，长久以来，公民社会出现的各种形式，以及为行使政治权威所设定的各种目标，是人类适应环境的一个重要方面，正如已故的乔治·塞宾在他 1937 年的经典著作《政治理论的历史》中写的那样，"社会生活和组织是主要的生物生存设备"。[1] 因此，不同时代的西方政治思想，代表了理解和解决群体生活和结社问题的一系列努力。这些努力往往始于人类状况的基本问题。我们人类怎样才能运用本性和性情，最大限度地实现美好生活（不管对美好生活的定义如何）？我们如何平衡从 18 世纪以来在西方享有盛

---

[1]　George Sabine, *A History of Political Theory* (Hinsdale, IL, 4th edn., 1973), p. 3.

名的个人权利与整个社会的幸福？人类行为在多大程度上取决于环境和文化？人类是否天然就包含着理性和天生的良知等基础恒定的因素？或者，我们的动机主要是激情和自私的倾向，这样的动机必须在集体和社会面前被控制或抑制吗？

当然，其中许多问题在我们的时代仍在延续，但在过去的2500 年里，无论结果如何，那些创造性的答案都是千差万别，而且在某些情况下在当代仍能激起争论。这里讨论的思想家和问题都对西方传统产生过重大影响，从古希腊强调政治作为一个独立的活动领域开始，再到中世纪和早期现代基督教把自身看作政治的精神指引，最后又把现代政治生活重新诠释为一个独立的领域。许多对人类潜能持悲观或怀疑态度的思想家，强调了公共权威必须在社会中扮演强制和指导性的角色，而其他赞同某种形式的同意和问责制的人则对人类的能力有更乐观的解读，结果往往要求限制国家权力。

接下来，为了让叙述变得通俗易懂，我把一些重要的西方思想家及其著作放在历史背景下审视，并为这些作品提供了材料和知识背景。历史背景包括社会背景、经济模式、宗教价值观和思想传承。文中提到了很多重要思想家，比如柏拉图（约公元前427—公元前 348），托马斯·阿奎那（1225—1274），约翰·洛克（1632—1704）和卡尔·马克思（1818—1883），他们都是多产的思想家，作品涉及哲学、社会和宗教的重大问题，所以，要想充分理解他们的政治思想就要求我们了解他们更深层次的责任感，了解他们生活学习的更广阔的文化和知识环境。没有人会在真空中书写政治作品（或其他任何事情），更常见的情况是，思想家写作的意图往往是看到这个世界偏离运行轨道，希望运用一种自身十分认同的信念（或一套信念）来使社会走上正常秩序。

克里斯托弗·罗和马尔科姆·斯科菲尔德在 2000 年出版的《剑桥希腊和罗马政治思想史》一书中，对政治理论和政治思想进行了重要的区分。前者是系统且有意的，而后者则更为宽泛，不仅包括对政治事务的反思，还包括各种文学形式中出现的关于政治行为和制度的思想。[1] 例如，圣奥古斯丁（354—430）就不是政治理论家，5 世纪早期他在北非希坡担任主教时一直忙于行政方面的事情，但是他一直想推动他理解的人与神之间的正确关系，想让上帝之城高于人类之城。毫无疑问，这对中世纪西方已经产生了很大的政治影响。同样，18 世纪晚期的英国作家玛丽·沃斯通克拉夫特（1759—1797）在其最著名的作品《女权辩护》（1792）中，主要呼吁为女性提供教育机会。在 19 世纪和 20 世纪早期，沃斯通克拉夫特的作品被批评人士否定，他们不赞成她非传统的生活方式，但其作品却受到现代女性主义者的重视，许多人认为，沃斯通克拉夫特对西方人类平等观念的形成有重大政治意义。在

---

[1]　Christopher Rowe and Malcolm Schofield, eds, *The Cambridge History of Greek and Roman Political Thought* (Cambridge, 2000), pp. 1–2.

过去的 2000 年里，有几次，有价值的想法从意想不到的地方涌现出来，影响着政治权威和整个社会决定权的定位与行使。对西方文化产生持久影响的政治思想的起源，没有单一的模板或平台。宗教无疑对众多思想家有着重大影响；直接经验启发的抽象原则激励着其他人；而包括性别、阶级和种族歧视等社会现状使人感到枯燥、痛苦和压抑，这也激发了一些作者的灵感。

政治思想的本质是关注社会的公共事务，关注包罗万象的各种问题。这些问题不仅包括共同防御、国内和平、经济进步和司法管理，还包括一种更抽象的共同目标和方向感，一种嵌入特定时间和地点的社会意义网络。整个社会都关心的问题是负责公共事务的政治机构所采取的确切形式，以及旨在指导人类行动的制度，因为每个成员都渴望有意义的生活。[1] 带着这一点，我们有必要回顾一下，西方政治思想的大部分伟大作品都是在危机时期或既定制度形式崩溃时创作的。每当由于领导失败、军事冲突、宗教分裂或严重的经济倒退而使传统的权威和忠诚面临挑战时，人们就提出建立一个有序、文明的社会的新设想，以期结束不稳定的状态，解决物质上的困难。[2]

此外，许多思想家想要定义什么是有价值的"生活"——文

---

[1]　Sheldon Wolin, *Politics and Vision: Continuity and Innovation in Western Political Thought* (Princeton, 2004), p. 10.

[2]　Ibid., p. 4.

化、精神和情感上都得到满足。一些人在现世的物质世界发现了终极意义，而有一些，尤其是基督徒，强调现世生活的预备性质，认为最好的政治秩序类型就是能在地球上传播上帝的思想；还有一些人则强调无论经济地位如何，都要追求个人自由和思想独立。无论具体的优先事项是什么，大多数人都在著作中小心地处理类似的基本问题：政治权威的起源和基本目的是什么；该权力应位于何处；如何行使权力；如果有的话，挑战权威是合理的吗？每位思想家对这些问题的回答，不管是明确的还是间接的，我们都能看到他们的作品有很大的延续性。

本书的目标读者是那些对塑造了西方文化的政治思想感兴趣的人，阅读本书并不需要预先特别了解某个人和某个群体。书中很少使用专业术语，即便使用也会在第一次出现时就做出解释，并且最低限度地使用学术符号。参考书目旨在帮助那些想要更深入、更详细地探究某个主题或个人的读者。本书一开始对早期社会组织作了简要评估，然后转向古希腊和罗马的巨大成就。正是在这里，尤其是在古希腊，政治首先与宗教得以区分开来，西方独特的平等、正义、个人自由、人制定的法律，以及负责任的政府理念开始独立于宗教之外。对于柏拉图和亚里士多德（公元前384—公元前322）来说，希腊城邦国家是其政治思考的焦点，而如何在城邦中公正且快乐地生活则是大多数早期著作的道德起点。

但是，亚里士多德对后来几个世纪中的政治思想影响更大，他认为国家是对人类需求的自然反应，这一看法将在第一章中重点介绍。

许多政治思想研究者都只是粗略地研究中世纪时期，基本同意启蒙运动贬低了罗马灭亡后十个世纪的说法。第二章将试图纠正这个错误的看法，关注这个时期与古代政治思想的延续性，关注教会和国家之间不断变化的紧张关系，这种紧张关系在5世纪罗马政权崩溃后开始，在8世纪加洛林王朝崛起时达到顶峰。这一章将探讨教会领袖（尤其是教皇）和西方罗马权威的日耳曼继承者之间相对立的观点，以及其神学基础，还将集中讲述亚里士多德思想的持续影响，尤其是在阿奎那的作品中，以及阿奎那和其他作者如索尔兹伯里的约翰（约1115—1176）的作品中所包含的反抗理论。这一章还将追溯中世纪中期教会的会议传统的发展，包括在14世纪晚期，教皇的过度扩张和分裂。最后讨论了起源于早期的日耳曼习俗的协商机构和混合宪法的出现，它们在中世纪的英格兰达到了很高的发展水平。

第三章将主要讨论新教改革后早期现代民族认同的形成。马丁·路德（Martin Luther，1483—1546）对天主教普遍主义的挑战，无意中又一次刺激了早期民族主义的发展，并鼓励了那些声称"上帝批准公民不服从"的反抗论者。16世纪，许多思想家都为政治上的反抗行为找到了宗教上的理由。本来，忏悔世界中所有的臣民都有统一的信仰传统，但在宗教内战和国际冲突的几十年里，忏悔世界的完整性受到了严峻的考验。17 世纪，呼吁宗教宽容为启蒙运动对忏悔政治的批判和对人类潜能的更乐观的评估奠定了基础。然而，与契约理论的发展和对宽容的呼吁并行的，是代表神圣王权主张的复兴。在宗教改革之后，君主的权力得以加强，因为国家教会[1]往往服从于世俗的国家元首。欧洲的君主们开始认同一个更大的国家（而不是一个狭隘的王朝）。政治忠诚从君主的身份转移到更广泛的文化、地理和宗教中。

国家没有维护宗教正统的责任，人们天生倾向于共同努力促进集体利益。像这样的论点，17 世纪就有零星体现，18 世纪则广泛传播开来。尽管大多数西欧最重要的哲人是开明君主的支持者，对大众民主持怀疑态度，但共和政体和自然权利的语言在大西洋两岸吸引了越来越多的政治思想家。第四章探讨启蒙怀疑论的本质及其对神权理论的影响；社会契约理论的出现；自然法、自然权利理论在欧洲与北美主要人物和革命家的政治思想中所起的核心作用（以及带来的问题）；大众对政治新科学的诉求。美国和法国革命者的自然与不可剥夺的权利主张；以乐观的人性观为基础，追求进步和人类福祉；以及 18 世纪晚期多数宪法制定背后的普世主义假设、拥有财产的中产阶级争取政治权力的斗争等都将

---

[1]　国家教会是指国家性质的官方基督徒组织。——译者注

在这一章探讨。最后，伴随美国和法国革命而来的中产阶级和下层阶级的政治参与，以及在革命思想的核心中对自然等级制度的否定——所有这些都为现代大众政治奠定了基础——也都将在这一章探讨。

第五章论述 19 世纪主要的"主义"，包括保守主义、自由主义、功利主义、社会主义、马克思主义和民族主义。从埃德蒙·柏克（1729—1797）的保守主义及其在后拿破仑时代的欧洲的表现谈起。保守主义中的家长式作风和干涉主义受到了自由主义者的挑战，自由主义遵循洛克的传统，致力于限制政府干预公民的生活。反对复辟君主制的自由派人士，以及在 1830 年与 1848 年革命中失败的积极分子推动了美国和法国的革命理想，呼吁建立负责任的宪政，但大多数人更愿意将政治参与者的身份限制在受过教育的和拥有财产的人中。

正如 19 世纪上半叶的自由主义运动一样，乌托邦社会主义与那个时代的空想主义有着密切的联系。但与那些拒绝将国家权力扩展到无财产自由公民的自由主义者相反，早期的社会主义者呼吁建立一个有计划的监管国家，由技术官僚来管理公共事务，认为经济平等是成功政治的首要结果。亨利·圣西门（1760—1825）、查尔斯·傅立叶（1772—1837）、罗伯特·欧文（1771—1858）等人的著作，对卡尔·马克思和弗里德里希·恩格斯（Friedrich Engels，1820—1895）的更具革命性、对抗性和阶级性的社会主义观点产生了很大的影响。这一章将讨论自由主义、功利主义、社会主义和马克思主义思想中所蕴含的进步、理性和对人性的信心。我们将讨论 G.W.F. 黑格尔（1770—1831）对马克思历史观塑造方面的影响，以及阶级斗争中人性的黑暗与无产阶级革命后人性的转变之间的关系。这一章的结尾将论述到 19 世纪晚期的民族主义意识形态，特别是传统精英们制定和运用的民族主义意识形态，旨在为强大的中央集权国家和帝国事业争取民众支持。本章最后将在福利国家和大众政治的背景下来分析工人阶级如何逐步获得政治权利、众多工业发达的西欧国家在 19 世纪末如何实现公民普选以及工人政党的出现。

　　主权国家的权力和国家主权豁免成为 20 世纪政治生活中麻烦不断的核心，这是第六章的主题。20 世纪 30 年代，德国、意大利、西班牙和苏联的一党制取代了第一次世界大战后脆弱的议会民主制。法西斯主义是极端民族主义短视和好战的缩影，而在斯大林领导下的苏联，国际工人阶级团体要服从于国家的要求。第一次世界大战后，在国际联盟中建立有效的跨国政治机构的努力走得步履维艰，第二次世界大战后建立的联合国也是成败参半。在"冷战"时期，西方的政治思想被资本主义民主与苏联式共产主义之间的冲突所框定。苏联与西方的马克思主义渐行渐远，其行为一再背叛社会平等的口头承诺。随着 1991 年苏联的解体，一些思想家预测这是"历史的终结"，西方的公民自由思想、宪法政治和市场经济会在全球传播。但出乎意料的是，冷战后，宗教和民族主义再次抬头，种族主义反移民政治的出现以及恐怖主义不可预料的威胁，都让人对西方民主国家乐观的主张产生了重大怀疑。

到 21 世纪开始时，经济和文化全球化的各种力量，连同环境退化、资源枯竭和人口增长的挑战，都呼唤更大范围的国际合作，这或许也是政治行动和讨论的新方向。宗教激进主义和种族民族主义等意想不到的力量，对一些国家多党民主的可行性发出了真正的挑战。然而，主权民族国家的主导地位仍在继续，随着冷战的结束，这个世界上仅存的一些超级大国的政策制定者接受了一种普世主义的观点，支持西方政治和经济形式的传播。这导致了部分发展中国家的不满和反对，并加剧了许多伊斯兰国家的反西方情绪。人类繁荣的大问题又一次摆在人们面前，因为持有不同政见、怀有思想的女性和男性开始质疑西方无限增长的观点——该观点将追求物质财富直接等同于有价值的生活。突然间，或许是及时地，政治权威存在的目的到底是什么，这个问题又一次摆在了人类的面前。

| 第一章 |
城邦与共和国：
公元前 400—公元 400 年

早期政治团体。世俗基础和希腊城邦。柏拉图。亚里士多德。从城邦到罗马帝国。犬儒学派、伊壁鸠鲁学派、斯多葛学派。衰退与上帝之城。新柏拉图主义和奥古斯丁的解药。自然法学说的出现。

古希腊人在哲学、科学、文化艺术等领域取得了辉煌的成就，创造了许多文化和艺术的表达形式，以及很多为人们所熟知的政治话语，例如"民主""贵族""寡头""暴政""富豪"等。"Politics"（政治）一词，来源于希腊语"Polis"，意指城邦，早在公元前4世纪，雅典人柏拉图便提出了系统的治国理政思想，其他诸如公共服务和公共权利的概念、公民身份和平等的概念、城邦的正义观和国家的法治理念等政治理论观点的提出皆源自希腊大陆。[1] 古希腊时期的政治理论与实践的创新性和影响力，为构建早期文明社会写下了浓墨重彩的一笔。

▶▷　早期政治团体

5万—10万年前智人出现伊始，群居已成为人类社会的基本模式。没有其他灵长类动物像人类一样会制造工具、使用简单的语言和拥有组织技能，早期人类凭借具有高级分析能力的大脑及上述生存技能，经营着与自然环境的共存之道。这种与自然环境的相处之道在如今的子孙后代看来已无现实价值，但人类历史上大约95%的时间都处在旧石器时代，族群聚居、共同收集分配

---

[1]　Paul Cartledge, "Greek Political Thought: The Historical Context", in Christopher Rowe and Malcolm Schofield, eds, *The Cambridge History of Greek and Roman Political Thought* (Cambridge, 2000), p. 11. 相关信息可以参见 Ryan Balot, *Greek Politi-cal Thought* (Oxford, 2006) 和 David Stockton, *The Classical Athenian Democracy* (Oxford, 1990)。

食物、共同抵御来自自然界的威胁，强大的社会共同取向而非现今西方强调的个人主义，成为族群生活方式的重要标志。

群居的生活方式并不意味着旧石器时代的人们多么友善或者多么无私，关于这一点，考古学和人类学已有充分的证据证明。事实上，早期人类的群居生活到处充斥着冲突、残忍和不择手段，因为与现代人类相比，他们对自然环境的抵御能力更弱，协同合作也仅仅是为了能更好地满足自身的利益而已。亚里士多德曾说过，人类天生就是社会性动物，为了生存他们也必须是社会性动物。不管是 17 世纪中期托马斯·霍布斯（1588—1679）的原始恐惧论，还是出于陪伴的需要，群居都是世界上游牧民族的共同特征，他们一起制造工具，共同分享采集来的食品，晚上他们停止了打猎就会聚集在一起，他们发现这种生活方式更为便利。[1]

公元前 8500—公元前 7500 年，伴随着种植业和畜牧业的出现，集体游牧生活第一次受到了挑战，越来越多的人不再过着流动狩猎的生活，转而在主要河流附近和平原聚居耕种。农业革命最早出现在中东的底格里斯河、幼发拉底河和尼罗河沿岸，这里的人类不再采集食物，而是靠生产粮食为生。这里的人们发明了灌溉技术，以便年复一年地在同一块土地上种植作物。随着灌溉

---

[1]　L. S. Stavrianos, *Lifelines from Our Past: A New World History* (Armonk, NY, 1997), 描述了互帮互助的氏族社会场面。还可参见 Felipe Fernandez-Armesto, *The World: A History* (Mahwah, NJ, 2007) 第一章和第二章，以及 William McNeill, *A History of the Human Community* (Mahwah, NJ, 1997), 第一章。

技术向东向西的传播，所到之处粮食产量快速增长，这对中东、东南亚，特别是印度河和长江流域的人口剧增起到了关键作用。水利灌溉要求对劳动力有严格的管理，农业生产盈余也需要分配，这些都意味着需要一个由管理精英组成的军事和宗教领袖的出现。军事领袖可以迫使大量的劳动力投入到劳动中，而宗教领袖作为超自然力量的代表，能运用日历掌控着播种和收获的节奏。从这时起，对财产和积累的观念、"我的"、"你的"就此产生，这些观念在早期游牧社会中几乎是不存在的。

与此同时，在这些最初的农业地区开始出现了有序的政治权威组织。这些组织的出现，是为了共同防御周围的掠夺者。掠夺者们不愿意辛苦劳作，但很热衷于享受农业革命带来的成果，于是掠夺和攻击似乎成了一条捷径。大约在公元前1700年出现的战车使这些游牧的掠夺者们对定居者进行掠夺时，有了更明显的军事优势。早期农业社会的首领有两种明确的功能：一是要保护众人的人身安全，二是要保护众人的财产安全。因此，政治、军事和宗教精英们不再从事农业劳作，而是专门负责防御外敌、分配农业盈余，以及仲裁国内纠纷，于是，国家开始登上人类历史的舞台。在此之前，社会由亲属关系组成，盛行平均主义，而在国家出现后，社会便出现了不公平的现象，而我们通常会认为这种新的社会组织模式是文明的象征。等级制度和特权的出现，国家的诞生，永远改变了人类生存甚至死亡的方式。

农业的成功使人们注意到了土地的价值，统治者们便开始划定领土。农业的成功也使城市中心得以发展，人们在这里大兴土木，建造适合长久居住的住所。农业革命之前的旧石器时代以血缘关系为主要社会特征，而在农业革命之后，社会特征便易主为土地、财产和住所。政权机构和暴力机制进一步发展，宗教、行政和司法开始渐渐进行集中统一管理。在底格里斯河、幼发拉底河流域，粮食盈余的增多促进了包括青铜冶金业、工具制造业、交通运输业在内的各行各业的发展，也使建造公共建筑、庙宇、坟墓和大型私人住宅有了可能。[1]最早的国王可能出现在苏美尔平原上的某个地方。国王可能产生于军队而不是僧侣阶级，不过这些统治者无一例外都声称自己的行动代表着神灵，这样一来就可以巩固他们的权力。

埃及在不久之后就出现了与上文所述相类似的统治模式。这种模式大约在公元前 2500 年传播到南亚的印度河流域，大约在 1000 年后传到中国的黄河流域。对绝大多数被统治者来说，他们的辛勤劳作使这小部分统治者得以集中精力处理新生国家的各种事务，而在利益分配时，他们只能得到极少的部分。在这样的环境下，对于老弱病残和不幸的人来说，相互协作是他们生存的唯一保障。在漫长的时间里，我们没有任何关于政治权威如何发展

---

[1]　William H. McNeill, *A World History* (New York, 1999), p. 16.

和演变的书面记载，但显然，国家的出现标志着社会等级分化的开始。而为了使这种不平等合法化，宗教理论和宗教思想也随之发展起来。随着人类数量的增加，社会各阶层之间的关系以及定居民族、畜牧民族和游牧民族之间的关系都变得更加复杂。政权组织应运而生。

第一批国王们凭借他们在战斗中集结的武装力量而享有权威。在美索不达米亚，当时各地冲突频发，从接连不断的战争中产生了一些骁勇善战的国王们，他们具有很高的威望，可以迫使远方的部族进贡。公元前2300年左右，阿卡德的萨尔贡征服了整个苏美尔地区，但他必须带领军队辗转于各地去寻找食物、掠夺财产。当国王不在时，属下的忠诚也就不在了。于是，不定期地巡查成了萨尔贡帝国巩固政权的关键。直到公元前3000年末期，美索不达米亚的国王们才开始委派官员统治各个地区，一些政权组织开始出现。这些政权组织虽然在当今已经发展得非常成熟，但在当时仅仅处于萌芽状态，他们只听命于国王，并不受其他任何人的指挥。公元前1700年左右，汉谟拉比在其统治期间重视梳理记录国家日常工作，组织编纂各种规章制度，政权组织在这一时期得到进一步强化。政权组织的建立，对人与人之间关系的发展具有深远的影响。虽然个人的统治也是重要的，但是从长远看来，建立一个固定的政权机构和完善一套政权组织程序，能更有效地治理国家。

在当时，古埃及国王的地位是极其重要的。有利的地理环境保护了尼罗河流域的人们免受外来攻击，从而能将更多精力投入到生产生活中，便利的河道运输促进了沿岸人类活动的发展和商品的流通。因此，古埃及尼罗河流域物产丰富，人民生活富足。同时，在公元前 3000 年左右，政治集权也开始形成于征服者美尼斯的统治下。埃及早期的国王（法老）被奉为神明，被看作是太阳神的儿子，拥有至高无上的地位和权力，有大批的奴仆和工匠为其服务。古埃及的农业十分发达，这使原本从事农业生产的劳动力可以被重新调配，修建像金字塔这样规模宏大的大型建筑。而这些大型建筑物的修建，又进一步提升了法老的地位。公元前 2250—公元前 2025 年，旧有的国王（法老）专制统治受到了挑战。中王国时期（公元前 2050—公元前 1800），祭司和贵族的势力不断增强，逐渐削弱了国王（法老）的权力。公元前 1800—公元前 1570 年，埃及政局动荡，境内权力斗争不断升级，政权分裂，境外敌对势力频繁入侵。严重的内忧外患导致整个国家最后全部被外敌占领。不过到了新王国时期，国家又实现了统一，重新回到了国王（法老）的专制统治之下。从那时起，国王（法老）的地位便变得更加至高无上，国王（法老）保障着土地的肥沃，调节着尼罗河的水量。他们是牧人，是牧师，更是子民们的"赐予者"。[1] 古代世界中没有

---

[1] H. A. Frankfort, John Wilson, and Thorkild Jacobson, *Before Philosophy: The Intellectual Adventure of Ancient Man* (New York, 1964), pp. 88–9.

任何国家的统治者比埃及国王（法老）更能代表神的力量，并借此来管理世间万物。对埃及民众来说，强大的文化力量让他们感到安心的同时，也给他们带来了巨大的压迫感，宇宙的平衡和秩序把每个人都安排在了正确的位置，谈论个人权利和个人自由显然是不可能的。

▶▷ 世俗基础和希腊城邦

公元前 1200—公元 330 年，先是亚述人在中东建立了帝国，后来，波斯人统一了整个地区，他们建立了税收部门、官僚体系、军事体系和高压统治的政府。只有希腊，在漫长的"黑暗时代"之后产生了另一种政权组织模式，在此之前，以贸易为基础的迈锡尼（Mycenae）文明被来自北方的说希腊语的多利安侵略者所倾覆。诗人荷马（公元前 8 世纪）在这动荡的几个世纪中捕捉到了主流文化的关键元素，尤其是变幻莫测的神的信仰、人类的英雄主义与勇气、自我主张、身体力量和暴力。在《伊利亚特》中，荷马着重阐述传统武士主导的社会正义。书中阿伽门农夺走了阿喀琉斯的战利品——一个被俘虏的女人，阿喀琉斯作为阿伽门农军队中最有成就的一员，谴责了他的上司——傲慢的阿伽门农，并要求得到补偿。阿伽门农却恣意妄为，用羞辱别人的方式来抬高自己的地位。在《奥德赛》中，主人公奥德修斯在流浪多年后回到家中，并立即杀死了使他蒙羞的人——那些追求他妻子、无视他儿子的人。这些史诗般的诗歌，以及它们所隐含的爱友憎敌的道德准则出现了，就像强调正义和政府责任的城邦思想出现了一样。[1]

公元前 1000 年左右，蛮横的多利安侵略者占领了希腊，希腊人纷纷逃亡，最后选择在爱琴海的一些岛屿和小亚细亚海岸定居。在小亚细亚海岸的希腊人建立起独立的城邦国家，由少数男性居民承担防御任务，他们制定了法律和行政机制，建立了选举领导者的程序，并规定领导者实行轮值的制度。领导者需要尊重神灵，捍卫大家所公认的法则和习俗。不仅仅是士兵，各家的男性公民都会参与选举，他们商定的这些条款不仅适用于战时，而且是永久性的。人们相信，人类可以运用一定的规律将他们的公共活动与宇宙规律相协调。公正的法律和对正义的追求是迈向文明社会的基石。每个城邦都是在强大的公民参与意愿和领土自治的基础上运作的，同时，每个城邦都要尊重其邻国的独立性。

军事方面的发展促进了王权的衰落以及民间武装组织的出现。公元前 8 世纪末，重装士兵取代了传统的骑兵，他们高度协调地聚集在一起战斗。重装士兵主要由独立的小农组成，他们决心保

---

[1] Dean Hammer, *The Iliad as Politics: The Performance of Political Thought* (Norman, OK, 2002), pp. 80–92; Balot, *Greek Political Thought*, pp. 18–19; Robin Barrow, *Athenian Democracy* (London, 1999), pp. 7–10.

卫自己的土地不被外来侵略者侵占。当时的农耕生活十分艰苦，
这在公元前 8 世纪晚期诗人兼小农赫西俄德（Hersiod）的《工作
与时日》中有记载，一旦土地被占、庄稼被抢，饥荒和死亡就无
法避免，所以小农们不惜一切代价保护家园的决心就容易理解了。
个人勇气对于战场上重装士兵的成功固然要紧，但对手若是骑兵，
团队纪律和精确的阵型则显得更为重要。贵族、城市工匠和小农
在方阵中并肩作战，各阶层之间的界限变得模糊起来。

公元前 8—公元前 6 世纪，希腊殖民地横跨地中海，西起西
班牙南部海岸，东至黑海，随之而来的是频繁的贸易往来，新的
商业精英取代了农民和贵族。在这几个世纪中，一些城邦处于强
有力的"一人统治"之下（僭政），这些城邦中的领袖（通常是贵
族）推动一系列公共工程项目和商业行为。但公元前 6 世纪末期
总的趋势是，领袖要向公民负责。那些曾经在重装兵团中任职
过的人常常会公开讨论，对当下可能采取的行动路线发表各自的
观点，所有人都认为政策的成功与否与自身利益密切相关，这进
一步强化了同意原则。[1]

先是爱奥尼亚人，后是在希腊大陆上的其他部落，他们都
发现政治不一定要与神权捆绑在一起，实践证明公民参与才是

---

[1] Jonathan M. Hall, *A History of the Archaic Greek World, ca. 1200–479 BCE* (Malden, MA, 2007), pp. 93–100; Robin Osborne, "Archaic and Classical Greece", in *The Edinburgh Companion to Ancient Greece and Rome* (Edinburgh, 2006), p. 93.

社会秩序最有力的保障。荷马通过描述个人能力和成就，来赞叹人类无比卓越的思想；与此同时，爱奥尼亚人也将注意力转移到人的智力和思想上，并将良好的社会秩序与公民的意愿联系起来。公元前 7 世纪，城邦国家的军事部队大量采用重兵方阵，士兵与公民建立了深厚友谊并形成了良好的互助精神，充满了国家荣誉感。人们开始了大胆的猜测，是否人才是平衡自由与约束关系以及解决问题的关键，而不是神和代表神的国王？这一假设认为，政府的存在是为了满足大多数人的合理要求，同时受大多数公民所认可的法律所约束。对于这些问题的思考和书面记载始于古希腊，由此产生的政治思想对西方世界秩序的建立和人们的生活模式产生了重大影响。即使是在今天，这些思想依然存在。

人类对自然的认识，从一开始的神秘不可预测到现在的理性认识，这种转变是如何发生的呢？实际上，古希腊人没有摒弃希腊众神以及流传下来的各种宗教仪式，而是在动荡不安的现实中找到了一个可以平衡各方的秩序和法则。像泰勒斯（公元前 624—公元前 548）、阿那克西曼德（公元前 611—公元前 547），以及阿那克西米尼（公元前 585—公元前 525）这些爱奥尼亚早期（亦称前苏格拉底）的思想家们，他们认为单一的物质元素是自然界的本原，是这些元素构成了所有感官世界里的一切。泰勒斯认为，宇宙的本原是水，阿那克西米尼认为是气，而阿那克西曼德则认为是某种无限的不可察觉的物质，它以不同的形式构成了世间万物，包括人类。总体上讲，爱奥尼亚人是用唯物主义观看待客观世界的，而毕达哥拉斯（约公元前 580—公元前 507），这个来自意大利南部的古希腊人则倡导"万物皆数"。他和他的追随者们将数学比例与关系应用到宇宙中，他的研究重点是将人们对物质的感觉、经验转移到抽象的逻辑关系上。他们赋予数学法则以肉体形态，构成了人类所能感知的物质世界。来自古希腊的德谟克利特（约公元前 460—公元前 370）认为，原子——人类无法感知的微小却又坚不可摧——构成了自然界的一切，它也是以一定的数学比例组合在一起的。早期的逻辑学家巴门尼德（约公元前 515—公元前 450）更是强调不要相信感觉，要重视自己的推理和抽象思维。巴门尼德认为，思想和存在是可以互换的，这是一个在政治理论领域中具有持久影响力的公式。每一个思想家都假定自然界是和谐的、有一种基本秩序，正是在这些对社会和谐和真理的探索中，古希腊政治理论发展硕果累累的伟大时代诞生了（约公元前 4 世纪）。[1]

---

[1]　Susan Price, "The Organization of Knowledge", in Konrad H. Kinzl, ed., *A Companion to the Classical Greek World* (Malden, MA, 2006), pp. 432–9; Martin West, "Early Greek Philos-ophy", in John Boardman, Jasper Griffin, and Oswyn Murray, eds, *The Oxford History of the Classical World* (New York, 1986), pp. 112–23.

▶▷　柏拉图

　　世界到底是像人们所感觉到的那样，还是像一些古希腊思想家们所认为的那样是永恒不变的？这个世纪难题落在了柏拉图的肩上。柏拉图，雅典贵族出身，生活在国内军事战败、党派冲突激烈的时期。他坚信哲学家担任国家领袖会带来更好的秩序和社会正义，因而为之不断地努力探索。雅典是希腊城邦中面积最大、经济发展得最好、最具文化特色的城市。公元前 7 世纪，贵族们统治着这里，他们拥有最好的土地，也不受法律的约束。但大约在公元前 594 年，面对日益严重的经济困难，贵族、富人和穷人之间的差距越来越大，大多数公民都同意任命立法委员梭伦为首席法官。他因此被授予了超级权力，可以免除债务、释放那些因未能纳税而被奴役或被带到国外的雅典人。[1]

　　公元前 6 世纪中期，梭伦的继任者——军人出身的皮斯特拉斯登上了政治舞台。他在任的 30 年里建立了一个受人欢迎的僭政，修建了为数众多的包括寺庙在内的建筑，修缮了公共设施，得到了雅典人民的支持。大约在公元前 506 年，改革派的克

---

[1]　Simon Hornblower, "Creation and Development of Democratic Institutions in Ancient Greece", in John Dunn, ed., *Democracy: The Unfinished Journey, 508 B.C. to 1993* (Oxford, 1993), p. 3.

利斯提尼执政，他不考虑阶层和财富，扩增了公民的数量。他还新成立了一个 500 人的理事会（Council），规定所有 30 岁以上的男性公民都有资格参政议政，并宣布由全体公民组成的公民大会（Assembly）拥有最终的权力。在克利斯提尼领导下的雅典，成为希腊城邦中第一个民主国家。在那里，没有财富和阶层之分，人们可以自由商议公共事务和法律条款而不受到威胁。在克利斯提尼时代，我们开始看到古希腊政治文化核心价值观的出现，即政府的管治是通过信念，而非武力。

在柏拉图的时代，雅典面积大约 1000 平方英里，总人口约 20 万，其中有 3 万—4 万人生活在雅典。雅典是希腊人在整个地中海东部地区的主要文化中心，不管从经济规模还是从人口数量上看，它都远超其他邻国。在柏拉图的一生中，有超过 700 个希腊的城邦分散在地中海东部，其中大部分都是那种规模不大但人与人之间关系紧密且和睦的小城邦，公民人数 500—2000 人不等。迄今为止，雅典都是希腊政治史上的一个例外，它是自由职业的男性参政议政和轮职人数最多的国家。[1]

从公元前 461 年起，伯里克利一直领导着雅典，直到公元前 429 年（伯里克利去世）。公民大会每年召开会议十次左右，并由理事会召开特别会议。所有的男性公民都有资格参与政策的制定，

---

[1]　Paul Cartledge, "Greek Political Thought: The Historical Context", in *Cambridge History of Greek and Roman Political Thought* (Cambridge, 2000), p. 11.

包括国内事务、外交事务、军事行动和公共财政政策。由于有公共服务的薪金补贴，即使没有空闲时间的无地公民也能承担起担任公职的责任。轮职制度使大量的公民在参与政治活动时获得了一些参政议政的实际经验，当时约有三分之一的人口就是通过这种方式参政议政。[1] 不能参政议政的是那些自由男性的妻子和其他女性亲属，以及非雅典籍的希腊人和奴隶（奴隶制是整个古代的普遍制度）。总的来说，雅典的民主制度是基于这样两个观点：一是普通人有能力参与政治活动并且能明智地处理问题；二是管理国家治理城邦这样的事，并非一定要那些受过专业培训的人才能做到。然而，柏拉图对这两个观点都持不同的意见。

雅典的民主政治存在了两个多世纪。具有讽刺意味的是，正值城邦繁荣时，雅典却突然卷入了一系列的军事冲突中。在公元前 490 年和公元前 480 年，这座城邦及其盟友两次击退了强大的波斯侵略者。然而公元前 431—公元前 404 年，在与斯巴达领导的联盟军的漫长战斗中，雅典却节节退败，随后又在公元前 388 年对阵马其顿的艰苦斗争中再次战败。正是在斯巴达战役接近尾声、在纪念那些阵亡士兵时，伯里克利将雅典的民主精神进行了总结：他们一直在努力维护的是一个"掌握在多数人手中，而不是少数人手中"的政府。只有雅典人认为，"如果一个人对公共事

---

[1]　Janet Coleman, *A History of Political Thought*, 2 vols (Malden, MA, 2000), 1: 23.

务不感兴趣，那么他不是独善其身，而是一无是处"；"虽然他们大部分人都不是政策的制定者，但他们都是这些政策很好的裁定者"。对伯里克利和他的同胞来说，雅典是"希腊学派"，但就在对这座城市具有毁灭性打击的伯罗奔尼撒战争之后（公元前404年这座城市因断粮而被迫投降），民主政府暂时让位给一个所谓的"三十僭主"领导下的寡头集团，其中有些人与年轻的哲学家柏拉图有一定的关系。[1]

柏拉图亲历了国家的政治更替，有一段时间他甚至渴望从政以改变国家命运，但最终却成了西方历史上第一位政治理论家和思想家。他深刻分析了人的天性和德性，希望从中找到治国理政的系统方法，然而结果并不乐观。当时大多数政客空谈道德而没有实际作为，派系斗争十分激烈，柏拉图和他的导师苏格拉底一样（苏格拉底，公元前399年被判处死刑，罪名是宣传理性腐蚀雅典青年，颠覆国家宗教），对此感到非常失望。柏拉图所在的国家实际情况是这样的：公民大会由一些虽具民主意识但不具思辨能力的人组成；他们任命的领导人也只为自己服务，沉迷于眼前的利益，既没有意愿也不肯花时间去研究什么是正义、真理和是非，更不用说去考虑如何推进公共事业的发展和改善

---

[1] Thucydides, *History of the Peloponnesian War*, in Robert B. Strassler, ed., *The Landmark Thucydides* (New York, 1996), pp. 111–2. 还可参见 Donald Kagan, *Pericles of Athens and the Birth of Democracy* (New York, 1991)。

人民的生活。柏拉图认为，这些人在担任领导人之前没有好好审视自己的灵魂，上任之后也不具备一定的理论水平来维护公民的利益。[1]

柏拉图认为很少有人适合担任公职，他觉得有必要为人类行为和社会组织创建一个合理的模式，因此他放弃了早期从政的愿望，转而把精力集中到构建一个理想国度的理论建设上。他在公元前 388 年创办了自己的学校——柏拉图学园，他不断讲学和著书，并且运用导师苏格拉底所采用的辩证、问答形式，通过对一系列对话的描写，阐述了改革的必要性。柏拉图对导师苏格拉底极度崇拜，苏格拉底被判处死刑一事给柏拉图带来了强烈的震撼。他早期的一些作品便与这个事件有关：《苏格拉底的申辩》讨论了在审判时苏格拉底为自己所做的辩护；《克力同篇》叙述了苏格拉底在量刑后没有试图逃跑的原因；《斐多篇》提到苏格拉底主张灵魂不朽。[2] 这三部著作同样都采用了对话的形式，是柏拉图在政治哲学方面至关重要的作品。另外一部重要的著作——《理想国》，成书于柏拉图学园成立后不久，即其理论形成的初期；《政治家篇》可能写于其职业生涯中期；《法律篇》完成于他生命的最后阶段，几乎可以肯定，这是在公元前 360 年，柏拉图担任锡拉库

---

[1]　Coleman, *Political Thought*, 1: 70.
[2]　R. M. Hare, "Plato", in R. M. Hare, Jonathan Barnes, and Henry Chadwick, eds, *Founders of Thought* (Oxford, 1991), pp. 12–13.

扎国王的顾问时遭遇了灾难般的经历以后写的。

《理想国》以苏格拉底为主角，在书中我们可以了解到，苏格拉底一生都致力于追求正义和伦理道德，以及向往美好的生活。这个问题也是柏拉图研究的一部分，他推崇理想主义形而上学。柏拉图认为，人类通过感官所感知到的物质世界，只不过是真理在现实社会中折射出来的一个微弱的影子。像他的老师苏格拉底一样，柏拉图认为只有通过高度自律和严谨的理性调查才能了解到关于真理更好的真实性，他称之为形式（form）。在《理想国》第七篇中，他介绍了现今闻名于世的洞穴寓言，用以比喻人类探索理解这些形式的过程中遇到的困难。把一群能力普通的囚犯关在一个洞穴里，他们只能看到满眼的墙壁。其实墙壁只不过是真实世界的一个影子，影子代表了通过感官认识到的世界。只有当犯人被允许走出去，看到从洞穴口中照进来的那束光时，他才能意识到影子世界实际上与现实世界相去甚远。

这时，他突然发现一直为大众所接受的观点是错误的，面对这一发现，势必使人内心感到震惊。而走出去的那个囚犯，即哲学家，"需要努力适应这种震惊，然后才能看到上层世界的事物"。"对这个囚犯来说，更困难的是，当他回到原来那个洞穴中，他该如何向他的同伴们解释，他们一直以来所看到的事情都是错误的？毕竟他们已经习惯了在那个阴暗的世界中生活。如果有可能，他们一定会杀死那个试图带领他们走出洞穴、改变他们生活的那个人。"[1]像柏拉图这样的哲学家们，看透了感官世界的虚幻本质，并不是一定要走到那些绝大多数没有理性能力的公民当中去告诉他们。然而，对"形式"这一领域的哲学探索，是实现柏拉图所认为的美好生活的前提，同时也是建立公平正义的社会秩序的前提。

柏拉图认为，人类社会中的每一种交往都是出于满足特定的需要而产生的。没有人能实现真正的自给自足，每个人都要依靠他人以及整个人类的繁荣而生存。他声称，国家的目的是确保"服务的和谐交换"。[2]柏拉图发现，人类拥有不同的自然天赋，他认为每个人都应该专注于自己擅长的工作，并将这些技能发展到尽可能高的水平。伯里克利时代的雅典鼓励多才多艺而不追求专业化，柏拉图在《理想国》一书中对此表现出了蔑视。他在书中写道：就像物质生产中要对劳动进行分工一样，政治活动也应该有一个类似的分工。柏拉图认为社会应分为两类：第一类是从事各种形式的经济活动的生产者，包括农业、贸易和制造业；第二类是军事护卫者和统治者。后一类工作所需人才的资质不尽相同，军事护卫者要在压力下表现出非凡的勇气，而统治者则需要拥有智慧并具有对社会无私奉献的精神。

在《理想国》的乌托邦世界里，未来的统治者将从童年时期

---

[1]　Plato, *The Republic*, trans., Paul Shorey (Cambridge, MA, 1963), p. 129.

[2]　Quoting Sabine, *History of Political Theory*, p. 60.

就开始接受大量的训练，他们的生活从头到尾都只围绕着战争，不会被财产、婚姻、家庭等琐事分散精力，就像雅典伟大的对手斯巴达人那样，从小就生活在严峻的环境中。只有这样，统治者们才能被训练成一个个充满智慧的贵族，熟练地掌握着治国要领。在一个以自然原则为基础的国家中，哲学政治家们总能明智地做出各种政治决策，因为他们掌握了全面的知识，并明白正义的真正含义。作为治国专家，他们能够激励和引领民众朝着实现美、善、平等和正义的方向努力，朝着守卫美好社会的愿景努力。

显然，农民和工匠的生活是由社会需要所引导的，他们的职责只是服从，并向社会提供必不可少的物质产品，他们没有权利质疑政治家们的权威。自由的意义在于，个体公民在服务他人、满足集体而非个人需求过程中，实现了特定的使命。哲学政治家们摆脱了上述这些获取和交换的干扰，专注于领导下层社会的工作，以满足人类的最高需求。为了推进这一崇高的事业，统治者可以自由地调整现有的法律以适应不同的环境，并且他们自身不受这些法律的约束。工匠和劳动者提供生活所需的物质产品，军人提供军事防卫，统治者专心治国，当社会上的三个阶层各司其职、和谐共处时，社会的公平正义就能实现。

柏拉图后来的两部著作《政治家篇》、《法律篇》，无论从文笔上还是思辨质量上都不及《理想国》，但不可否认的是，这两部著作仍对后世的理论界产生了巨大的影响。《理想国》中所提到的"哲学王"是凌驾于法律之上的，之所以这样说是因为他们受过最专业和最正统的训练。然而在《法律篇》中，他意识到了选拔哲学王的难度，因而提出国家可以退而求其次，以法律取代哲学王。柏拉图终身都致力于寻找一种我们暂且叫作"政治威权主义"的政治形式，他坚持认为，就像医学和数学一样，政治和统治也是人类需要探究的专业领域，只有少数人能够掌握其规律，发现美好生活的本质并做出明确的阐述。大多数人既不知道什么是美好生活，也不会坚持追求美好生活，这时就需要像家长一样的哲学王对民众进行引导，他是一切重要事情的专家，最终他说了算。

▶▷ 亚里士多德

亚里士多德一开始拜师于一名叫斯塔奇拉的马其顿学者，后于公元前 367 年加入了柏拉图学园。亚里士多德虽不是雅典人，但他一直追随着他的导师柏拉图，直至公元前 347 年柏拉图去世。随后，他离开雅典，在莱斯博斯岛东部短暂生活了一段时间，后于公元前 343 年，做了马其顿亚历山大（Alexander of Macedon）王子的老师。公元前 335 年，亚里士多德重新回到雅典，在那里开办了自己的学校——吕克昂学园（Lyceum）。亚里士多德一生中有五分之四的著作是在建校之前完成的，遗憾的是这些著作没能留存下来。他兴趣广泛，在自然史、伦理学、修辞学、物理科学和比较政治学等领域均有涉猎。此时，亚历山大大帝，这位亚里士多德曾经的学生，已经牢牢地控制住了雅典的政治，他计划开启一场非同寻常的军事活动——远征埃及南部和印度河流域东部。然而，亚历山大大帝在公元前 323 年突然去世，雅典民众的反马其顿情绪也在日益高涨。亚里士多德被他的敌人以不敬神的罪名起诉，因为不想重蹈苏格拉底的覆辙，他随后便逃离雅典，并于次年死在埃维亚岛的卡尔息斯。[1]

　　尽管亚里士多德有马其顿血统，但他并不赞成亚历山大大帝的"帝国工程"。和导师柏拉图一样，亚里士多德专注于自己的理论创造，他提倡城邦的政治共同体，反对追求领土扩张及大面积国土的潮流。他和柏拉图都认为，城邦所包含的意义不仅仅是协商、行政和行使权力，还包括了一整套的生活方式，如智力生产、文化输出和宗教价值。这两个人都相信，要想使人类的繁荣达到最高水平，必须要依靠积极理性的城邦参与者，而不能依靠那些主张个人自由、反对国家的人，也不能依靠生活在那些国土辽阔且实力强大的帝国的臣民。对亚里士多德而言，生活在城邦之外的外邦人可能是最糟糕的野兽，他们总是以自私的本能为导向。

---

[1]　要了解亚里士多德，可以先读 Jonathan Barnes, Aristotle (Oxford, 1982)，还可参见其另一本著作，*The Cambridge Companion to Aristotle* (Cambridge, 1995), pp. 1–26。书中描述了亚里士多德的生活和工作概况。

亚里士多德认为公民身份是保证城邦繁荣的必要条件，然而，他自己却被当成外邦人并被剥夺了雅典的公民身份。[1]

《政治学》是亚里士多德谈论政府和宪法方面的主要著作，他继续推行柏拉图的主张，认为国家在很多方面与家庭相似。家庭是因人们的生存需要而自然形成的共同体，当多个家庭为了更大的共同利益联合起来时，村落便产生了，城邦在最高层次上培养人的德性。亚里士多德认为，人类与动物的区别在于人类有理性思维的能力，人类的伟大之处是能够聚集起来从事集体智力活动。[2] 要想成为一个真正的人，就必须运用语言的力量，对每个社会必须做出的集体选择表明自己不同的观点。但他也认识到，大多数人是被野心、贪婪、恐惧和嫉妒所控制的，改变这些不良倾向的关键就是教育，特别是对正义的认识。[3] 作为社会性动物，人类可以通过国家尤其是城邦创造出有价值的生活和人类的共同福祉。尽管有与导师柏拉图意见相左的地方，但亚里士多德创造的这些理论以及完成的巨著，与柏拉图一样都是基于同样的目的：在理性的政治家领导下形成良好的社会。

二人的观点分道扬镳始于形式的抽象理论。柏拉图认为，美、正义和善并不能通过感官来获得，而是存在于抽象的思想中。亚

---

[1]　Aristotle, *The Politics and the Constitution of Athens*, ed., Stephen Everson, (Cambridge, 1996), p. xi.

[2]　Barnes, *Aristotle*, p. 79.

[3]　Balot, *Greek Political Thought*, p. 232.

里士多德否定了这种观点，觉得这是毫无意义的比喻。他认为，任何想要得到普遍真理的试验，都必须着眼于它们所体现出来的具体例子。亚里士多德坚持认为，可观察到的事实是重要的，只有通过对特定事物的研究才能得出普遍的真理。他对知识的归纳法体现在了吕克昂学园的研究议程中。亚里士多德要求学生们收集 158 个希腊城邦的行政结构和历史信息。他认为，想要探究何为理想城邦，最好的方法是通过对现有城市、国家的机构组成和行政行为进行观察和分类，由此来对比它们的优劣。经验总结和历史调查，而非抽象地推测，是改善社会生活的必要条件。

　　虽然对雅典的研究是现存的唯一例子，但亚里士多德的归纳法颠覆了柏拉图对哲学王的信奉。柏拉图认为哲学王是唯一适合统治的人，因为他们能掌握存在于感官之外的形式。这种自上而下、高度精英化的政治权威结构中，哲学王作为统治者垄断了高等教育，而亚里士多德对此提出质疑，认为这种模式缺乏经验基础。柏拉图认为，在一个理想的社会中，利他主义会成为社会主流，因而这个社会的守护者也就不会从中谋取个人利益。他通过《理想国》的公社生活说明，制度一旦改革，人类的本性就会改变，利他主义也会因此而普遍存在。

　　亚里士多德对此观点则持怀疑态度。他主张对人性进行评估分析，从中寻求一种提升公众认知能力的方法。从《理想国》中"善"的定义出发，柏拉图主张废除传统的家庭及私人财产制，同时主张管治人们的日常生活。在《政治学》第二卷中，亚里士多德对这些观点提出质疑。然而，他却十分支持柏拉图在《法律篇》中提出的构建政治共同体的想法。政治共同体这种方式是强调通过合理的对话机制、被社会所认可的法律公约来改善现有的宪政结构。像柏拉图及其他人一样，亚里士多德也认为奴隶制是必要的，他认为，奴隶制度是关系等级中的一部分，对社会的正常运作至关重要，就像孩子要受父母管制、妻子要受丈夫管制、智力低者要受智力高的人管制一样，奴隶们为了更好的生活，也要服从于他们的主人。奴隶是亚里士多德理想城邦中不可或缺的粮食生产者，但作为一个永久的底层阶级，不论他们多么忠诚，如何奉献，永远都不可能拥有公民的身份。[1]

　　家庭和邻里都是出于满足人类需求而自然而然出现的合作形式，因此亚里士多德认为城邦是人类福祉的顶点。由于亚里士多德认为没有一种模式适用于所有社会，所以他在《政治学》第六卷中讨论了一系列政治制度。如果作为君主的那个人比其他任何一个人都更有道德，那么君主制是适用的，但这种情况极其罕见。如果在一个腐败的人领导下，这种君主制的政权会迅速退化为暴政。同样，一小群正直的领导者可能会形成一个强大的贵族阶层，富人和受过教育的人会把集体智慧带到处理公共事务上去。但是，

---

[1]　C. C. W. Taylor, "Politics", in Barnes, ed., *The Cambridge Companion to Aristotle*, p. 236; Abraham Edel, *Aristotle and His Philosophy* (Chapel Hill, NC, 1982), pp. 320–1.

因群体野心把贵族领导团队变成寡头政治集团的危险也会如影随形。

如果一个地方的绝大多数自由公民不富裕，且一直遵循崇高的道德标准并以共同利益为准则，那么这个地方就会形成"政体"（polity），但在这个层面上产生的自私与野心会导致亚里士多德所说的"民主"。他承认，普通公民的集体智慧也可能与正直的国王或少数贵族的智慧相当，但在道德高标准缺席的地方，民主政治就有可能堕落为暴民政治，富人成了地位低下的少数派。亚里士多德特别不希望看到这样的事情发生。最后，他没有支持任何一种模式，而是向精英和普通民众说明了妥协的必要，以确保每个公民得到公平对待。亚里士多德认为，假如国家有一套结构得当、充分考虑民意的宪法，有一个庞大的中产阶级，那么在这个国家中，全体公民就有可能达成共识，从而建立一个温和的政权。亚里士多德认识到大众在政治体系中都会要求享有权利，他强烈要求在国家支持和控制的机构中让每个公民都受到教育。[1]

如果人的习惯会强化人善良的天性，而这种天性在政治生活和宪法的制定中起很大作用的话，那么对于亚里士多德来说，对教育的忽视则是对宪法的最大威胁。任何公民都不应该认为他属于自己，因为"他们都属于国家，他们都是国家的一部分，国家好，

---

[1] Roger Crisp and Trevor J. Saunders, "Aristotle: Ethics and Politics", in David Furley, ed., *From Aristotle to Augustine* (London, 1999), pp. 130–5.

个人才会好"。[1] 教育者可能就课程内容会有意见不同的时候，但由于道德既不是天生的，也不是神的礼物，因此由国家和法律来控制教育，对形成一个向善的社会就显得意义重大。在《政治学》姊妹篇《尼各马可伦理学》（*Nicomachean Ethics*）的结尾，亚里士多德说："如果没有正确的法律，青年就很难被挖掘出优秀的品质，因为对于大多数人来说，尤其当他们还年轻的时候，活得太过安逸或太过艰苦都不好。"亚里士多德认为教育对人有着"后天培养"和"职业准备"两大功能，这就是为什么教育应该由法律来决定。养成好的行为习惯很重要，但是如果没有好的行为习惯，那么只好采用法律的强制手段了。"大多数人会服从需要，而不是争论，害怕惩罚而不是什么高尚的说教。"[2] 通过观察，他发现无论富人和穷人、寡头和民主党人，都是这样的。所以，亚里士多德支持建立混合宪法，这样就没有人（或阶级）在他人不同意的情况下单独采取行动了，他们的行政权力也会受到制约。

在社会契约国家中，政府应保护公民的权利不受侵犯，这并不是柏拉图和亚里士多德提倡的。他们把国家当成实现美好生活的一种工具，所谓的美好生活就是指社会上随处可见正确的法律、受过教育的公民和具有社会意识的立法者。每一个成功的国家都有着明确的道德标准，休闲娱乐都是为自我提升，而不是放纵或不作为。

---

[1]　Aristotle, *Politics*, ed., Everson, p. 195.
[2]　Aristotle, *Nicomachean Ethics*, Book 10, Chapter 9, ed., Everson.

正规教育并不是为了给就业提供培训，它的目的是探索生命和智力的发展。知道如何统治，反过来，知道如何被统治，需要一幅公共权力的图景来呈现客观和可知的善，让所有理性的人都能自己发现并悦纳这样的善。亚里士多德认为，城邦为人类搭建了一个"终极完美的合作平台"；城邦是帮助人类摆脱其自然属性必不可少的工具，正如他在《政治学》一开始所说的，"人，在最完美的时候是动物中的佼佼者，但是，当他与法律和正义隔绝以后他便是动物中最坏的"，因为假如人没有得到过完善，就会是最邪恶、最野蛮的动物，就是欲望无边和暴饮暴食的动物。[1] 国家可以让人类变得文明开化，立法者可以规范人类行为且彼此互惠，这是柏拉图和亚里士多德所理解的雅典政治的特征。两人都接受同意原则，但这一原则只适用于全体公民都受到良好教育的社会。

▶ ▷ 　从城邦到罗马帝国

在这个小型、自给自足、人口分布均匀的希腊城邦崩塌之后，政治思想家们面临着新的挑战——国土面积越来越大、人口数量越来越多。马其顿、埃及和叙利亚这几个国家都不愿采用希腊式政体，而是选择建立帝国。城邦被国际大都市所取代，很少有人

---

[1]　Aristotle, *Politics*, Book I, 2 (1253), ed., Everson, p. 14.

有机会直接参与到公共事物的管理中。亚历山大的马其顿帝国虽然存在了很短的时间，但却从根本上改变了（有些人说消灭）公民责任、参与、政治责任的概念，而这些恰恰是希腊式政体的核心。"政治"这个词在词源上的意思是"关于城邦的事情"，而当制定决策已不需要大多数人的时候，人们很难重新定义政治发生的空间。[1]公元前 146 年迦太基政权灭亡后，罗马帝国建立。至此，"巨无霸"国家政权的模式正式开启。公元 1—2 世纪帝国的风潮席卷至很多不同文化、不同传统的民族。帝国不再重视参与政治的公民，也不再担心大都市会出现的各种问题，而是要求国民对唯一的、像神一样的统治者绝对忠诚。

当然，公元前 509 年的罗马只是提伯河河岸上的一个小城邦，即便是后来其领土扩张到整个意大利半岛，罗马人仍试图保留当时小型社会的行政及生活模式。正如历史学家 J.M. 罗伯茨所观察到的，罗马人"总是表现出对古老传统的喜爱，并喜欢保持古老的做事方式"。[2]罗马政府中存在三种政治政体：每年选举产生执政官（consul）的君主政体，以元老院（Senate）为代表的贵族政体，以及公民和护民官（tribune）的民主政体，罗马人以此为骄傲。诸神赞许这种安排，国家一部分的善抵消了另一部分的恶，但在现实中很难保持这种平衡。

---

[1]　Wolin, *Politics and Vision*, pp. 65, 70.
[2]　J. M. Roberts, *A Concise History of the World* (Oxford, 1995), p. 140.

事实上，共和政体在早期是由一个强大的元老院主导的，长期以来，独立小农阶级一直是罗马社会的经济支柱，随着领土扩张的推进，出现了大量土地和丰富的奴隶劳动力，大量的财富集中到地主手中，[1] 独立小农逐渐失去了原有的地位。公元前 2 世纪下半叶的民主浪潮导致了一系列内战，最终在军事强人的统治下建立了暴政，国家从此陷入混乱。直到公元前 30 年，恺撒的养子奥古斯都（公元前 63—公元 14）当上国王后动荡才结束，他建立了一个世界帝国。

沿用城邦政府这种政体模式变得越来越难，必须采用其他政体模式才能应对新出现的地域问题。罗马的政治思想家们以一种高度务实的态度做出了回应。例如，主要的法学家将不同国民的法律法典要素纳入罗马法中，久而久之就形成了适用于整个帝国臣民的法律。这一法律先例的出现，证明了在毫无关系的陌生人之间建立共同规则也是很有必要的，罗马总督成为在各省执行这些法律的关键人物。

虽然说在罗马帝国的漫长岁月里，很少有杰出或有系统理论的思想家，但在法理学、伦理学和行政管理方面，有许多重要的贡献者。这些人当中，大多数人意识到了他们东边的邻居——古希腊在文化和思想上的先进性，因而他们对希腊古典文化产生了

---

[1]　J. S. McClelland, *A History of Western Political Thought* (London, 1996), p. 84.

强烈的崇拜，开始学习希腊语，并向他们所征服的希腊人学习。在罗马帝国扩张的几个世纪中，成千上万受过教育的希腊人以及一些奴隶和自由人，都处于罗马人的控制之下。而古希腊的科学、医学、艺术和哲学又无一不在方方面面影响着罗马文化。所以后来罗马渐渐自然而然地开始了希腊化的进程，这一进程对罗马以及后来的西方思想产生了深刻而持久的影响。但也许罗马政权最重要的意义是创造了共同的知识遗产———一套世界性的价值观，正因如此，地中海世界的许多国家和其他地方才能欣然接受罗马的存在。罗马奠定了西方文明的基础，虽然今天我们很少去把罗马帝国的成就与现代西方所取得的成就做对比，但是在罗马帝国衰落之后的一千年里，欧洲各国人民仍生活在罗马帝国（这个西方第一个超级国家）的阴影中，总是拿它来衡量自己的政治和文化生活。

▶▷　犬儒学派、伊壁鸠鲁学派、斯多葛学派

城邦没落之后，人与人之间的紧密联系不复存在。除了少数新帝国的臣民外，其他所有人对帝国都只能选择顺从和沉默，那么，人们就开始思考，人类与遥不可及的国家政权之间还有什么关系吗？公元前 4 世纪晚期，社会上又出现了由被称为犬儒学派的思想家所领导的脱离公众生活的新潮流。锡诺帕的第欧根尼（公

元前 400—公元前 325）是这个学派中最早、最有名的人物，他在公众场合的行为放荡不羁，并对各种形式的公约进行口头攻击，[1]因而获得了"狗"（犬儒）的称号。第欧根尼坚持认为，过简单的生活、满足基本的生理需要是最崇高的目标，而非苏格拉底式地追求抽象知识。他在社会之外还实现了高度个性化的自由，希腊人称之为自给自足（autarky）。在犬儒学派中有一种明显的反智力倾向，认为在某种程度上人类的不幸源自扭曲的帝国秩序，这种扭曲是文明本身所带来的，所有的制度和规则都有悖于自然的本性。

古希腊哲学家伊壁鸠鲁（约公元前 341—公元前 269）的追随者们肯定了犬儒学派所倡导的"出世行为"，即不去关注公共领域的事务。伊壁鸠鲁被后世说成是一个自我放纵的享乐主义者，这种评判有失公允。他认为人类无法从由周围的原子构成的世界中获得真理，相反，他提出人们应该追求洞察力，这样一来既能促进个人获得幸福也能促进友谊的发展。他的追随者们进行自我辩护：他们这样生活不是没有操守，而是为了身心健康，正因为无法影响政治而转去寻求一种平静的生活；他们相信，追求名利、权力和财富是贪得无厌的，最后都是以沮丧和痛苦告终，相比世俗的成功或政治权力的争夺，他们更倾向于这种无欲无求（ataraxia）

---

[1]　John Moles, "The Cynics", *Cambridge History of Greek and Roman Political Thought* (Cambridge, 2000), p. 419.

的生活态度和对友情的重视，他们认为友情可能是城邦最精华的部分。同样地，他们也认为不能总是害怕那些爱发怒、爱干涉的诸神们，因为恐惧只会影响人类的自身健康和有序的生活。伊壁鸠鲁相信诸神的存在，但他同时也坚持认为神对人类的事情不感兴趣。[1]

罗马的伊壁鸠鲁学派领军人物是卢克莱修（约公元前 96—公元前 55）。他是一个无神论者，他在作品《物性论》中写道，人生的意义在于追求哲学的宁静，在一个政治和军事冲突不断的世界里，只要通过简单的"不被注意的生活"就能去除焦虑，获得自由。这是一种排斥政治活动的生活方式，伊壁鸠鲁学派基本不理会国家在维护和平与公民秩序中的努力，只在意增强个人的自主性和自身的利益。这种世界观与苏格拉底强调的"政治活动的文明功能"形成了鲜明对比。[2] 生活在喀罗尼亚城的传记作家普鲁塔克（约 46—约 122）批判了伊壁鸠鲁学派的寄生生活方式，认为该学派不为国家做任何贡献，只享受国家的好处。但这种批评是不客观的。批评者并未考虑到帝国范式带来的问题：只有在遥远的首都，那里的公民活动才有意义，其他地方的公民活动不会

---

[1]　Norman Lillegard, *On Epicurus* (Belmont, CA, 2003) 书中对伊壁鸠鲁有简短的概述。还可参见 James H. Nichols, Jr, *Epicurean Political Philosophy: The De rerum natura of Lucretius* (Ithaca, NY, 1972), pp. 13–24.

[2]　Wolin, *Politics and Vision*, p. 71.

对政治产生任何影响；而且帝国规则的制定似乎十分随意。[1]

　　面对激进的伊壁鸠鲁学派对帝国发展造成的挑战，斯多葛学派的回应可能算是最为理性的。公元前4世纪末期塞浦路斯西希昂的芝诺（公元前335—公元前263）创立了斯多葛学派，在共和时代第二个世纪，这个伟大的雅典学派的观点在罗马贵族中受到了欢迎。斯多葛学派的思想家们深信，在宇宙中存在着一种潜在的理性秩序或神的法律，他们强调忠于职守、共同的公民身份，以及在法律下追求正义。每个人都有一种神圣的类似火花的元素，在死亡的时候（这并不可怕），火花又回到了永恒的精神之中。

　　从许多方面来说，这都是一个理想的视角，与罗马和平（*pax Romana*）时期迅速扩张的文明相契合。摒弃了希腊和野蛮人之间的旧区别（与波林的基督教相似，这是早期帝国的另一个伟大信仰体系），斯多葛学派奉行以实际常识为基础的道德普遍主义。这种普遍的人性观念可以轻易地超越人为的边界和地理距离，所以影响范围很广。斯多葛学派认为所有人不管出身贵贱、社会地位高低、财产多少（与基督教的另一个相似之处），都是一样的。这种观点进一步扩大了普遍人性观念的影响。当时，支撑罗马帝国经济的是无人身自由的劳工，斯多葛学派中有些人对这种奴隶制做出了革命性的批判。在公元前1世纪，大约有三分之一的意大

---

[1]　Malcolm Schofield, "Epicurean and Stoic Political Thought", in *Cambridge History of Greek and Roman Political Thought* (Cambridge, 2000), p. 442.

利人都是奴隶，他们被认为是私人财产，用于生产和服务主人。对奴隶制提出质疑、并暗示奴隶也是人类，这在古代可以说是非常具有颠覆性的观点。[1]

罗马政治家、律师和演说家西塞罗（公元前 106—公元前 43），极力倡导斯多葛主义中所蕴含的理性、普世的价值观。西塞罗出身并不显赫，但他成了元老院的领袖之一，并于公元前 63 年，在共和国担任有着最高权力的执政官。内乱和内战使共和国陷入困境，他认为这是因为人们没有按照宪法约定的原则去生活。西塞罗在他的《共和国》《法律》《论责任》以及另外的 900 多封信中，都肯定了斯多葛主义的自然法（学说），他认为人们有义务遵循灵魂中最高尚的能力，即理性的生活和工作。

在帝国早期，埃皮克提图（约 55—135）传递了许多斯多葛学派的声音。他虽出生在奴隶家庭，但他的教书能力为他赢得了自由，他在《话语和手册》[由他的学生弗拉维安·阿里安（Flavian Arrian）编写] 中提到，面对巨大的不幸时要有耐心和决心，要接受一个人在世界上的地位和责任，而不必太过于关注物质的积累。公元 89 年前后，埃皮克提图和其他哲学家一同被图密善皇帝[2] 流放，埃皮克提图被流放到希腊西北部的尼科波里斯（Nicopolis）。

---

[1]　Malcolm Schofield, "Stoic Ethics", in Brian Inwood, ed., *The Cambridge Companion to the Stoics* (Cambridge, 2003), pp. 233–56.

[2]　图密善（Domitian，51—96 年），罗马帝国皇帝，于公元 81—96 年在位。——译者注

他在那里建立了一所学校，深受罗马公民的欢迎。亚里士多德所谓的幸福是需要一定的自由和健康体魄的，但埃皮克提图认为，即使在最糟糕的情况下，人们也能找到生活的意义和目标。毕竟，人类不幸福的原因就是由于偏执于所谓美好事物的错误信念，以及为追求稍纵即逝的奖赏而耗费的大量时间和精力。许多事情都不是我们所能控制的，我们能做的就是去适应所面对的一切并保持一种高尚的品格。

斯多葛学派中最著名的是罗马帝国的皇帝——马可·奥勒留[1]，他的遗作《沉思录》一书真正概括了斯多葛主义的精神：不管环境多么恶劣，都要有对自身所担负责任的献身精神。尽管在他统治期间帝国几乎一直处于战争状态，但奥勒留还是在生命的最后12年中，记录了很多自己的反思与实践的理论，他说这是"写给自己的"。人类生命的渺小以及在无限时间里人类成就的短暂，是该作品反复出现的两大主题。"一段短暂的时间后，你将成为灰烬或是裸露的骨头，名字也不过是空洞和重复的声音而已"，"人这一生追求的不过是虚荣、贪腐和垃圾；人就像打闹的小狗崽和吵架的孩子们，他们一会儿笑，一会儿哭"。

奥勒留的五个孩子中最后只存活了一个——康姆莫德斯（Commodus）（一个魔鬼般的继承人），皇帝因而对生命的脆弱深

---

[1] 马可·奥勒留（Marcus Aurelius，128—180年），思想家，哲学家，公元161—180年担任罗马帝国皇帝。——译者注

有体会：人类看重的社会差异其实都是毫无意义的，因为在死亡面前"马其顿的亚历山大大帝与他的马夫并没有不同，两者都遵循宇宙的同一生成原理，或者都被分散成原子"。[1]皇帝告诫自己：命运是未知的神圣计划的一部分，每个人都要接受自己的命运，并且要始终以理性和克制行事，履行好自己的职责，在别人的邪恶行为面前也要保持镇定。所以，当面对自己所统治的地区（包括西欧、北非、小亚细亚、亚美尼亚和叙利亚）出现的困难时，他能泰然处之；当面对困扰帝国大部分地区几十年的瘟疫、面对日耳曼野蛮人的入侵、面对摧毁了罗马粮仓的洪水时，他都能保持镇静。

▶▷　衰退与上帝之城

生活在日益官僚化和军事化的罗马帝国的贵族们，从斯多葛主义中获得了思想上的安慰，在新千年里，穷人、地位低下的和被抛弃的人则开始转向另一个精神慰藉——基督教。在最初的两个世纪中，基督教不过是为数众多的"神秘宗教"之一，它描绘了人类生存的本质和目的，令人神往。但是由于基督教所拥有的"万王之王"的特权甚至超过了罗马帝国，所以一度受到了官方打

---

[1]　Marcus Aurelius, *Meditations*, trans., Maxwell Staniforth (Harmondsworth, 1964), pp. 88–9, 96.

压，基督徒遭遇了行省政府的持续迫害。圣保罗告诫罗马的教徒们，"没有权柄不是出于神的。凡掌权的都是神所命的"，然而这并没有使基督教免除打压。[1] 如果存在一种重视国家基础设施建设的文明，比如市政工程、铺路架桥、管道疏通、环境卫生工程等，那么随意站在一块脏乱破败的土地上就宣扬世界末日的到来显然是不合适的。而罗马就拥有这种文明，且市民皆以实践行动为价值取向，很难想象这样的宗教舆论导向与罗马的文明形成了多么鲜明的对比。

但具有讽刺意味的是，正是和平时期的罗马帝国推动了整个帝国人民的思想发展，包括基督教，到了公元 4 世纪——君士坦丁的统治时期，罗马结束了对基督教信徒的迫害。教会领袖们已经缓和了他们的末日临近言论，而罗马当局则敏锐地觉察到与这个约占罗马人口 5% 的组织结成战略联盟的潜在好处。罗马帝国从与基督教领袖日益密切的关系中获益良多，宗教领袖们劝告人们要服从罗马政府，因为罗马政府是基督教派不可或缺的保护者。因此，当狄奥多西皇帝在 378 年将罗马帝国的官方宗教定为基督教时，没有人觉得奇怪。[2]

其实，在这次结盟之前，基督教在社会上早就有了一定的地

---

[1]　Romans, 13.1–6.
[2]　Matthew Innes, *Introduction to Early Medieval Western Europe, 300–900* (London, 2007), pp. 41–2; Roger Collins, *Early Medieval Europe, 300–900* (New York, 1991), pp. 17–24.

位。奥古斯都和他的继任者们维护着共和政体的旧形式和表象，专门保留了元老院，表面上看，皇帝们每年都要经过选举才能出任执政官，但政治权力却已经发生了根本性的变化。皇帝作为第一公民，控制着军队和带薪的官僚机构。他是真正的最高统治者，但他的任期取决于与罗马军队的关系如何。在公元 14 年奥古斯都死后的一个世纪里，共有 12 位皇帝统治过罗马，尽管在一开始继位时会有冲突，争夺比较残酷，但总的来说，从公元 180 年直到马可·奥勒留去世，和平时期一直在延续。

奥勒留的儿子康姆莫德斯统治时期社会冲突和暴力事件频发，他没有继承父亲的美德，康姆莫德斯皇帝被暗杀这一事件，标志着罗马帝国衰落的开始。基督教超越世俗的世界观，无意中在这一时期得到了强化。在灾难般的公元 3 世纪，越来越多采用罗马军事技术的德国部落开始沿着莱茵—多瑙河边境进入帝国。在这场危机中，因为基督教的不忠以及其所宣扬的末日言论，皇帝决定要根除基督教。独裁皇帝戴克里先[1] 在加强对日耳曼蛮族的军事防御的同时，也对基督教会发起了攻击。与此同时，农业税收——罗马帝国主要的经济支撑，已无法负担不断增加的军费和官僚机构的开支，于是皇帝开始没收富裕臣民的私人财产，这一举措使贵族们纷纷离开城市逃到农村，进一步破坏了帝国的大

---

[1] 戴克里先（Diocletian，244—312 年），罗马帝国独裁皇帝，于公元 285—305 年在位。——译者注

都市文明。

君士坦丁的政策使形势发生了戏剧性的逆转，教会转而为帝国而战。公元 313 年颁发的米兰救令使基督教合法化，从而结束了基督教被帝国迫害的命运，到该世纪末，其他宗教全都被取缔了。基督教会借鉴罗马帝国的行政结构，组织了罗马城镇以外的传教活动，并且建立了一个统治阶层，罗马主教成了所有教会的精神领袖。早期拥有大量圣徒和殉道者的教会成为受人尊敬的中心，帝国更是慷慨的予以拨款。如今，教会内部对教义的不停争论变得司空见惯。随着帝国权力和政治中心东移到人口稠密的富庶地区，教会在罗马的西欧领土事务上也掌握了实权，基督教主教开始行使民政官员的所有职能。在乱世中，人们希望在教堂既能得到人身安全又能得到情感慰藉，特别是奴隶和下层阶级，他们发现基督教所承诺的救赎、所宣传的教徒人人平等对他们来说简直是一剂令人振奋的良药。公元 4—5 世纪，日耳曼人来势汹汹，罗马政权名存实亡。[1]

▶▷　新柏拉图主义和奥古斯丁的解药

正是在这样一个大背景下，北非的希坡主教奥古斯丁（354—

---

[1]　Julia M. H. Smith, *Europe after Rome: A New Cultural History, 500–1000* (Oxford, 2005), p. 220; Ian Wood, "Christianisation and the Dissemination of Christian Teaching", in Paul Fouracre, ed., *New Cambridge Medieval History, c. 500–c.700*, pp. 710–711.

430）开始反思帝国的命运，并为基督教士兵指出了一条与自己截然不同的道路，因为奥古斯丁自己信奉基督教的道路走得艰难而漫长，这在《忏悔录》（该书被认为是后古典世界最强大的精神自传）中有详细记载。奥古斯丁曾经是一个受过高等教育的异教徒，他出生在北非并且在此度过了他一生中的大部分时光，他在中年时才成为一名基督徒。他声称自己在信奉基督之前过着放荡不羁的生活，而过往的经历也影响了他对人性的判断。公元 391年，奥古斯丁被任命为牧师，并于公元 396 年迅速成为希坡主教。他也是一位多产的作家，其著作涵盖了各个学科，可以说是所有基督教哲学家中最具影响力的人物。他对普罗提诺（Plotinus，204—270）的理想主义哲学了如指掌并大加赞赏，这种哲学后来也成了他知识构成的核心。普罗提诺是一位生于埃及的思想家，他经历了罗马帝国历史上最严重的倒退，但他的作品却丝毫没有提及这些毁灭性的事件。他重申了柏拉图哲学，描写了真实的思想世界，摒弃了虚幻的表象世界。伯特兰·罗素（Bertrand Russell）认为，奥古斯丁把普罗提诺的形而上学思想传递给了基督徒，为他们提供了"绝望时的慰藉"。[1]

　　奥古斯丁把他所有精力都集中在如何理解这个残酷又充满危险的世界（当他死后他所在的城市遭到了汪达尔人的攻击）。公元

---

[1]　Bertrand Russell, *History of Western Philosophy* (London, 1969), p. 290.

410 年，在西哥特人洗劫了罗马城后，异教徒们反而将这场灾难归咎于那些长期拒绝崇拜传统罗马神灵的人。奥古斯丁用他最重要的著作《上帝之城》予以回应。这本书开创性地运用基督教观点分析了罗马帝国和其他国家的历史，奥古斯丁告诫他的信徒们仍然要支持罗马帝国，但同时他也认为，世俗的感官城市注定要毁灭，只有义人才会永远活在天上的"上帝之城"。那些不属于"上帝之城"的人"将承受永恒的痛苦，也称第二次死亡，因为此时灵魂将与上帝彻底分离"。因此，世俗的城市永远不可能成为真正的基督徒关心的问题；帝国和城市将会兴衰，但只要想着让基督宽恕罪恶，那么，世俗臣民的债就算还清了。[1]

奥古斯丁对永恒之城和肉体的腐朽生活进行了新柏拉图式的区分，他认为没有信仰，只靠理性去追求智慧是徒劳的，这个观点影响了整个中世纪及之后的教会理念。古代城邦和共和国是以人为中心，靠人去改变人类的命运，而现如今人们生活的意义是为了努力完成上帝所托付的最终的愿望，人们都是在为死后真正的生活做准备。到 5 世纪末期，基督教的警告似乎在西罗马帝国应验了，罗马人曾一度引以为傲的文明被野蛮的部落冲击得七零八落。公元 455 年汪达尔人洗劫了整个罗马城。虽说在公元 451年西罗马帝国击退了匈奴人，但其实那些打了胜仗的"罗马军"，

---

[1]　St Augustine, *The City of God*, trans., Marcus Dods (New York, 1950), p. 709.

是西哥特国王雇佣的由一群西哥特人、法兰克人、凯尔特人和勃艮第人组成的散兵。这段悲惨的历史于公元 476 年结束，西罗马最后一任皇帝是一个名叫罗穆卢斯的 15 岁男孩，他最后被日耳曼国王奥多亚克（Odovacer）驱逐并杀害。

西罗马帝国晚期国家动荡不安，这使奥古斯丁更加坚定了自己对人性的看法。奥古斯丁的这些观点在很大程度上受圣保罗的影响，圣保罗认为罪恶无处不在，人类不喜欢顺服上帝，反而违背上帝的意志思考和行动，人类无论如何努力都无法弥补亚当和夏娃第一次犯罪的严重后果，这将会使大多数人受到诅咒。柏拉图认为，人格在本质上没有缺陷，人的理性很像神的理性，完全理性的人可以以一种高尚的方式行事。奥古斯丁却不这样认为，他强调人的无能和堕落。英国修士伯拉纠（约 354—420）来到罗马后对"宿命论"和"人性本恶"的教义提出异议，然而此时奥古斯丁主义早已占据了上风。国王霍诺里乌斯[1]谴责了伯拉纠的观点，而最初支持伯拉纠的罗马教皇佐西米斯[2]也很快改变了自己的立场。人类被赋予了了解天国的权利，但不得不承认，大多数人将永远被排除在天国边界之外，而上帝的选择方法仍将是一个巨大的谜团。[3]

---

[1]　霍诺里乌斯（Honorius，384—423 年），西罗马帝国皇帝，于公元 393—423 年在位。——译者注

[2]　佐西米斯（Pope Zosimus，?—418 年），教皇，公元 417—418 年在位。——译者注

[3]　Peter Brown, *Augustine of Hippo: A Biography* (New York, 1967), pp. 360–1.

奥古斯丁从人类堕落的本性中推断出，没有国家的强制力，便不可能有社会稳定，他觉得罗马政府中可能已经混入了数目众多的邪恶堕落者们。在这个世界上，即使被拯救的人都是罪人，奥古斯丁也愿意承认邪恶的统治者很可能是上帝表达愤怒的一种方式。当然，人们希望基督教的国王按照基督教义公正地统治，但是当"怪物"掌权并违背上帝的旨意时，消极抵抗是最有力的手段。信徒必须避免与堕落的统治者为伍，不能助纣为虐，但同时他们也必须以谦卑的态度接受惩罚甚至死亡。奥古斯丁的道德世界里是不支持弑君的。国家不像教会，在永恒的时间问题上没有任何价值，信徒对国家的责任只是外在的服从，而不是内心的信服，教徒内心信奉的是教会。由于人类罪恶的本性，国家的存在是必要的，但按照基督教的标准，国家在诞生时就沾着血污，就是有罪的，所以国家不过是由罪人领导的临时机构，他们脆弱无力地审视着更深层的堕落，"用邪恶对抗可能造成社会混乱的更大的邪恶"。[1]

在一个国家里有像亚当这样犯罪的人，国家就必须要用军队来维持秩序，否则就会变得混乱。当然军队不是也不应该是保障人类在地球上获得幸福的一个机构，因为生活本来就是残酷且艰难的，那些小小的快乐可能完全是个偶然。在回答为什么人应该

---

[1]　Quoting McClelland, *History of Western Political Thought,* p. 102.

服从于国家这个问题时，奥古斯丁说，服从使人们有可能专注于生活中真正重要的事情，放弃在世界上让人分心的事情，这也是在遵从上帝的意愿。这是与古希腊思想有很大区别的观点，但是这一观点将会主导下一个千年西欧的政治意识。

▶▷　自然法学说的出现

在古希腊城邦中，每个公民都具有神圣不可侵犯的权利以及自身应尽的义务，这是城邦兴盛的原因，正因如此人们才愿意在公共场合聚集讨论政治、参与社会事务。帝国时代需要更宽泛的"社会"定义，同时也需要在帝国旗帜下和广阔的地理区域内团结一致。在亚历山大大帝领导下的马其顿帝国，最重要的一项附属成果就是深深意识到了共同人性的存在。三个世纪之后，使徒保罗明白了这种意识的本质，并巧妙地引用到新兴的基督教议程当中，他称，"就像人的身体一样，躯干虽然只有一个，但却有许多肢体；而且肢体虽然很多，但仍然只是一个身子。基督也是这样"。[1] 但是，不管是什么地区、什么样的领导阶层，领导者与普通人之间到底是什么样的关系呢？城邦模式失败以后，有没有可能出现一套适用于整个文明世界的新法律呢？更紧迫的问题是，

[1]　Corinthians 12, 4–12.

皇帝手中的大权能否被地位更高的律法所制约呢？个人是否需要保留应有的道德呢，是否应该保留不可置辩的权利而反对肆意的权力呢？如果是的话，如何商定甚至执行这些被普遍认可的条条框框呢？

　　罗马政府对这几个问题给出了初步答案。在帝国时代后期，出现了一个庞大的民法体系，其内容来自共和时代保留下来的规则、行省法官的判例、专家学者的解读以及帝国的法令。法律不是一成不变的，几个世纪以来，法律在不断扩充，不断被修改。在公元 6 世纪初，东罗马帝国的查士丁尼国王执政期间（527—565），对法律进行了系统全面的编纂和修改。随着罗马的急剧扩张，很多外国人也变成了罗马公民，全国人民不论身处何方都要遵循统一的标准，因此这种思想开始在法学界扎根。如果物理现象遵循自然原则，那么在社会领域也一样，社会现象也遵循一定的原则，这种假设似乎是合乎逻辑的。但是伊壁鸠鲁学派对这种假设提出了强烈的异议，理由是事物的本质是无法被察觉的。虽然只能模糊感受到，但总体而言，古希腊思想的方向开始朝着寻找支配万物的规律发展。

　　当罗马律师和法官在处理涉及公民和非公民的案件时，首先会找到争议双方的一致之处，然后依据双方当事人的经验和惯例，弄清楚各自的是非观，他们发现这具有实用性。法学家通过对不同地方的现行法律的对比分析，寻找到了各地法律的共通之处，最后终于建立起与罗马法律（Roman law）完全不同的"人民的法律"（law of peoples）。斯多葛学派宣扬道德的普遍主义，这种思想对建立"人民的法律"非常有帮助。该哲学思想认为万物都有潜在的统一性和存在的合理性，因此，法律不再因时空不同而不同，不再是只适用于某一个民族或某一个地域，这为理解法律铺平了道路。斯多葛学派坚持认为，在看似五花八门的感官经验下，隐藏着一个统一的、普遍的、深刻的世界，是一个可以被所有理性的人发现和认同的"自然法"。西塞罗思想在中世纪的基督教中有很重要的地位，这种思想对与西塞罗同时代的人及其崇拜者都产生了巨大的影响。他认为，"真正的法律是一种趋于正确的理性，是一种与自然的和谐关系，被人们所称赞。它是永恒不变的，引导着大家去履行职责，防止犯罪"。按照这种解读，自然法是与生俱来的，它铭刻在人类的心灵，通过对理性和智慧的培养而为人所认识。它支配着道德行为和物质生产的秩序。[1]

公元 533 年，《民法大全》（*Corpus iuris civilis*）在查士丁尼皇帝统治时出版，罗马法学家将西塞罗思想的一般原则编入了该法典。这部法典影响深远，东罗马的东正教、西罗马天主教会以及罗马之后出现的很多国家都沿用了该法典的法律结构。人类关

---

[1]　Cicero, *On the Commonwealth*, ed., James E. G. Zetzel (Cambridge, 1999), p. 71 (Book 3, 33); Francis Oakley, *Natural Law, Laws of Nature, Natural Rights: Continuity and Discontinuity in the History of Ideas* (New York, 2005), pp. 39–40.

系的自然法概念也将对中世纪基督教和现代政治思想产生巨大的影响。

但是，在早期的基督教环境中，自然法学说也必须解释奥古斯丁的堕落人性观。西塞罗认为，只有完全理性的人才会遵循本能反应去应对社交活动。这样的人知道自己的责任所在，并能与法律和谐相处。在上帝看来，那些违背自然法的人实际上是在否定自己的人性。这正是奥古斯丁的观点。从根本上讲，人的本性是有缺陷的，恢复本性不再是一种自愿选择的行为，而是一种宽宏大量的礼物，是接受者本来不配得的礼物。西塞罗承认，有些人的思想比较薄弱，如果没有外部的帮助或制约，大多数人不能很好地去遵循自然法的要求。但西塞罗说的思想薄弱并不等同于邪恶倾向。奥古斯丁则持完全相反的观点，他认为国家和教会之所以产生，就是为了回应这个不幸的现实。中世纪即将到来，这段时期强调对人性的悲观看法，强调高压政治在公民事务中的必要性。

| 第二章 |

君权神授：
公元 400—1500 年

日耳曼王国与基督教。拜占庭的君主专制。教皇的继承。短命的加洛林帝国。封建倒退。教皇与皇帝。教会内部改革。中世纪中期的王国与政治。都市重生。"哲学家"的回归。中世纪晚期的各种思想。政府的世俗转变。统一的君主政体与同意原则。马基雅维利和政治权术。

学者们对西罗马帝国没落至文艺复兴开始的一千年的看法不尽相同。有些学者认为这是一段充满智慧和深刻变革的时代，但是大部分人还是认为这是一段人类历史进程中的弯路。有些人把这一千年称为"黑暗时代"，他们认为这是一个无知的时代，长期战乱、人民贫困、卫生条件极差、不讲文明，只讲迷信、政府由自私的神职人员和文化水平低的军人统治。根据对过去的解读，中世纪的人们对古代世界的成就知之甚少，也不太关心。当日耳曼的蛮族加入基督教的行列时，欧洲的地主精英们最关心的问题是如何建立基督教同盟，如何建立与指南一致的统一的宗教王国。直到 15 世纪晚期，令人欣慰的是，黑暗让位于文化和启蒙运动之光，也就是众所周知的"文艺复兴"，从此人们重新投身于世界事务中。

表面上看，这个分析很精彩，特别是对那些觉得必须要通过指出古人的不足来证明自己文化优秀的人来说很对胃口，但是这样的评价是不公正的，甚至有学者曾把中世纪称为"偏见大本营"。[1] 罗马政权倒台后，西欧社会发生了根本性的变化，出现了与罗马时代完全不同的政治思想和政权形式，当然也与现代政府和国家的概念完全不同，人们本来就对中世纪持有偏见，而这个

---

[1] Quoting Antony Black, *Political Thought in Europe 1250–1450* (Cambridge, 1992), p. ix. 还可参见 Marcus Bull, *Thinking Medieval: An Introduction to the Study of the Middle Ages* (Houndmills, 2005), pp. 15–18, 书中谈论了对于中世纪的各种现代观点。

时代特有的政治思想和政权形式，更加助长了人们对中世纪的蔑视。在很大程度上，我们喜欢为历史上伟大的中央集权者喝彩，而在中世纪，这个名单却很短。现代国家追求的增长至上以及中央集权的目标，在大多数中世纪领袖的眼中丝毫没有吸引力。

的确，在几个世纪里，日耳曼统治者没能建立像罗马一样举世瞩目的大一统帝国。目不识丁却善于打仗的人成了领袖，他们要求属下忠诚、为自己服务，相应地他们会赋予属下权力，分封领土。看似无政府的状态对当时的百姓却没什么影响，大部分人不假思索地接受了小型政府和公共生活的常态。只要人的真正需求得到满足，只要获得一定的安全保障，中世纪的人们并没有花时间去哀叹罗马帝国的灭亡。大多数臣民，不管有没有人身自由，都要服从庄园主与地方法院，主教和牧师，村务委员会和那个时代习俗的要求。[1]

下面的事情对于追求增长至上的人来说或许是个安慰，尽管最终也算不上是好事。在长达一千年的中世纪中，罗马天主教会和罗马教皇都渴望在原西罗马帝国的地盘上重新树立起罗马当年的权威。罗马教皇作为天主教教宗和圣彼得的接替者，利用其超级牧师的角色，不遗余力地争夺整个基督教世界的主权。教皇和

---

[1]　D. E. Luscombe, "The Formation of Political Thought in the West", in J. H. Burns, ed., *The Cambridge History of Medieval Political Thought, c. 350–1450* (Cambridge, 1988), pp. 158–9.

神职人员的职责是管束并关爱人类永恒的灵魂，而不是脆弱的躯体和暂时的财产。[1]

然后，就出现了这样的情况，王位不过是天主教会的一个机构，王位上的人（即国王）不过是教皇派出的机构代表，他的职责是执行上帝在世俗世界的律法。如果国王失职，可能会受到斥责。如果国王做出有悖于教会权威的行为，则有可能被逐出教会，会被解雇。这说明教皇有权力把世俗统治归为宗教责任。中世纪的西欧从某种意义上说就是一个统一的"准国家"，不允许有其他宗教信仰。几乎人人相信任何异议都会遭到打压，"异端"会遭到斥责，甚至会被消灭。

但是中世纪仍然保持着协商性政府的早期形式，这种形式深深地植根于日耳曼人的社会文化中。封建土地制度在 10 世纪兴盛，封建领主有责任保护臣民，臣民则必须忠于封建领主；农奴对份地[2]有较为稳定的使用权，可以世代相传。在中世纪中叶（约 1000—1300），意大利北部和低地国家出现了自由城市和城市商业区，为自治和行会治理开了先例。中世纪后期（约 1200—1450）则出现了现代代表制度、国家主权、财产权、法律的中心地位和政教分离的雏形。只有很少几个中世纪作者支持国王或教会独揽

---

[1]　R. N. Berki, *The History of Political Thought: A Short Introduction* (London, 1977), p. 103.
[2]　份地就是一定份额的土地，按户头和人口等生产关系享有。——译者注

大权。基督教认为人人都有不朽的灵魂，在上帝的帮助下，人类可以得到救赎。面对宣扬人人平等的基督教，国王的世俗统治也不得不采用较高的道德标准。事实上，世俗和宗教两个截然不同的权力中心的并存，使西欧没有出现世界上其他主要文明中心的绝对权力。教会与国家关系紧张，欲一争高下，国王和教皇各自发令，欲一决雌雄，却无意中为近代早期宪法理论的发展奠定了基础。所以，负责任的政府和同意原则、按照法律条文治国、拒绝专制权力，这些概念应该让我们明白把中世纪说成是"黑暗时代"是有误导性的。

▶▷　日耳曼王国与基督教

罗马之后的日耳曼人建立的国家都比较小，政局稳定性也不高。这些日耳曼人入侵罗马之后，定居了下来。这些地方的居民主要由基督徒构成，拉丁语仍然是上层社会的语言。当地的主教通常是从地主贵族中招募来的，他们拥有某些本来属于罗马政府的政治权力，而本笃会修道院的机构则控制着大片私有土地，由佃农和奴隶耕作。[1] 在这些修道院中，拉丁语的学习被保存下来，

---

[1]　C. Warren Hollister, *Medieval Europe: A Short History* (Boston, 1998), p. 59; Robert T. Howe and Helen Howe, *The Medieval World* (White Plains, NY, 1988), pp. 86–7; Edward Peters, *Europe and the Middle Ages* (Englewood Cliffs, NJ, 1989), pp. 88–9.

但罗马的其他遗产几乎荡然无存。城市中心不断萎缩，曾经贯穿整个地中海盆地的商业活动变成了局部地区贸易和物物交换，那里的人们再次退回到自给自足的小农生活中。

在 5 世纪出现了一系列的小王国，包括西班牙的西哥特，法国的高卢，意大利的东哥特和后来的伦巴第，以及英国的一些更小的盎格鲁—撒克逊领地，但没有一个是特别成功的。一些蛮族国家试图保留前帝国政府的一些旧制。例如，西哥特人和东哥特人雇用前罗马顾问和财政专家为其服务。但是，官僚机构的效率高低，治理机构的正规与否，从来都不是好战的侵略者首要关心的事情。相反，领导层更喜欢显示自己的军事实力和战斗领袖的能力，以此来获得支持者的拥护。只有有了个人魅力和军功，部落首领或国王才有权威。好战之人组成的"亲兵队"崇尚荣誉和勇气，与首领关系密切，在日耳曼社会中具有很高的地位。[1] 这种好战文化的另一个核心特征是血缘关系。为了保护自己的亲属不受冒犯或者他们认为的冒犯，部落之间经常会发生族仇流血冲突，就演变出一种赔命价（wergeld）的非正式制度，即犯罪的肇事者可以用钱收买受害者的亲属团体。[2] 日耳曼的法律观念看重风俗习惯、

---

[1]　Michael Oakeshott, *Lectures in the History of Political Thought* (Charlottesville, VA, 2006), p. 255; A. Daniel Frankforter, *The Medieval Millennium* (Upper Saddle River, NJ, 1999), p. 49.

[2]　Hollister, *Medieval Europe*, p. 33; Jacques Le Goff, *The Birth of Europe* (Maldon, MA, 2005), pp. 200–28. 还可参见 Brian Tierney, *Western Europe in the Middle Ages, 300–1475* (Boston, 1999)。

先例、社会共识和神的判断，而不像罗马法那样崇尚理性。[1]

历史学家曾声称，日耳曼王权严格遵循选举原则，但有学者质疑这一说法，因为缺乏有效材料支撑。日耳曼君主制可能会受到罗马和基督教思想中包含的独裁主义的影响。事实上，许多早期日耳曼统治者都得到了来自君士坦丁堡的东罗马皇帝的支持。奥斯特罗特国王西奥多里克的情况就是如此，他赢得了罗马时期地主贵族的支持，公元 493—526 年一直统治着意大利。在前罗马的高卢省也出现了类似的情况，东罗马帝国授予蛮族统帅克洛维荣誉领事头衔，公元 482—511 年他以东罗马帝国皇帝的名义统治着这个地区。克洛维是一个彻头彻尾的暴君，大部分潜在的对手都被他谋杀了，但克洛维却赢得了包括图尔的主教格列高利在内的教会领袖的高度赞扬，因为当时出现了一种否认基督神圣本性的异端邪说——"阿里乌"派，是克洛维选择支持三位一体的基督教。只要他站在神学正统的立场上，哪怕是再坏的君主，教会都会支持，这在中世纪绝对不是最后一次。

因为原西罗马帝国的土地上已经基本不再使用罗马法，而亚里士多德的作品直到 12 世纪才再次出现，所以除了神学论文和布

---

[1]　Joseph Canning, *A History of Medieval Political Thought, 300–1450* (London, 1996), p. 17; Eamon Duffy, *Saints and Sinners: A History of the Popes* (New Haven, 2002), p. 48. John B. Morrall, *Political Thought in Medieval Times* (New York, 1958), p. 13, 讨论了"选择"原则。

道之外，政治思想的主要来源是《圣经》。[1] 基督教认为，上帝是至高无上权威的唯一来源。在《罗马书》第 13 章第一节中，圣保罗嘱咐所有人要尊敬在上掌权者，"在上有权柄的，人人当顺服他；因为没有权柄不是出于神的，凡掌权的都是神所命的"。当然，教会人士也明白，国王们是靠上帝的恩典来维持自己的职务的，是在牧师的监督之下的。君主经常会被提醒，委托他们管理是为基督教服务，是为了提升上帝的王国，而不是他们自己的王国。如果君主不作为，主教和教皇就会越来越多地承担世俗统治者的事务。牧师经常强调基督的王权和圣母玛利亚的皇室地位。罗马城里的教皇座位有着皇宫一样的盛况，有宫殿官员、民兵和旗帜，这些都是为了给偶尔来访的皇家人员看的。[2]

但是对于那些不识字的和久经沙场的战士来说，君权神授的教条却暗示了一些完全不同的东西。臣民完全服从于他们世俗的上级，而对权威的一点点反抗则是一种罪恶。虽然功臣们可能在拥立国王时发挥了作用，但国王一旦上任，包括这些功臣在内的所有臣民都要服从皇家的命令。接下来的每一任皇帝都称自己是君权神授，每一任都会出现王权与教权的讨论与争议问题。日耳曼国王由衷地希望得到教会的支持，但他们的行动常常违背基

---

[1]　Luscombe, "Formation of Political Thought in the West", in *The Cambridge History of Medieval Political Thought*, pp. 169–70.

[2]　Ibid., pp. 168–9.

督教的王权管理原则。当王权超越了习惯法的界限时，是否能由教会当局或广大人民对其权力有所约束，这个问题成了讨论的热点。[1] 直到 12 世纪，基督教作家索尔兹伯里的约翰才承认也许可以杀死暴君，但只有在极端的情况下才能这样做。

▶▷　拜占庭的君主专制

东罗马帝国在皇权问题上则一点也不含糊。君士坦丁于公元 323 年决定在黑海和地中海的交汇处建立一个新的帝国首都，这一选址意义非凡。小亚细亚和中东地区很有可能是当时帝国人口最多、文化程度最高、城市化程度最高、经济最繁荣的地区，而且在防御日耳曼人、亚洲人和穆斯林移民方面，战略位置极其重要。帝国税收充足，军队训练有素，新的首都保卫着帝国的安全，历史学家后来将这个帝国命名为"拜占庭帝国"，因为它是在希腊古城拜占庭的基础上建立起来的。在接下来的一千年里，拜占庭一直拥有强大的防御力量，是西罗马帝国崩溃后的合法继承者。[2]

---

[1]　Patrick Wormald, "Kings and Kingship", in Paul Fouracre, ed., *The New Cambridge Medieval History, c. 500–c. 700* (Cambridge, 1995), pp. 571–604, 概述了早期日耳曼氏族社会。

[2]　Warren Treadgold, *A History of the Byzantine State and Society* (Stanford, 1997), 综合描述了拜占庭帝国。还可参见 Mark Whittow, *The Making of Byzantium, 600–1025* (Berkeley, 1996)。关于东罗马帝国得势的过程，可参见 Michael Grant, *From Rome to Byzantium: The Fifth Century AD* (New York, 1998)。

拜占庭的政治体系具有明显的专制主义特征，皇帝在军事、民事和教会事务上拥有超级权力。帝国完全就是一个神权国家，皇帝就是上帝在地球上的代理人，武装力量为捍卫宗教理想而战。凯撒利亚的主教优西比乌斯（263—339）最早支持这种统治模式，他是君士坦丁的同时代人，深受新柏拉图思想的影响。优西比乌斯认为，治理得当的世俗王国就是上帝神圣居所的一个缩影。[1] 当神学领域出现争端时，皇帝会毫不犹豫地召集教会总理事会，利用权威左右审议结果。拜占庭东正教的主教承认自己就是皇帝的下属，而拒绝接受罗马主教占据主导地位的模式。拜占庭学者最终不再使用拉丁语，拜占庭帝国也不再有军队驻扎在原西罗马的地盘上，因此，没有人认为君士坦丁堡是罗马帝国的延续。

6 世纪中叶，皇帝查士丁尼要求学者们将大量前朝帝国法律、法令和判例收集在一起，开始了对罗马法律学的全面调查研究。最终产生了一部民事法律，即《公民法》。这部法律有着像罗马帝国后期一样的极强的专制色彩，在 12 世纪的时候，它被重新引入西欧，与日耳曼习惯法相互制衡。"所有的世俗权威都是神圣的，所有的帝王的法律都是神圣和永恒的"，这是《公民法》的首要信息，教会当局无法提出异议。皇帝就是移动的法律，既不受法律管辖，也不受神职人员的约束。后来这一立场被用来支持欧洲君

---

[1] Canning, *Medieval Political Thought*, p. 4.

权神授和君主拥有绝对权力的主张。但这样的主张得到西方人民的广泛支持和拥护却花了好几个世纪的时间。

►▷ 教皇的继承

《马太福音》（16：18—19）中说，基督将彼得比作教会建立的基石，分配给他通往"天国的钥匙"，告诉彼得及门徒们"凡你们在地上所捆绑的，在天上也要捆绑；凡你们在地上所释放的，在天上也要释放"。根据早期教会的传统，圣彼得是基督使徒的首领，罗马的继任主教由他指定。4 世纪晚期罗马当局禁止信仰异教，教皇设想了一个基督化的超级国家，世俗的领导人都要接受牧师和主教的精神指导，而这些牧师和主教是听命于罗马主教的。圣彼得的坟墓在罗马，而且每一位在世的罗马教皇都是殉道的圣人委任的，这就强化了罗马教廷在所有世俗和非世俗事务中至高无上的权力。[1]

公元 343 年，萨蒂亚城举行的教会会议第一次将宗教事务的管辖权归为罗马主教。公元 451 年，西方帝国皇帝瓦伦提尼安三世从罗马逃离，而教皇利奥一世[2]勇敢地抵挡了强大的匈奴王阿提拉的侵略，充分展示了教会有能力承担国家放弃的世俗职能。

---

[1]　R. W. Southern, *Western Society and the Church in the Middle Ages* (New York, 1970), pp. 94–6; Roger Collins, *Early Medieval Europe, 300–1000* (New York, 1991), pp. 64–70.

[2]　利奥一世（Leo Ⅰ，400—461 年），教皇，于公元 440—461 年在位。——译者注

随着日耳曼各个王国的形成，教皇们一直在推进一种对教会国家关系的解读，即把每一个新的世俗统治者定义为普世教会的儿子（filius）。宗教和道德问题都是教会律法管理的范围，哪怕这些问题与政治有直接关系。早在公元390年就有这样的先例。这一年，皇帝狄奥多西一世[1]在镇压塞萨洛尼卡城叛乱时滥杀平民，米兰主教安布罗斯[2]对此予以谴责，皇帝被逼无奈，只好为自己的罪恶行为公开忏悔，之后才被允许回到教堂的宗教团体中。[3]

公元494年，教皇杰拉斯给东罗马皇帝阿纳斯塔修斯[4]写了一封信，信中说，在处理各自的教会和国家的权力方面，"牧师的责任更重大，在神的最终审判日，牧师们要替各国国王回答问题"。[5]敢这样说，说明一股平起平坐的统治势力正在形成，教皇不仅负责牧师的事务，而且他还担负起所有基督徒的永恒幸福。一个独立的教会政府和法律体系随着这一新生势力而发展，到了教皇格雷戈里统治时期（590—604），罗马圣公会的管辖范围向北延伸至不列颠群岛。格雷戈里看到欧洲世俗统治软弱无力，他担心教会

---

[1]　狄奥多西一世（Theodosius Ⅰ, 346—395年），罗马帝国皇帝，于公元379—395年在位。——译者注

[2]　安布罗斯（Ambrose, 337—397年），米兰主教，于公元379—395年在位。——译者注

[3]　Jeffrey Burton Russell, *A History of Medieval Christianity: Prophecy and Order* (Arlington Heights, Illinois, 1968), pp. 35–41.

[4]　阿纳斯塔修斯（Anastasius, 431—518年），东罗马帝国皇帝，于公元491—518年在位。——译者注

[5]　Gelasius quoted in Brain Tierney, ed., *The Crisis of Church and State, 1050–1300* (Englewood Cliffs, NJ, 1964), p. 13.

在欧洲的生存问题，甚至不惜动用逐出教会的终极制裁手段来对付世俗统治者以及神职人员，这种制裁手段将使被制裁者失去得到救赎的希望。

▶ ▷　短命的加洛林帝国

在后罗马时代的西方，有没有权力和权威就看有没有土地和土地上的劳动力。大多数主教是来自古罗马的地主贵族，所以表面上属灵的教会权威因此而大大增强。这些人拥有土地所有权，是佃户、农奴和奴隶的领主（dominium），而且他们还可以通过教会机构行使他们对这些民众的管辖权。[1] 而对于日耳曼国王们来说，招募和留住勇猛的战士就需要解除土地对他们的捆绑。罗马当局倒台后，人们的生活充满了不安，勇士渴望投靠那些更有统治力的人。双方都有需求，于是这种互惠关系开始建立起来。

这种类型的军人皇帝中最成功的是查理曼大帝 [2]，他是卡罗来纳家族统治者的首领，在 8 世纪早期，卡罗莱纳家族统治者取代了高卢的克洛维斯的继承人，建立了自己的政权。克洛维斯善于打仗，建立了墨洛温王朝，但他将大片的皇家土地随意分封给了

---

[1]　Oakeshott, *Lectures*, p. 266.
[2]　查理曼大帝（Charlemagne，742—814 年），加洛林王朝国王，于公元 768—814 年在位。——译者注

他的属下，最终削弱了王朝的实力。此外，墨洛温王朝的国王还将土地分给男性继承人，这进一步侵蚀了皇室家族的财产，并且引发了这些碌碌无为的子嗣之间毁灭性的内战。到了 8 世纪 30 年代，穆斯林军队进攻高卢时，指挥部队的不是墨洛温王朝的国王，而是加洛林王朝的武士查尔斯·马特尔（约 688—741），后者在图尔战役（732）中打败了入侵者。

加洛林王朝的建立者丕平[1]掌权后，权力的平衡快速倾斜。为了篡夺墨洛温国王的王位，丕平与领导教会改革运动的英国本笃会修士圣·博尼法斯结成联盟，并积极寻求教皇的支持。而此时罗马教廷总是受到伦巴第（Lombard）的侵略，教皇为了寻找一个强大的军事伙伴与其对抗，并希望在与拜占庭教会关于宗教形象问题的讨论中占得优势，最终决定与新贵加洛林合作。751 年，丕平发动了宫廷政变，推翻了希尔德里克国王的统治，教皇扎卡里[2]对丕平的地位予以承认，并派博尼法斯作为教皇代表，在苏瓦松的法兰克城正式为新君主傅油。

3 年之后，教皇史蒂芬二世[3]穿过阿尔卑斯山，亲自来到加洛林王国，为国王和王后以及他们的儿子们傅油，使其神圣化，教皇授予丕平"罗马贵族"的头衔。此后几个世纪，教会傅圣油就

---

[1]　丕平（Pepin，714—768 年），加洛林王朝国王，于公元 751—768 年在位。——译者注
[2]　扎卡里（Zachary，679—752 年），教皇，公元 741—752 年在位。——译者注
[3]　史蒂芬二世（Stephen Ⅱ，714—757 年），教皇，公元 752—757 年在位。——译者注

成了一件神圣的事情。此时，王室成员得到了特殊的恩典，可以在教会担任一个独特的神职。[1] 丕平知恩图报：他在 754 年派遣军队到意大利，在 756 年再次派军击溃了伦巴第人，并慷慨地"捐赠"了意大利中部很大一部分土地给教皇。如此，一个关系紧密的联盟形成，教会和世俗权力之间的界限变得完全模糊。[2]

丕平的儿子查理曼在长达 45 年的统治期间大大加强了与罗马教会的战略联盟关系。他资助修建教堂，支持礼拜式的改革，表彰修道院的学者和学校，对在异教徒的部落中传教的传教士提供保护。查理曼大帝大部分时间都在打仗，目的是土地扩张和基督教圣战。在一封约克的阿尔昆执笔的信中，查理曼对教皇利奥三世说："我们的工作是保卫教会和加强信仰；你们的工作是用祈祷来帮助我们的战争。"[3] 查理曼是日耳曼领导传统中的一个成功的军人国王，他把伦巴第王国纳入本国的领地，在西班牙北部领导了对穆斯林军队的进攻，在欧洲东南部击溃了一个强大的阿尔瓦

---

[1]　David Nicholas, *The Evolution of the Medieval World*, (London, 1992), pp. 118–20; Canning, *Medieval Political Thought*, p. 55. 后来，本来是为了保护罗马教皇而战的人们发动了政变，加洛林年鉴对此予以记载描述。参见 Philippe Buc, "Political Rituals and Political Imagination in the Medieval West from the Fourth Century to the Eleventh", in Peter Linehan and Janet L. Nelson, eds, *The Medieval World* (London, 2001), p.191。

[2]　Matthew Innes, *Introduction to Early Medieval Western Europe, 300–900* (New York, 2007), pp. 400–7; John A. F. Thomson, *The Western Church in the Middle Ages* (London, 1998), pp. 42–4; Joseph H. Lynch, *The Medieval Church: A Brief History* (New York, 1992), pp. 59–64.

[3]　Quoted in Janet Nelson, "Kingship and Empire", in *Cambridge History of Medieval Political Thought*, p. 221.

国，并与东北边疆的异教徒撒克逊人进行了多次交锋。[1] 在国内阵线上，他和他最亲密的顾问们颁布了多部法典，内容广泛，涉及防御工事的建设、制定规章制度，以及对反政府武装的处理等问题。

在查理曼大帝军事力量的鼎盛时期，除了不列颠群岛外，所有的西方基督教国家都在他的控制之下，因此查理曼大帝渴望君士坦丁堡能承认他们之间的平等地位，并恢复西罗马皇帝的头衔。他们进行一系列外交，并提出了婚姻联盟，但拜占庭方面却没有什么热情。最后，在公元800年，教皇利奥三世亲自出手为其谋划。当时教皇与城市贵族之间长期存在争端，查理曼前往罗马进行仲裁。在圣彼得大教堂举行的圣诞仪式上，利奥借此机会加冕查理曼为"罗马皇帝"。这位目不识丁的德国军人皇帝成了新的西方基督教保护神，他肩负起了恢复罗马帝国的重任。[2]

事实上，重建的西罗马帝国只是原作的苍白模仿，国家主要依靠查理曼的个人影响力。地方官员，包括伯爵、公爵和边疆伯爵的贵族，都效忠于查理曼大帝，但他们对王权还是十分警惕。事实上，为查理曼大帝效力的贵族也是他的选民；是他们把他推举到王位上，所以他们同样希望拥有选举接下来每一位继承者的权利。在

---

[1] Hollister, *Medieval Europe*, pp. 95–6.
[2] Le Goff, *The Birth of Europe*, pp. 32–5; Thomas F. X. Noble, "The Papacy in the Eighth and Ninth Centuries", in Rosamond McKitterick, ed., *The New Cambridge Medieval History,c.700–900* (Cambridge, 1995), pp. 568–9.

这样的环境下绝对不会出现像东罗马帝国那样的专制主义。

皇帝下令在亚琛建造一座帝国都城，希望能够像东罗马那样集中控制。亚琛位于特里尔，在古罗马行政中心的北部。拜占庭式的石头教堂是新罗马的建筑中心。后来拜占庭的大使们在查理曼大帝在位时访问了亚琛，但是这个新首都并没有发展成为一个与东罗马帝国的城市相匹敌的主要商业中心或政治中心。

公元 800 年加冕典礼的更重要的意义在于，教皇希望向教会的前任保护人拜占庭皇帝，以及新上任的德国皇帝和他的继任者们传达一个信息——教皇在世俗界至高无上。在查理曼的圣诞节加冕礼之前，教皇公布了据说是公元 3 世纪君士坦丁写给教皇西尔维斯特一世的一封信，信中说，第一个基督教皇帝愿意将帝国的徽记和皇权移交给罗马教皇。[1] 这份伪造的文件可能是在公元 8 世纪中叶写成的，后人称这封信为"君士坦丁的捐赠"。但是新皇帝对这个仪式持不同的看法，也不会接受教权高于王权的说法。为了确保教皇能理解教会国家关系的帝国解读，公元 813 年查理曼大帝亲自主持了他的儿子路易皇帝的加冕典礼。历史学家 R.W. 萨仁说：从一开始，恢复西罗马帝国就是一个错误，"因为教皇在选择皇帝时，选出的不是一个代理人，而是一个对手，甚至是一个主人"。[2]

---

[1]　R. W. Southern, *Western Society and the Church*, p. 92.
[2]　Ibid., p. 99.

▶ ▷ 封建倒退

查理曼活了 71 岁，于公元 814 年去世，他唯一幸存的继承人继位，但却无法赢得当地贵族的效忠，这对日耳曼这样的军事国家来说是十分致命的。就像亚琛这个新首都未能发展成为一个重要的城市展示品一样，加洛林帝国工程也没有足够的能量震慑到那些割据的贵族。查理曼大帝通过征服领土的战略分配来控制他的诸侯。掠夺和朝贡，而不是和平的商业和内部发展，是加洛林王朝的经济驱动力。[1] 9 世纪初王朝的扩张阶段结束，一种不安的情绪立即出现在了精英阶层的队伍中。虔诚的路易[2]是个善良的领袖，没有继承父亲军事领导的衣钵。在他统治的最后几年，他的儿子们先是攻击他，然后互相攻击，加洛林王朝陷入内战。最终从废墟中走出来三个小的继承国，都是偏安一隅的小国。

在中世纪，最后一波侵袭西欧的浪潮加速了短暂的加洛林王朝的解体。来自北方的维京人，来自东方的马吉亚人，以及来自南方的重新活跃的穆斯林军队，都对前帝国的边界发动了毁灭性的袭击。除了穆斯林群体以外，其他入侵者最后都定居于此，异

---

[1] Janet L. Nelson, "Kingship and Royal Governance", in *The New Cambridge Medieval History, c. 700–900*, p. 393.

[2] 路易（Louis，778—840 年），加洛林王朝国王，于公元 814—843 年在位。——译者注

族通婚，并接受了基督教，但在两个世纪的时间里，突袭、掠夺、谋杀和混乱在整个大陆蔓延。[1] 在乱世中，一般人只能从教会和当地的领主那里获得微弱的保护。教会后来变成了那个时代事实上的世俗统治者。领主拥有自己的武装，不需要效忠于更高的权威，政治生活又回到了一个简单的人际关系网络。从 9 世纪到 11 世纪中期，贵族与他们的臣民（vassal）之间依靠契约和同意原则维持着关系，这种关系被称为"封建关系"。这种关系削弱了神权君主制的权威。在个人掌握公共权力的时代，每个人都在寻求一个更强大的人的保护，个人服务和相互依存成了建立共识政府的基础。辛克马是兰斯的大主教，他是 9 世纪中期西方法兰克加冕礼的主要推手，他写道：需要既有世俗人士又有教会人士组成的领导委员会，国家才能长治久安。这是政治危机深重时期当时人们普遍的共识。[2]

▶▷　教皇与皇帝

在东弗兰西亚说德语的土地上，撒克逊国王奥托一世[3] 在 955

---

[1]　R. H. C. Davis, *A History of Medieval Europe: From Constantine to Saint Louis* (London, 2nd edn., 1988), pp. 156–64.

[2]　Nelson, "Kingship and Empire", in *Cambridge History of Medieval Political Thought*, pp. 226–7.

[3]　奥托一世（Otto Ⅰ，912—973 年），撒克逊国王，于公元 936—973 年在位。——译者注

年利奇菲尔德战役中击溃了强大的马扎尔军队后，建立了强大的君主政体。这次胜利意味着来自东方的游牧民族入侵的结束，为中欧一些强国的出现奠定了基础。[1]就像前面的加洛林王朝一样，撒克逊权贵选奥托当了皇帝，但在 962 年，教皇约翰十二世[2]提供了进一步的合法性，把他加冕为罗马皇帝。这一次，这个称号留存了很久，奥托的继任者一直将帝国的称号保留着，直到拿破仑·波拿巴（1769—1821）在 19 世纪早期将其废除。帝国的地理版图比加洛林王朝要小得多，只包括说德语的土地，但它与教会的关系使王室权威得到了加强。

德国的主教和修道院院长是比较容易驾驭的当地权贵（偶尔不忠），他们是后来被称为"神圣罗马帝国"（Holy Roman Empire）的主要管理者。

皇帝积极建立新的主教制度，当有空缺时，皇帝会选出主教职位的候选人。主教被授予大量土地，他们监督世俗和教会事务。他们充当国王的代理人，甚至在被召唤时向皇家军队提供士兵。[3]当教皇约翰后来与野心勃勃的奥托反目时，皇帝安排了一场会议来罢黜教皇。这一史无前例的重大事件，让未来的神圣罗马皇帝

---

[1] Brian Tierney, *Western Europe in the Middle Ages*, p. 205; Le Goff, *Birth of Europe*, pp. 40–1.

[2] 约翰十二世（Pope John XII, 937—964 年），教皇，于公元 955—964 年在位。——译者注

[3] Tierney, *Western Europe in the Middle Ages*, p. 208.

坚定地认为，教会的高级人员是为神圣君主服务的。东罗马帝国与教会就是这样的关系，正如我们所看到的，君士坦丁堡的主教由拜占庭皇帝选择并领导。西方罗马皇帝要求与西方教会保持同样的关系，这是很自然的。

奥托巩固其对皇室神权的举动恰好碰到了有利的时机。11 世纪初，整个意大利的政治形势都很混乱：穆斯林控制着西西里岛和大部分南部地区；拜占庭人控制着东北部的一些前哨地点；一些小国在西北地区也相继独立。同时，罗马教廷堕落，成了罗马城中贵族派系斗争和权力抢夺的竞技场。教皇对位于半岛中部的大片土地拥有领土权，贵族各派面对这诱人的权力争得你死我活。结果是，很多不配做圣彼得继承人的人被提升到罗马教廷。例如，在 963 年被奥托赶下台的教皇，被指控从乱伦到谋杀等一系列罪行。[1] 使徒继承的理想——即教皇代表基督，并拥有永恒救赎的钥匙——已成为遥远的记忆。

▶▷　教会内部改革

教会里的人对于这种扭曲的状况深感不安，许多有责任心的牧师、僧侣和主教对罗马出现的情况感到震惊，唯一可能的行动

---

[1]　Tierney, *Western Europe in the Middle Ages*, p. 208.

方针是进行全面改革和重申教会的自主权与至高无上。同样是出于对西方基督教前途的担忧，一股既有势力又虔诚的世俗人士也加入进来，其中之一就是皇帝亨利三世[1]。他在1046年带领军队进入罗马，结束了三方争夺教皇宝座的行为并任命日耳曼籍的改革派利奥九世[2]为教皇。新教皇严厉打击了"买卖圣职"这一行为，清除了腐败的主教并巡视欧洲各地，提高神职人员任职标准并查处神职人员的不法行为，同时强力执行教会法规，即"教会法"（canon law）。利奥九世重组了前红衣主教的机构，并任命教区牧师作为主要顾问。由于教皇无法视察每一个教区，一群忠诚的教皇使节便协助进行现场视察。为了展示教皇权力，一位叫亨伯特（约1015—约1061）的红衣主教向君士坦丁堡的元老下了一道逐出教会教皇的诏书，于是双边关系破裂，双方教会分裂由此开始，可悲的是，分裂一直持续至今。[3]

　　亨利三世不是圣人；他支持改革是为了自己的王朝统治。皇帝希望有权任命负责任的主教和修道院院长，希望他们在皇帝与行省贵族的斗争中保持忠诚。亨利认为这是统一德国的唯一途径。但在11世纪下半叶，教皇在改革运动中与皇家盟友反目，教皇希望恢复其选择主教的权力，并恢复授予主教圣公会的传统象

---

[1]　亨利三世（Henry Ⅲ，1017—1056年），神圣罗马帝国皇帝，于1039—1056年在位。——译者注

[2]　利奥九世（Leo Ⅸ，1002—1054年），教皇，于1049—1054年在位。——译者注

[3]　Hollister, *Medieval Europe*, pp. 228–9.

征——戒指和权杖。在欧洲更广大的地区，包括匈牙利、波希米亚、波兰和不列颠群岛，都在信仰罗马基督教，改革者相信教会的独立对未来的发展至关重要。教会的领袖们坚持认为世俗人士对主教的授职是不符合教会法的，他们要求更大的自治权，他们相信世俗人士无权干涉教会的行政事务，尤其是在教会高层。

赌注真的很高。教会拥有欧洲三分之一的财产，如果改革者占了上风，皇帝注定要在他自己的土地上丧失相当大的政治影响力。[1] 罗马的理事会首先站了出来，在 1059 年颁布了一项法令，宣布教皇选举将是教会红衣主教的唯一职责。从此以后，皇帝的作用只是确认，而不是选择。一个名叫希尔德布兰德的僧侣在 1073 年被选为教皇，即格里高利七世，他是最负有理想主义并坚决不妥协的改革者。而皇帝也非常明白教会新思维蕴含的潜在政治意义，绝不退步。于是希尔德布兰德在位的 12 年必定会与皇帝发生戏剧性的冲突。

亨利四世 [2] 已经与教皇格里高利的前任就选择米兰主教——意大利北部最重要的行政和宗教职位，以及教会对亨利的一些国家部长逐出教会的事情进行了争论。格里高利七世在罗马举行的教会会议上提出了教会拥有至高无上的地位，并在 1075 年宣称教

---

[1]　Hollister, *Medieval Europe*, pp. 228–9.
[2]　亨利四世（Henry Ⅳ，1050—1106 年），神圣罗马帝国皇帝，于 1056—1106 年在位。——译者注

皇有权罢免皇帝，并免除臣民对皇帝的效忠义务。作为圣彼得的继承者，这个教皇宣称他不对任何世俗权威负责，而且只有他才能修改自己的判断。[1]

格里高利七世正在努力为教皇重新夺回政教合一社会的最高地位。这位教皇和他的顾问们认为，帝国的神权并非直接从上帝而来，而是通过罗马主教——上帝在地球的中间人——获得的。当王国与神职人员之间存在分歧时，世俗君主必须对他的精神领袖负责，同样，君主的属下、诸侯、世俗顾问和神职人员也同样必须服从教皇的指示。按照这个说法，对君主不满的诸侯可能会支持教皇的主张，而那些倾向区域和民族自治的主教们可能会反对中央集权运动。[2] 皇帝立即对所有这些挑衅的主张做出回应，他召集了自己的德国主教会议，这些德国主教立即宣布教皇为篡位者。格里高利七世不愿做出任何让步，他对亨利施加了最严厉的制裁——逐出教会，并宣布撤销他的帝国职务。持不同政见的德国王子们对皇帝的集权统治早已心存不满，因此他们选择站在教皇一边，试图削弱亨利的权力。亨利在失去关键支持后，做出了一个战术上的决定：暂时请求教皇的宽恕，并等待一个机会来利用神圣君主制存在的更充分的理由，以及王室对教堂监督的传统

---

[1] "Dictates of the Pope", in C. Warren Hollister, ed., *Medieval Europe: A Short Sourcebook* (New York, 1997), pp. 260–1.

[2] John B. Morrall, *Political Thought in Medieval Times* (New York, 1958), pp. 34–6.

惯例来反击。[1]

亨利并没有等太久。经过长达 3 年的内战，他平定了阿尔卑斯山北部的王公叛乱，之后率领一支强大的军队回到意大利，并迫使教皇前往西西里岛的诺曼。格里高利七世在 1085 年死于流放地，他认为自己未能确保教会与国家关系的革命成果，没有实现自己的目标。然而，虽然争斗已经结束，但更大的问题还没有得到解决。教皇和皇帝之间的争端引发了一系列的出版理论小册子的风潮，探讨各自的主张。匿名英国作家在 12 世纪为保皇派进行了辩护，他认为，按照神圣权威"国王在神的教会被任命，在神圣的傅油和祝福下，国王也变得神圣，他们可以有权力统治耶和华的子民，以及基督徒，这是上帝神圣的教堂"。德国劳藤巴赫的曼尼戈德（约 1030—1103）是教皇的支持者，他属奥古斯丁教派，声称罗马教会"权威无限，地位尊贵"，"不信这个宗教的人都是外邦人、罪人、神的敌人，任何违背教义的行为都是不合法的"。法国人弗勒里得休提供了一个中间地带，只要大主教"将照顾终生灵魂的事情托付给皇帝"，国王就会"受到圣灵的启发"，有权将教士提升到主教位置。[2]

到了 12 世纪早期，温和派的力量似乎占据了上风。在英格兰，

---

[1] Tierney, *Western Europe in the Middle Ages*, pp. 220–3.

[2] Tierney, ed., *Crisis of Church and State*, pp. 76, 78, 83. 还可参见 Mangold of Lautenbach and Hugh of Fleury, in Ewart Lewis 的作品, *Medieval Political Ideas* (London, 1954), pp. 164–8。

新崛起的诺曼国王意识到教会支持对王朝的价值，他们乐于让主教们参与规范的选举，并从大主教那里得到象征性的戒指和权杖。新当选的主教将会在一个单独的仪式上被授予皇家庄园，并作为封建臣民宣誓效忠国王。[1] 法国国王和教皇之间达成了类似的共识。在神圣罗马帝国，亨利五世[2] 和罗马教皇卡利克斯图[3] 于1120年签订沃尔姆斯宗教协定，协议规定主教由其他教会成员选举产生，但其行政和领土权力的象征物却由皇帝授予。[4] 这意味着包括任命牧师，分配他们职位，监督教区，裁定是否违反教规，执行牧师纪律等所有这些主教的权力都归教会所有。而君主则保留了教会高级职位候选人提名的权利，这些职位上的人将拥有土地权、行政权和建议权，同时要为国家提供服务。在最初的叙任权斗争（Investiture Controversy）后，教会和国家之间的动态紧张关系延续了很久，于是西欧出现了两个司法中心，每个中心都有很深厚的基础，都同样坚定地拒绝承认对方"宇宙最高统治者"的头衔。而这场斗争确保了在没有达成某种程度同意的情况下，任何一方想要获得更大的权力就一定会受到挑战。

---

[1] Frank Barlow, *The Feudal Kingdom of England, 1042–1216* (New York, 1988), pp. 122–33.

[2] 亨利五世（Henry Ⅴ，1081—1125 年），神圣罗马帝国皇帝，于 1106—1125 年在位。——译者注

[3] 卡利克斯图（Pope Calixtus，1065—1124 年），教皇，于 1119—1124 年在位。——译者注

[4] Tierney, *Western Europe in the Middle Ages*, p. 225.

▶▷ 中世纪中期的王国与政治

我们一直在追溯欧洲精神统治者和世俗统治者为争夺各自权力而发生的激烈冲突，此时，我们很容易忽略这样一个事实：教会和国家实际上是一回事，因为每个人都是基督教的成员，世俗领导是基督徒的领导，同样，精神权威是在基督教王国或帝国的背景下行使。双方产生争议的本质在于管辖权，而不是说一方不信仰忏悔的教义或双方没有共同点。皇帝愿意让自己的决定符合神圣真理，他们声称皇家权力直接来自上帝，这与教皇的精神管辖权并不冲突。[1] 在这场关于政治权力的定位和行使的辩论中，12世纪初新的"声音"——城市居民和大学学者出现了。

▶▷ 都市重生

这一时期西欧的社会和经济状况发生了很大的变化。农业上运用了如双马串联马具、水磨和重犁等先进的技术，可耕种的土地大大增加，粮食供应充足，食物种类丰富，穷人富人都可以享受到新成果，1000—1300 年，欧洲人口从原先的约 4000 万人增

---

[1] Sabine, *History of Political Theory*, p. 216.

长到 8000 万人，人口数量翻了一番。在整个欧洲，新的城市精
英——中产阶级市民——在努力争取更大的自治权，以推动商业
活动的发展，而这反过来又引发了对更多个人自由的追求，加速
了长期与封建主义相联系的奴性劳动义务的瓦解。强大的商人和
手工艺行会形成，行会成员采取集体行动，保护和促进他们共同
的经济利益，反对土地贵族的暴行。到了 12 世纪，土地贵族颁发
位于其土地上的城市中心特许状，允许城镇领导人建立自己的法
院和市政府，并征收税收。[1]

　　城市生活促进了教育改革。在 12、13 世纪，教育改革主要
集中在新的大学、以前的教堂和大教堂学校里。在专家学者的指
导下，这些研究场所和高等院校吸引了很多渴望综合系统地探索
哲学、神学、医学、民法或教规的学生。意大利的博洛尼亚，法
国的巴黎以及英国的牛津，都吸引了这一时期最勤奋的知识分子，
他们就人死后的问题，以及臣民对王子和牧师应尽的义务等方面
进行了广泛的讨论。逐渐地，学者的地位上升到与从政人员和牧
师同样的高度，这种变化被公认为城市文明的象征。

　　12 世纪的索尔兹伯里的约翰身兼教士、政治家和学者三种身
份，他是三种利益结合的代表。约翰撰写了给他的朋友托马斯·贝
克特的专著《政治家手册》（1159），主要论述了如何在社会中不

---

[1]　Le Goff, *Birth of Europe*, pp. 100–9.

同的利益集团之间找到共同利益。他引经据典，广引《圣经》，逻辑严密，以维护皇权的神圣，但同时，他又强调皇权有其天然的局限性。这本书被众多学者誉为中世纪第一本完整的政治学专著。约翰曾多次与英格兰国王亨利二世[1]发生冲突，他利用人体的类比来勾勒国家的适当职能和机构：教士像灵魂，都督[2]像头颅，约翰认为前者要支配后者；都督负责执行眼睛、耳朵和舌头的职责，而军人就像双手；最后，永远站在地上的双脚，代表劳动农民，没有农民的贡献，国家朝不保夕。他写道，"没有脚的帮助，再强壮的身躯也没法凭借自身前进，而只能靠手下贱、徒劳、费力地爬行，或者靠野兽驮行"。[3]

约翰拥护权力有限但负责任的君主制，在阐述解决政治权威存在的目的和范围的问题时，强调了法律的重要性。他在《政治家手册》中写道，"暴君和明君全部或主要的区别在于，明君依法行事，有一颗爱民之心，赏罚分明，不负盛名"。人间的法律乃是上帝法律的精华，是"上帝赐予的礼物，智者的教导，和谐的助手，犯罪的克星"。[4]社会不断进步，越来越依赖书面记载材料，因此，有必要制定并记载法律，建立先例以供后世参考。

---

[1]　亨利二世（Henry II，1133—1189 年），英格兰国王，于 1154—1189 年在位。——译者注

[2]　都督在其职责范围内的法律方面享有最高权威。——译者注

[3]　John of Salisbury quoted in Canning, *Medieval Political Thought*, p. 112.

[4]　John of Salisbury, *Policraticus*, trans. and ed., Gary J. Nederman (Cambridge, 1990), pp. 28, 30.

随着教会学校和大学的发展，识字人数大大增加，特别是在城市地区，口口相传的传统渐渐消失，人们越来越重视书面记载。从诗歌到法律判决都变成了书面文字。西欧皇家政府也将国家事件、财产交易、交税名单、判决文书和商业合同等用书面的形式记录下来。书面记载存留在政府办公室里，以供后来的官员借鉴。很多有雄心的学生看到知识就是力量，大踏步地进入商业和政府机构。

在 12 世纪，影响知识快速扩展的一个重要因素是重新发现的罗马法，在中世纪早期，罗马法中的一些元素在意大利和法国南部一直保留着。在博洛尼亚，《民法大全》成了重要的研究对象，对罗马法的研究则影响了巴黎和牛津大学的课程设置。这些学者把这些法理解释得通俗易懂，并立即投入整理和编纂区域法律传统的努力中。比如，在 13 世纪中期，英国法学家亨利·布雷顿（Henry Bracton）撰写了一本重要的英国共同法方面的专著，而在法国、西班牙和德国，学者们也在进行类似的整理。[1] 基于罗马法的学术评论和教材按照合理的类目变成了课程。更重要的是，这些内容把国家的合法性看作独立于私人土地财产和封建特权之外的权威。渐渐地，君主们悄然被授权为其臣民制定新的法律，而不是简单地推行陈旧的习俗。立法作为一种创造行为，作为一种

---

[1]　Tierney, *Western Europe in the Middle Ages*, p. 313.

对社会需要的审议回应，已成为被认可的国家功能。

与此同时，教会中的法律、法规和判例也得到长足发展，判例主要来自各种宗教资源，包括《圣经》、教皇声明和总务委员会的决定。教会律师夜以继日地工作，搜集了大量材料，来突出教会和教皇的特权。1140 年，博洛尼亚的教会律师格莱安完成了一本重要的合集——《不协调教会的协调》，为读者提供了一套有序的、有章法的法律原则。[1] 在 13 世纪之后的编纂工作完成以后，教会有了一套详细的法律，这套法律在教会领域就相当于罗马法在世俗领域一样重要。

▶▷ "哲学家"的回归

早在 8 世纪，穆斯林学者们就将大量的古希腊科学和哲学著作翻译成阿拉伯语，主要翻译亚里士多德的百科全书。在 12 世纪之前，欧洲的基督徒对亚里士多德关于形而上学、宇宙论、伦理学和政治的著作一无所知。一开始，人们只能按照阿拉伯译著再翻译，到 13 世纪初，就有直接从希腊文翻译成拉丁文的译本了。[2] 但是有些人则对此事持保留态度，比如德尔图良主教曾这样反问：

---

[1]　Hollister, *Medieval Europe*, pp. 298–9.
[2]　Fernand Van Steenberghen, *Aristotle in the West,* trans., Leonard Johnston (Louvain, 1970),pp.8–22.

"雅典与耶路撒冷有什么关系？"但是，这项工作得到了基督教领袖们的支持，由此受过教育的欧洲人能再次全方位地思考亚里士多德的科学和哲学思想。

学者们研究的不仅仅是亚里士多德对某一学科的思考，而是每个学科，尤其是他认为理智是提升知识必不可少的工具，这个观点对当时的学者来说非常有价值。从亚里士多德的角度看，世界不再是展示奇迹的舞台，不再是上帝用超自然的方法惩罚罪人、奖励圣人的舞台，而是有内在规律、有秩序的地方，而这种规律秩序是人类可以掌握的。彼得·阿伯拉尔（1079—1142）是最早的中世纪学者之一，他认为万物都是可以运用人的理性研究的，这个观点得到了许多其他神学家领袖的支持。当时一个问题摆在了这些学者或大学面前，那就是如何将一个以哲学导向的异教徒观点融入一个以宗教为中心的世界观中，如何吸收异教徒的理性，并使其服务与补充基督教启示。

而这个问题被 13 世纪的意大利多米尼加人托马斯·阿奎那完美地解决了。他并没有撰写综合的政治论文，而是将他的政治分析编入一部哲学和神学巨著中。13 世纪中期，随着亚里士多德的《尼各马可伦理学》的出现，阿奎那开始重新评价奥古斯丁对罪恶人性和国家的目的的观点。阿奎那认为人类天生具有社会性和政治性；与亚里士多德的观点一致，他也认为国家不一定因为原罪就一定邪恶，国家是自然的机构，代表积极的价值观，是实现信仰理性、正义和法律的生活的载体。[1]人们不可避免地有利益冲突，国家要体现全民共同利益，而君主要尽职尽责，要让人民合作，维护社会秩序。

阿奎那和亚里士多德都认为，等级关系对社会顺利运转是必要的，就像在自然界中巨大的食物链一样，从最底层的元素和生物开始，一直到食物链顶端——人类，也是有等级关系的。[2]但是，由于人天生有理性，有灵魂，不管他们在生活中的特定地位如何，每个人最终与他们的社会和政治上的上级会变得平等。尽管每个人在人世间发挥的作用不同，但是每个人都有相同的目的。在阿奎那看来，统治地位就是一个职位或一种信任，而统治者，就像生物链上的其他生物一样，必须促进自然秩序的发展，从而最终走向上帝。

对阿奎那来说，规则渗透在万物的自然秩序中。他认为上帝显示出四个层次的规则：永恒法则、自然法（则）、神授法则和人类法则。永恒法则是上帝意志的同义词，使一切事物都安排有序，但人类是不能直接掌握的。自然法（则）是神造万物的本性，因物不同，其本性也不同。对生物而言，自然法（则）就是对自我

---

[1]　Eleanor Stump, *Aquinas* (London, 2003), 314–6, 讨论了国家在推动正义中的作用。Alexander Passerin D'Entreves, *The Medieval Contribution to Political Thought: Thomas Aquinas, Marsilius of Padua, Richard Hooker* (New York, 1959), pp. 22–3; Berki, *History of Political Thought*, p. 106。

[2]　Berki, *History of Political Thought*, p. 107. Arthur Lovejoy, *The Great Chain of Being* (Cambridge, MA, 1936) 是非常经典的概述。

保护的天然渴望；对人类而言，自然法（则）是一扇通向永恒法则的窗口，要求人趋善避恶，遵循理性。神授法则是神显示出的真理，是神的恩典（如《圣经》），而不是理性的发现。最后，人类法则只适用于人类，是上帝永恒戒律的规约性推论，总是把普遍的利益或团体置于个人利益之上。阿奎那认为，"意志必须受到理性的约束。因此，我们应该明白，国王的意志具有法律的力量，所以，如果没有理性的约束，国王的意志将是罪恶而不是法律"。[1]经院哲学的事业在阿奎那的努力下达到了顶峰，强制统治的被任务牢牢地放在追求公共福祉的理性行为的背景中。

▶▷ 中世纪晚期的各种思想

从 14 世纪起，教会与国家的关系已经不再是全欧洲关注的问题，转而下移成为行省内教皇和具体国家的君主之间的问题。在圣彼得继承人领导下的教会，想要维持基督教世界的统一，想要维持基督教的国际霸权地位已经变得不再可能，因为各个王国都开始独立自治，压制教会，甚至与周边的其他基督教邻居开战。人们不再讨论宗教权力和世俗权力之间的权限，转而把讨论的焦

---

[1] From Aquinas, *Summa Theologica*, in Ralph McInery, ed. and trans., *Thomas Aquinas: Selected Writings* (London, 1998), p. 613. 还可参见 Sabine, *History of Political Theory*, pp.241–3。

点放到了国王与其统治的国家的关系上。从关注教会与国家的关系到关注统治者与臣民之间的关系，这一重大变化标志着主权国家的诞生和基督教大一统的消失。[1]

教皇卜尼法斯八世[2]在 1296 年颁布教谕《教士不纳俗税》，要求法兰西和英格兰国王停止对国内神职人员征税。法兰西国王腓力四世[3]以禁止任何教堂上缴罗马税予以回应。紧接着，双方开启了口舌之战。卜尼法斯八世于 1302 年发布了中世纪教会史上最著名的诏书《一圣教谕》，将教皇权威提升到至高无上的地位，他说，"对每一个人来说，成为罗马教皇的臣民，对于自己的救赎，是完全有必要的"。[4]但是，在多国会议中，卜尼法斯八世遭到了严厉谴责，法兰西军队甚至将这位老教皇囚禁了一段时间。卜尼法斯八世的这一行动代表了中世纪教皇主义的最后一搏。继任的教皇是法国人克莱门特五世[5]，甫一上任，他急忙就税收问题予以让步，并在 1309 年将教廷从罗马移至阿维尼翁，该地恰好不是法兰西王权所控范围。[6]

[1]　David Nicholas, *The Transformation of Europe, 1300–1600* (London, 1999), pp. 53–84，评论了政府的世俗化倾向。

[2]　卜尼法斯八世（Boniface Ⅷ，1235—1303 年），教皇，于 1294—1303 年在位。——译者注

[3]　菲力四世（Philip Ⅳ，1268—1314 年），法兰西国王，于 1285—1314 年在位。——译者注

[4]　Unam Sanctum in Tierney, ed., *The Crisis of Church and State, 1050–1300*, p. 189.

[5]　克莱门特五世（Clement Ⅴ，1264—1314 年），教皇，于 1305—1314 年在位。——译者注

[6]　Black, *Political Thought in Europe, 1250–1450*, pp. 48–9.

在历史学家称之为"灾难性的 14 世纪"的历史中，各种灾难都发生在罗马教会，这些灾难有些是自然原因造成的，但大多数是人为。1300 年之后，欧洲经济扩张、技术创新放缓，而人口压力使农民不得不一再分割土地，他们开始在贫瘠的土地上耕作，农民的生活因此过得很清苦。天气恶劣，粮食歉收，粮价飞涨，许多家庭难以为继。与此同时，1347 年欧洲东部地区爆发了灾难性的黑死病，并迅速蔓延到整个大陆。在接下来的 3 年里，约有三分之一的欧洲人口死亡，而城镇的死亡率更高。对于迅速传播的疾病，既没有任何医学上的解释，也没有相应的治疗手段，不管哪个阶层都在劫难逃，并且，根据一些目击者的说法，这场疾病使人们对父母、配偶和家庭义务等一切规范都不管不顾。[1]

好像这场自然灾害对罗马教会权威打击不够一样，1377—1378 年法兰西和德国红衣主教内讧，教会内部开始分裂，结果选出两个教皇来，一个是罗马教皇，另一个是阿维尼翁教皇。从此，"大分裂"（Great Schism）开始并持续了 37 年。在这些年里，双方频繁地互相攻击，势不两立，互相开除对方教籍并且支持争斗者沿国界独立。1409—1417 年，新上任的教会委员会努力寻找解决方案，没想到却导致了第三个教皇的出现，于是教会领导危机

---

[1]　Barbara Tuchman, *A Distant Mirror: The Calamitous Fourteenth Century* (New York, 1972); Robin Winks and Lee Palmer Wandel, *Europe in a Wider World* (New York, 2003), pp. 32–40.

更甚。终于，教会在教皇马丁五世[1]的领导下重新统一，但是这次"大分裂"却对罗马教廷的国际地位造成了巨大的影响。文艺复兴早期的教皇们承认世俗统治者对本国教会有更大的控制权。[2]

▶ ▷　政府的世俗转变

"大分裂"对教皇霸主地位予以重创，在"大分裂"之前，意大利诗人但丁·阿利基耶里（1265—1321）就认为，重塑皇权，恢复王权，这是维护持久和平以及实现人们理性生活的必由之路。但丁被教皇党羽放逐，离开了自己的故乡佛罗伦萨，在此期间，他编著《论世界帝国》一书。在书中，他写道，意大利各个城市间之所以争吵不断，是因为教会的恶劣影响；他还援引《圣经》论证，认为教会的职责是超世俗的，这种本性与世俗权力是完全相反的。[3]但是，是另一位作家兼医生期待并预见到了主权国家的到来。1324 年，帕多瓦的马西利乌斯（约 1275—约 1343）在《和平保卫者》中明确表示支持世俗政体的至高无上性。1327 年，这

---

[1]　马丁五世（Martin V，1369—1431 年），教皇，于 1417—1431 年在位。——译者注

[2]　Nicholas, *Transformation of Europe*, pp. 128–9.

[3]　Dante, *On World Government*, trans., Herbert W. Schneider (Indianapolis, 1957), pp. 52–80; John A. Scott, *Understanding Dante* (Notre Dame, IN, 2004), pp. 144–5; Sabine, *History of Political Theory*, p. 246.

一著作遭到教皇约翰二十二世[1]的谴责，被定性为异端邪说。

马西利乌斯认真研究亚里士多德的著作，他认为亚里士多德的《政治学》加上自己的作品，就是一剂从根源上治疗社会动荡的良药。他在《和平保卫者》的开篇就详细分析了国家的性质、功能和组织结构。和但丁一样，他也对动荡的政治时局感到震惊。他认为，政府不过是家庭的扩大版，国家的主要职责是确保每个人的幸福和安全。在真正稳定的政治秩序中，统治者执行的是众人认可的经过立法程序产生的法律，而不是神的命令。基督徒可以继续保持同一信仰，继续保持团结，但是，他们首先要忠诚于他们的世俗统治者，因为世俗统治者才是和平和社会秩序的维护者。马西利乌斯强调，教会不应该有民事判决权，教会人士必须承认自己是王国境内的臣民。事实上，如果立法者想要确保每个人的幸福，他就必须对教会牧师有任免权。马西利乌斯认为，牧师的唯一职责是"教育人们要按照福音法律，要去信仰什么，去做什么以及不要去做什么，以此获得永久救赎"。[2]他指出，意大利的内乱是罗马教皇随意干预所起，他提醒读者们，基督和他的使徒们都将自己排除在世俗的统治之外，安于过福音派的贫穷生

---

[1]　约翰二十二世（John XXII，1244—1334 年），教皇，于 1316—1334 年在位。——译者注

[2]　Marsilius of Padua, *Defensor Pacis*, trans., Alan Gewirth (Toronto, 1980), p. 23. 还可参见 Leo Strauss, "Marsilius of Padua", in Leo Strauss and Jospeh Cropsey, eds, *History of Political Philosophy* (Chicago, 1987), pp. 276–95。

活，而不追求世俗权威的特权。

《和平保卫者》第一篇是基于这样的自然主义的假设，即政府的统一权力要靠全体公民的支持或准许。立法者代表法律，他们相应地选出统治者，统治者行使权力，因此，权力最终需要得到公民的授权。[1] 马西利乌斯认为，人类的法律是立法行为的产物，而不是像阿奎那坚持的那样，是神或永恒法则的一部分。立法者"是法律的首要因素，也是直接因素，应该由人民或者全体公民，或者部分具有分量的人来担任，需通过大会选举产生，是人民意愿的表达；他们按照人类社会的需求，列出惩罚措施，指导或决定哪些事情应该做，哪些事情不应该做"。[2] 因此，国家是独立完整的无所不能的团体，其成员服从的应是法律，而不是教皇、国王或任何人。决策者，无论是君主还是大会，负责将立法机关精雕细琢的法律执行下去。对神尽责固然也很重要，但是这不是国家管理的范围。以上种种完全是对世俗权威的一种彻底的重新解释，政府权力有限，需要尽职尽责，这是许多现代国家的特征。[3] 这是一种肯定了人性和人类潜能的更自信的看法，与教会及自奥古斯丁以来教会代言人的观点都不一样。

---

[1]　Canning, *Medieval Political Thought*, pp. 155–6.

[2]　Marsilius, *Defensor Pacis*, p. 45.

[3]　Francis Oakley, *The Medieval Experience: Foundations of Western Cultural Singularity* (New York, 1974), pp. 106–7.

▶▷　统一的君主政体与同意原则

到了 15 世纪末期，在英格兰、法兰西和西班牙出现的统一的君主政体，很容易就能接受《和平保卫者》中所包含的论点。领土国家开始在西欧出现，并成为王室臣民的主要效忠对象。1066年之后，法兰西的诺曼王朝统治着英格兰，他们在那里建立了强大的行政结构和法律体系，其权力从首都伦敦辐射，覆盖了整个岛屿和爱尔兰的东部地区。王室可以自由挑选和任命重要教会职位上的神职人员，而中世纪中期商业经济的迅速发展给宫廷带来了新的收入来源。诺曼王朝的统治者精明地采纳了盎格鲁—撒克逊王室的做法，在做出重要决定时与主要贵族和高级教士进行协商。盎格鲁—撒克逊人原有的贤人会（witenagemot）演变成了诺曼人的政治机构王廷（curia regis），其成员与国王一起出行，帮助制定皇家政策。国王约翰[1]十分不受欢迎，他在与法军战斗中失利后，企图单方面强行征收额外税收，国内大贵族反叛，并迫使他在 1214 年颁布了《大宪章》。该文件剥夺了君主在未经国家领导团队同意的情况下擅自提高非惯例税收的权利。贵族阶层要求王室尊重习俗和传统的行为，为后来的有限君主制和法治的发展

---

[1]　约翰（John，1166—1216 年），英格兰国王，于 1199—1216 年在位。——译者注

奠定了基础，虽然这样的结果可能只是无意间造成的。

到了 13 世纪中期，乡绅和富裕的城市市民开始加入大贵族行列一起参加协商会议，而社会底层民众则加入了由封建精英组成的高级咨询机构中，这些反映出英国经济结构的变化。当国王管理国家事务需要征收额外税收时，必须经过土地贵族和城市商业精英的同意，因为国家财富的很大一部分来自这些社会阶层。国王爱德华一世[1]召集的议会中则加入了各郡骑士和富裕市民。到 14 世纪中叶，这些骑士和市民开始与贵族成员分开举行会议，于是历史上首次出现了下议院和上议院。而此时的议会还只是国王培育的"产品"，议会召开或解散完全凭借国王的自由意愿，这种情况一直延续到 19 世纪早期。英国君主把议会看作皇室政策的另一种工具，而不是什么基本的代表权，但定期议会会议仍然体现了中世纪时期政府权责分明的概念，而且同意原则贯穿始终。[2]

法国卡佩王朝的政治集权的道路则要更加艰难，菲利浦·奥古斯都国王[3]和他的继任者们花了两个世纪的时间，才成功制服反叛的贵族和分散的封建君主国，开创了统一大业。从此，领薪官

---

[1]　爱德华一世（Edward Ⅰ，1239—1307 年），英格兰国王，于 1272—1307 年在位。——译者注

[2]　David Nicholas, *The Evolution of the Medieval World: Society, Government and Thought in Europe, 312–1500* (London, 1992), pp. 461–4; Albert Rigaudiere, "The Theory and Practice of Government in Western Europe", in Michael Jones, ed., *The New Cambridge Medieval History, c. 1300–1415* (Cambridge, 2000), pp. 31–2.

[3]　菲利浦·奥古斯都（Philip Augustus，1165—1223 年），法兰西国王，于 1180—1223 年在位。——译者注

员取代了地方贵族，成为省内各县的主要司法和军事人物，而巴黎
则变成了整个王国的永久首都。菲利浦四世统治（1285—1314）末
期，在与教会和贵族的权力争夺中，王权占据明显优势。在菲利浦
四世的统治下，中央政府成功地开始对教会征税，他们掠夺了圣殿
骑士团的财富，并占领了脆弱的犹太社区的财产，将他们驱逐出了
这个国家。然而，即使是独断专行的菲利浦，也经常需要财政税收，
偶尔也不得不呼吁他的主要臣民支持他的集中议程。1302 年，第一
次三级会议在国王的请求下召开，虽然三级会议从未像英国议会那
样成为法国皇家政府的核心部分，但是神职人员、贵族和主要市民
一起参加集会，的确提供了播种鲜明民族意识种子的机会。[1]

►▷ 马基雅维利和政治权术

也许在西方传统中，没有一个政治思想家像尼科洛·马基雅
维利（1469—1527）那样饱受责难。天主教会的领袖们看到马基
雅维利最著名的《君主论》时，他们十分愤怒，将该书说成是撒
旦的恶毒使命。在 1514 年之后长期的个人政治流放时，佛罗伦
萨的这位土生土长的政治思想家写下了《君主论》，以及《论蒂
托·李维的前十本书》，后者虽然受众少，但至今仍有影响力。16

---

[1] Nicholas, *Evolution of Medieval World*, pp. 465–6.

世纪早期，佛罗伦萨共和国刚开始衰败，整个意大利都面临着政治分裂、城市与国家对立、外敌占领、皇帝无能以及教会干涉国家事务等问题。面对意大利的不幸，马基雅维利深感遗憾，于是举起反教权主义大旗，他对政治事务的分析入木三分，旗帜鲜明并大胆建议进行改革，但却很难得到表达意见的机会。1559 年，他的作品被放在天主教会的禁书索引上，对此没有人感到惊讶。[1]

在某种层面上，马基雅维利，这位政治家和外交家，只是想从外国统治的掌控中拯救意大利。在《论蒂托·李维的前十本书》中，他回顾了罗马共和国时期的公民们为了捍卫自己的自由和领土的完整而进行的英勇斗争。大多数马基雅维利的同时代人赞同他的观点，即内部团结是赢得国际尊重的先决条件。然而，在更深的层面上，马基雅维利政治思想中包含一种令人不安，甚至是彻底的革命性的内容，这种内容完全不同于中世纪晚期欧洲的知识传统。传统认为，善良的统治者总是被誉为人类美德的化身、自然法的倡导者，神圣的正义和仁慈的镜子。历史学家谢尔登·沃林认为，政治本身就是"一个缩影，展示了整个世界中普遍存在的秩序结构原则"。[2]

---

[1]　Quentin Skinner, *Machiavelli* (Oxford, 1996), 简短地概述了马基雅维利的生活和工作。

[2]　Quoting Wolin, *Politics and Vision*, p. 188. 还可参见 Elena Fasano Guarini, "Machiavelli and the Crisis of the Italian Republics", in Gisela Bock, Quentin Skinner, and Maurizio Viroli, eds, *Machiavelli and Republicanism* (Cambridge, 1993), pp. 17–40。

马基雅维利则提出了一种政治与伦理分离的理论，时至今日仍有争议。他认为，行动从来都没有绝对意义上的正确或错误，而是必须看最终结果才能进行评判。对于改革的统治者来说，"这是一个合理的格言，看起来是受谴责的行为，可以用效果来辩解，只要效果是好的……它总能证明行动是对的"。[1] 在这个世界上，起作用的并不是柏拉图式的善，也不是自然法，更不是普世道德，基督教也好，其他教派也罢，只有为了实现目的而见机行事的品质才是制胜法宝。政治的目的永远是国家的统一和安全。如果只是关注过去的圣人和哲学家让人们如何做事情，那么这一关键目标永远不会实现，应该是通过运用"美德"，才能实现这个目标。马基雅维利所说的"美德"包括勇气、技能、坚定和刚毅。[2] 基督教的道德观强调自我否定、卑微、忍耐、蔑视这个世界，在马基雅维利看来，这些都是美德的对立面，对建立公民秩序是致命的。

君主或独裁者将利用《君主论》中为自己量身打造的建议，在冷漠和（或）堕落的公民面前恢复国家的伟大。马基雅维利并不迷恋世袭统治者，他憎恨搅乱意大利生活的贵族，但他的确支持改革君主制。[3] 另外，在与《君主论》同一时期的作品《论蒂

---

[1]　Machiavelli, *The Discourses*, ed., Bernard Crick (Harmondsworth, 1986), p. 132.

[2]　E. A. Rees, *Political Thought from Machiavelli to Stalin* (Houndmills, 2004), p. 7. 有关马基雅维利和自然法，参见 J. N. Figgis, *Political Thought from Gerson to Grotius, 1414–1625* (New York, 1960), pp. 97–9。

[3]　Wolin, *Politics and Vision*, pp. 180–1.

托·李维的前十本书》中他又强调，在以勇气和践行美德为特征的社会中，共和政府是具有优势的。虽然马基雅维利赞成共和制，但他承认，每当法律和公共精神腐化时，就需要专制。[1]两部作品都认为统治者具有发布蛮横命令的特权，都坚信私人和公共道德不能混为一谈，这是两部作品的一致之处。"当国家前途完全要靠所做的决定时，就不应该再管公正还是不公正，善良还是残酷，值得称赞或可耻。"[2]成功的统治者必须为国家的更大利益去犯不罚之罪，政治必须停止作为神学的副产品而存在。

马基雅维利认为，为了实现政治稳定，统治者应该按照人们实际行动的表现方式对待他们。尽管他严厉批评教会的领导及其行为，但他欣然接受了奥古斯丁对人性的描述。很不幸，这样的人在每个时代每个社会都随处可见。人"都是忘恩负义，偷奸耍滑，满口谎言，人们都是躲避威胁，贪婪财富；你对他们好，他们就是你的人"。[3]但是一旦出现威胁，他们又会很快跑到你的对立面。人类的胃口永远无法满足，"人的脑子里永远都装着不满意三个字，很容易就会厌倦自己所拥有的东西"。因此，我们永远是"厚古薄今，向往未来"。[4]鉴于这个令人焦躁的人类学结论，统治者可以对自己的臣民施以关爱，以公正克制的原则统治，但是他

---

[1]　Sabine, *History of Political Theory*, p. 323.

[2]　Machiavelli, *The Discourses*, p. 515.

[3]　Machiavelli, *The Prince*, trans., George Bull (Harmondsworth, 1981), p. 96.

[4]　Machiavelli, *The Discourses*, p. 268.

必须认识到最好是让他的臣民怕他而不是爱他。[1] 他声称，暴力和强制往往是治疗社会堕落的良药。

新式统治者雄心勃勃，残酷高效，蔑视传统，不要指望他们身上有 16 世纪时的天主教或基督教国王那样的特点，他们对个人道德与国家良心嗤之以鼻。他们相信，按照马基雅维利的建议，在强国林立的世界，在人人贪婪人人自私的国家里，"在大家都不按道德行事的环境中，谁想要处处按照道德行事必定会落得悲惨的下场"。想要生存，想要完成好建国大业，维护全民安全，"他就必须学会抛弃道德，要不要守道德全看需要"。[2] 亚里士多德和阿奎那提出的政治要与道德和宗教合一的观点，如今成了被质疑和讨论的焦点。在欧洲政治思想的舞台上，道德渐渐沉寂，神圣君主也渐渐消失。自我中心主义和欲望——人类亘古不变的两个本性——曾为奥古斯丁所哀叹和痛惜，现在被用来服务国家，而不考虑神学的绝对真理。有了马基雅维利的理论，文艺复兴时期的"新人"，充满自信，雄心勃勃，只在乎现世，只关心个人成败，逐渐在世俗国家的竞争舞台上占有一席之地。国家被视为人工制品或艺术作品。从前，国家是宣讲骑士精神或神圣上帝的舞台，而如今，这个舞台上出现了更多的主角，涵盖了更广泛的内容。

---

[1] Quentin Skinner, *Machiavelli*, p. 59.
[2] Machiavelli, *The Prince*, p. 91.

| 第三章 |
主权国家的出现：
1500—1700 年

物质生活和人文主义贡献。宗教改革和宗教政治。教会及其盟友。路德意想不到的遗留问题。专制的发展。让·博丹和王权。都铎王朝的改革与王权。詹姆斯一世与神权理论。托马斯·霍布斯和世俗的专制主义。17 世纪的趋势。反抗理论和宪政。加尔文主义与神圣的都督。约翰·洛克、基督教契约与财产追求。共和国、权利与宗教。激进的民主。自然法的新方向。走出神性。

大约公元 1500 年欧洲中世纪结束，虽然这样界定显得有些随意，但 15 世纪中期的西欧在人口、经济、军事和文化方面的确发生了翻天覆地的变化，各国励精图治，大力扩张，国家实力与日俱增，真正意义上的主权国家日渐形成。1400 年，欧洲仍然保留着高压的政治态势。各国都在努力争取君权能够高于地方法律和习俗，并已经在一些场合得以实现。但是，真正的权力仍旧主要掌握在大量的贵族、亲王和市镇委员会或市政集团手里，他们基本上不听任何人指挥。到了 18 世纪，这一切都改变了。国王通过任命大量官员直接统治国家，拥有装备精良的武装部队的同时掌握了国内教会的统治权，并定期向全国征税。政府和世俗国家成了最高效忠对象，这一观念在欧洲逐渐深入人心，政治思想反映并支持着这种变化。[1]

►▷ 物质生活和人文主义贡献

1400 年，黑死病的肆虐强度有所减弱。在接下来的一个世纪，欧洲人口达到大约 7000 万人，重回瘟疫前的水平。人口暴增导致人们对土地和工作的激烈争夺，于是许多无地农民，其中有些是

---

[1] Theodore Rabb, *Origins of the Modern West* (New York, 1993), p. 21. 对于 "1500-1700" 的概述，还可参见 Rabb, *The Struggle for Stability in Early Modern Europe* (New York, 1975); Thomas Munck, *Seventeenth-Century Europe, 1598–1700* (Houndmills, 1991)。

刚刚从农奴身份解脱出来的人，被迫涌入城市寻找工作。很多城市的商业、文化和政治生活有了长足发展，首先取得发展的是意大利北部的城市，后来延伸到西欧大部分地区。正是在这些地方，中世纪重视的贸易保护制度及其公共价值观念逐渐消失，取而代之的是宣扬竞争的资本主义与个人主义。商人通过长途贸易创造了大量的财富，资助着艺术和教育的发展，同时资助着能带来安定环境的雄心勃勃的统治者。毕竟，安全的国内环境是资本主义经济增长的必要前提。自治城市和皇家政府都看到了火药和大炮的威力，开始提高税收，增加新式武器费用的开支，招募训练武装军人。欧洲大陆上的战事越来越频繁，越来越昂贵，平民的生活越来越容易受到骚扰。[1]

欧洲探险者们的成功在很大程度上靠的就是这些先进的军事技术，他们在长达几个世纪的海外探索、开发和殖民过程中迈出了第一步。"发现"美洲大陆后，欧洲人广泛接触到非基督教信仰体系和社会行为，并开始重新关注基督教出现前的古希腊和罗马的知识文化与艺术作品，他们逐渐对基督教世界观的霸权产生了质疑。著名天文学家和自然哲学家把地球描述成一个机械和客观的物理世界，这与《圣经》中所描述的情况截然不同。自然科学的巨大进步促使一些人希望也能出现类似的政治科学。16 世纪早

---

[1] Fernand Braudel, *Capitalism and Material Life, 1400–1800* (New York, 1973) 对资本主义提供了全局的概述。

期，欧洲分裂成许多截然不同的教派，各家皇权控制下的国家教会严重动摇了教皇统治下的同一基督教联邦的中世纪观念。

这一切标志着中世纪的终结。具有讽刺意味的是，这些变化和创新是源于对远古的向往和仿效，而启蒙运动则更清晰地表达了这种怀旧情结。的确，在14世纪末就有一批欧洲人将古希腊和罗马时代视为艺术和哲学卓越的典范。但是，文艺复兴运动全面兴起则要到15世纪中期。文艺复兴时期的艺术家、科学家和思想家强调世俗问题和世俗权力，颂扬人类的创造力和个性，试图重获古希腊罗马时代的以人为本的精神。文艺复兴总是与城市文化相连，随着西欧城市的兴盛，文艺复兴从意大利开始，随后向北扩展。受过教育的欧洲人特别欣赏古希腊和罗马的价值观，特别是教育优先原则和价值伦理观念，他们认为这样的价值观才应该是永恒的标准，而这些标准在中世纪被自私自利的牧师与国王无情地抛弃了。人文主义者呼吁恢复文学、艺术、修辞甚至政治生活的古典标准，对他们来说，欧洲新曙光的到来要靠异教徒，而不是基督徒和各种先例；要靠理性，而不是以信仰为灯塔。

人文主义者提倡恢复古代的和谐，鼓励人要积极地生活，而不是追寻中世纪提倡的静心默祷的生活。文艺复兴时期的艺术家和他们富有的赞助人用绘画和雕像强调世俗主题和人类成就的价值。随着15世纪晚期印刷术的到来，人文主义的理念传播起来更加容易，很多作品出现在了大学和宫廷中。有些人还因为成就突出而被授予职位，就像立了军功受赏一样。[1]

每一种转变都以独特的方式促进了国家权力的增长，并相应地降低了各行省土地贵族的权力，削弱了神职人员的跨国号召力。中世纪的政治权力是建立在统治者与被统治者之间的个人关系之上，而集中主权的新概念则强调民族意识，强调把国家看作领土边界内的法律实体。[2] 在政治思想中，国家的理性和王权的意志开始引起作家的注意。1500 年之后，这方面的作品无论是从来源国家的数目上来说，还是从重要作家的社会地位来看，都使中世纪的一切相形见绌。虽然大多数作家仍主张人活着是为了荣耀上帝，但是他们为国家的世俗要求赋予了新的地位。马基雅维利对国家道德和宗教基础的摒弃可能让他同时代的大多数人感到震惊，但政治权力世俗化的趋势却聚集了力量，国王和女王们义不容辞地承担起捍卫国家和教会利益的责任。

▶▷ 宗教改革和宗教政治

宗教改革在近代早期欧洲思想史上的地位不太好评价，一方

---

[1]　Herschel Baker, *The Image of Man* (New York, 1947), part Ⅲ，同一位作者的 *The Wars of Truth* (Cambridge, MA, 1952)，关注启蒙运动中的人性。还可参见 De Lamar Jensen, *Renaissance Europe: Age of Recovery and Reconciliation* (Lexington, MA, 1992)。

[2]　Richard Mackenny, *Sixteenth Century Europe* (New York, 1993), p. 58.

面，它推动了现在我们熟知的领土国家的出现，维护了个人良知的神圣性；另一方面，它也使人们继续维护中世纪的神权政府。尽管 16 世纪新教教义存在着无数的教义分歧，但是除了最激进的教派之外，所有教派都相信文明社会必须要由教会主导，道德标准和行为准则要由教会按照《圣经》决定，由国家机构通过说服和强制的手段执行。一位学者说，宗教改革"中止了早期世俗主义的发展，并使宗教和忏悔主义在政治统治地位上又占据了 150年"。[1] 就像中世纪的天主教一样，新教教徒对人性十分担忧，这就需要有外力来约束和规范人类的行为。

早期宗教改革有两个主要人物，马丁·路德和约翰·加尔文（John Calvin，1509—1564）。他们都是非常保守的基督徒，更倾向于遵循波林和奥古斯丁的路线来实现灵魂洗涤。这两个人对人性的看法十分悲观，因此他们都不支持宽容的世俗统治模式，也不支持社会变革和新兴商业阶层掌握政治权力。相反，他们完全致力于恢复原始基督教，并放弃与世界进行任何形式的和解。[2] 但他们敢于挑战教皇的专制权威和教会等级制度的合法性，他们坚持认为基督徒在最重要的事上（人与上帝的关系）是平等的，这严重动摇了当时的社会秩序，可能这只是无心的。

---

[1]　Roland Bainton, *The Age of the Reformation* (New York, 1956), p. 12. 还可参见 Alister McGrath, *The Intellectual Origins of the European Reformation* (Malden, MA, 2004)。

[2]　Berki, *History of Political Thought*, p. 126.

用富兰克林·勒·范·鲍默的话来说：

> 改革者促成了个人主义，尽管在现代意义上他们都不是个人主义者；改革者促成了民族主义，虽然他们只是希望恢复基督教的统一；改革者促成了民主，尽管他们几乎都不是民主党人；改革者促成了"资本主义精神"，尽管他们对资本家极度怀疑；但确确实实，改革促成了社会的世俗化，尽管他们的目的恰恰相反。[1]

▶▷ 教会及其盟友

在宗教改革之前，天主教会可以说是欧洲大陆上真正的国际力量，以罗马为基地的"准国家"里拥有自己的训练有素的人员、外交使团、法律制度、税收权力；整个欧洲，神坛数以千计，各个站点相互之间都有良好的通信网络，数以万计的神职人员在各个世俗司法管辖区里享有多重豁免权。[2] 只要教会在一个国家内的地位不倒，欧洲君主就很难在其领土内享有独占权。1517 年开始的路德派起义彻底改变了这个局面。在短短几十年的时间里，不

---

[1] Franklin Le Van Baumer, ed., *Main Currents of Western Thought* (New Haven, 1978), p. 169.

[2] Garrett Mattingly, introduction to the Harper Torchbook edition of J. N. Figgis, *Political Thought from Gerson to Grotius, 1414–1625* (New York, 1960), p. xiv.

仅是德国北部，还有斯堪的纳维亚半岛、英格兰、苏格兰、尼德兰和瑞士都与罗马教廷决裂，并控制了教堂的财产、人员和宗教教义制定权。即使是在像法国和西班牙这样的天主教国家，经过长达几个世纪之久的争夺，国王最终也拥有了宗教任命权和税收权，在追求日常国家利益的过程中，国王拥有更大的自治权。

正如我们在上一章所看到的，对教会的批评并不是一种新现象。从约翰·威克里夫（约 1324—1384）和扬·胡斯（约 1369—1415）以来，贪婪的神职人员和政治化的教皇向来就是具有改革思想的基督徒抨击的目标。16 世纪早期，文艺复兴时期的人文主义者，如荷兰学者德西德里厄斯·伊拉斯莫斯（Desiderius Erasmus，1466—1536）和英国政治家托马斯·莫尔（Thomas More，1478—1535）继续批判教会的做法，并要求以基督为榜样，提出了要简单、虔诚、仁爱地生活。但是，文艺复兴时期的教皇们顽固地一次又一次抵制着改革的呼声，他们希望得到世俗君主的支持，让那些质疑正统教条的人保持沉默，而这些君主则希望在任命高级教会官员时有更大的发言权。1516 年，法国国王弗兰西斯一世 [1] 通过博洛尼亚协约得到了法国教会大量的权力，但西班牙君主成为教皇权威的最有力的保护者和教义最忠诚的执行者，成为整个大陆反对异端邪说的领袖。

---

[1] 弗兰西斯一世（Francis Ⅰ，1494—1547 年），法国国王，于 1515—1547 年在位。——译者注

这里有必要提醒一下，在 16 世纪，民族国家和巩固的君主政体本来是不一定会出现的。事实上，中世纪时期教会梦寐以求的世界主权在 16 世纪西班牙天主教那里差点实现。查理五世皇帝[1]（1516—1556）在 19 岁时就继承了包括西班牙和意大利的全部附属国，以及 1492 年以来获得的美国殖民地，还有辽阔的神圣罗马帝国连同皇家头衔。凭借这样一个庞大的领土，美国殖民地的金银，还有一支训练有素的军事力量，查理五世在总理加蒂纳拉（1465—1530）的建议下，打算建立一个世界王朝，其实这个理念是但丁最先提出的。1525 年，查理五世在意大利与法国军队作战中，取得了决定性胜利并俘虏了对手弗兰西斯一世，这似乎证实了这一目标的可行性。[2]

查理五世非常认同教皇做精神领袖和皇帝做世俗领袖的中世纪思想。近 40 年来，他全力打击法国和德国的新教皇帝，抗击从东侵入帝国的土耳其人，他得到了辽阔的领土，但地方各自为政，缺乏统一的中央制度，国家从来没有像样地团结成一个整体。[3] 查理五世在 1556 年退隐到修道院，他的儿子西班牙菲利普二世[4]加倍

---

[1]　查理五世（Charles V，1500—1556 年），神圣罗马帝国皇帝，于 1516—1556 年在位。——译者注

[2]　Mackenny, *Sixteenth-Century Europe*, pp. 60–1. 还可参见 Paul Kennedy, *The Rise and Fall of the Great Powers* (New York, 1988), chapter 1。

[3]　Lewis W. Spitz, *The Renaissance and Reformation Movements*, 2 vols (St Louis, 1987), 2: 359; De Lamar Jensen, *Reformation Europe* (Lexington, MA, 1992), p. 34.

[4]　菲利普二世（Philip II of Spain，1527—1598 年），神圣罗马帝国皇帝，于 1556—1598 年在位。——译者注

努力去建立一个天主教超级国家，但他也没能实现自己的雄心抱负。

▶▷ 路德意想不到的遗留问题

奥古斯丁教派的修道士马丁·路德经历了一段漫长的心灵之旅，遭受了巨大的内心痛苦后，他开始对礼拜仪式和行善救赎的效果产生怀疑。他批判了教会为增加收入而出售赎罪券的行为（赎罪券是教皇的信件，承诺会减少罪人在炼狱中所待的时间）。新当选的神圣罗马帝国皇帝对他采取了行动。1520 年，路德被教皇逐出教会；次年，路德被召到沃尔姆斯去参加帝国大会。在那里，他在查理五世面前慷慨陈词，并得到了萨克森的"智者"弗雷德里克的支持，后者是选出神圣罗马帝国皇帝的七名亲王之一，于是路德得以免受惩罚，并在瓦尔特堡居住，那里成了他的避难所。人们长期以来不满教会征税、神职人员渎职和侵占地方自治等行为，路德对罗马的批判赢得了民众的普遍支持。[1]

路德的批判虽然只针对教皇的特权，但他对西方政治思想有着至关重要的长期影响。他对罗马的批评是基于这样一种信念：一个真正的教会是靠信仰而不是强制制度维持的团契，它不需要

---

[1] Euan Cameron, *The European Reformation* (Oxford, 1991), pp. 99–103, 106–8. Martin Marty, *Martin Luther* (New York, 2004), 是最新的学术传记。

拥有土地，也不需要使用强制手段执行自己的律法。[1] 几个世纪以来，天主教制度规定牧师高于普通百姓，他们可以不受民事审判管辖，并赦免他们的原罪。路德打破了神职人员和世俗人员之间的区别。1520 年，他写了一篇《对统治阶级的呼吁》。在文章中，他拒绝承认神职人员不受民事审判管辖的规定。路德说"我们中每个人都受到洗礼，无一例外"，当一个主教祝圣时，"他代表的是全体教众，所有的人都有同样的影响力"。[2] 教会不是罗马主教的，也不是教会统治阶层的；而是整个基督徒团体的。行使民事权力的在俗教徒与牧师和主教一样，他们行使权力是"为整个基督徒团体利益服务"的。[3]

虽然这种批判仅针对教会政府和领导层，但其中暗示了人生最重要的平等形式，路德发现这是与早期基督教实践相一致的。对教会法的批判、对培养个人自主的新观念是有长期意义的。既然他可以通过召集他人一起质疑一个机构，那么别人也可以用这种办法质疑其他机构；如果救赎的重担在每个人的身上，那么，为什么人们在民政事务中没有发言权呢？因为在参与民政事务时，基督徒相当于在人间朝圣。

路德的呼吁引起了中产阶级城市居民的共鸣，他们憎恨众多

---

[1]　Wolin, *Politics and Vision*, p. 148.

[2]　Luther, "An Appeal to the Ruling Class", in Lewis W. Spitz, ed., *The Protestant Reformation* (Englewood Cliffs, NJ, 1966), p. 54.

[3]　Ibid., p. 55.

拥有大量财富和追名逐利的高级神职人员。路德把《圣经》翻译成德语，并坚决认为，每个人都有能力阅读和理解《圣经》，从而结束了牧师对上帝话语的垄断。他认为信徒都有义务通过读《圣经》白话文版本建立个人与上帝的关系。这极大地刺激了新兴的人类平等观念和个人主义的发展，后来这些观念在 18 世纪渐渐成了西方意识形态。改革对德国贵族也有实际意义。就像路德的保护人弗雷德里克一样，这些贵族看到了地区独立的机会，没收了教会的土地，废除了沉重的教会税。另外，农民把路德看作反抗世俗和神职压迫的斗士，曲解了他对基督教自由的呼吁，认为他会支持直接行动和激进的社会变革。当 1524—1525 年爆发大规模农民起义时，路德迅速对叛乱分子予以谴责，并号召神圣罗马帝国的国王们必须审判并惩罚叛乱分子来维护社会秩序。[1] 在随后发生的战火中，由于农民军队兵力短缺，领导不力且装备不足，超过 10 万农民死亡。

路德支持德国新教统治者，是因为他只有得到物质支持和政府保护，才能在反对右派教皇和新兴激进的左派宗派主义中取得胜利。他将教会定义为只靠信仰不靠强制的团体，认为教会不应该是教会法支持的等级森严的政府。此时，路德其实放大了国王在维持基督教政体的工作中的作用。[2] 这位伟大的改革家逝世 8

---

[1]　Hans J. Hillerbrand, *Men and Ideas in the Sixteenth Century* (Prospect Heights, IL, 1969),pp.28-9.

[2]　Quentin Skinner, *The Foundations of Modern Political Thought*, 2 vols (Cambridge, 1978), 2: 15.

年后，也就是在 1555 年，皇帝查理五世未能通过军事力量消灭路德开创的新教，不得不与新教臣民签署了《奥格斯堡和约》。根据条款，神圣罗马帝国的国王们可以在天主教和路德教之间选一种作为自己的国教。一旦做出选择，每个臣民都要跟随国王的信仰。[1]宗教改革再次将政治和宗教联系在一起，但这一次教会成了一个国家内部的政府部门，同时明确了臣民有服从国王的义务。[2]

路德对人性的看法很悲观，对政治和政治人物也很警惕，在《世俗权威：多大程度上应该服从》（1523）一书中，他反思了智慧国王的难得。但他最后说，尽管世俗统治者有各种不足，但是国家权力必须由他们垄断，在一个到处是顽固罪人的世界里，只有国王才能维护和平和真正的宗教。教众是有爱心有信仰的，但这不足以确保每个成员的世俗幸福，社会秩序还得靠强制力才行，因此基督徒必须接受神指派的统治者，即使是残暴的统治者也要接受。毕竟，有些暴君甚至可能是上帝表达愤怒的工具，而路德承认，臣民绝对不能做邪恶的事，他们也必须准备好承受他们不服从政府的直接后果。

路德认为，主动对抗都督是有罪的，因此要禁止出现这种行为。这种观点助长了"新兴的北欧国家君主专制的合法化"，接下

---

[1]　Jensen, *Reformation Europe*, p. 88.

[2]　Cameron, *European Reformation*, p. 153.

来的 200 年里这种观点成为政治思想家所面临的一个更有争议的问题。[1] 路德的影响十分久远。举个例子，在 17 世纪末期，法国君主专制的主要天主教辩护人之一，博斯维特主教（1627—1704）就沿用了路德教先前的观点。博斯维特在他的《〈圣经〉中提到的政治》（1679）一书中指出，政治原则必须从《圣经》中衍生出来，皇室权威可以延伸到社会的各个部分，无论是世俗世界还是神圣世界，臣民必须完全服从，皇权不容有任何质疑。[2]

▶▷　专制的发展

在 1559—1648 年的近一个世纪中，新教改革的一个重要原则是个人在宗教方面可以跟随自己的良知自由行事。但是，这一重要的原则却被所有的欧洲国家元首和大多数宗教领袖所拒绝。自罗马皇帝君士坦丁在公元 4 世纪支持天主教会以来，人们普遍认为臣民与统治者的信仰要一致，这对维护社会秩序至关重要。[3] 主权国家无法容忍宗教多元主义，打压宗教少数派由此成为整个欧洲大陆的标准做法。宗教的内部战争，以及欧洲大国之间的国际

---

[1]　Quoting Skinner, *Foundations*, 2: 71. 在 113 页再次强调该观点。还可参见 Francis Oakley, "Christian Obedience and Authority, 1520–1550", in J. H. Burns, ed., *The Cambridge History of Political Thought, 1450–1700* (Cambridge, 1991), pp. 170–1。

[2]　Skinner, *Foundations*, 2: 113.

[3]　Dennis Sherman and Joyce Salisbury, *The West in the World* (New York, 2001), p. 377.

冲突一直持续到 17 世纪末。最昂贵的宗教战争发生在神圣罗马帝国的土地上。1618—1648 年，新教徒首领与瑞典和法国结成盟军与天主教皇帝的军队交战。这场战争是欧洲土地上曾经发生过的最严重的暴行，军队把所见的一切都化为废墟，连平民的生命和财产也不例外。于是，欧洲大陆上厌战情绪不断上升，一些政治思想家和少数统治者开始考虑在不同的基督教团体中形成同一民族凝聚力的可能性。

▶▷　让·博丹和王权

法国国内宗教教派冲突严重，加上领导无力，局势一片混乱，建立强大的非宗教君主政权是民心所向。1534 年以后，新教在法国被宣布为非法教派，但这项法律形同虚设，根本无力阻止新教的传播。到 16 世纪中叶，法国新教少数派（即胡格诺教徒）的数量增长到将近总人口的 7%，其中包括贵族、城市资产阶级和农民。国王亨利二世（1547—1559）坚决反对宗教自由，他在一场格斗中受伤后意外死亡。他的意大利遗孀凯瑟琳·德·美第奇（1519—1589）开始摄政，但是领导无方。两大贵族家庭——天主教的盖斯家族和新教的波旁家族——于 1562 年爆发了战争，这场战争带有很强的宗教色彩。在冲突中，双方军队都很残暴，最严重的暴行发生在 1572 年 8 月，当时的天主教徒经过年轻的国王查理九世[1]的授权，袭击了巴黎的胡格诺派。屠杀持续了6天，蔓延到农村，导致成千上万的男人、妇女和儿童死亡。[2]

正是在这些内战中，法国法学家让·博丹（1529—1596）出版了他的《国家六论》（1576）。在接下来的20年中，这本书法文版本再版十次，拉丁文版本再版三次。这本书于1606年被翻译成英文，被许多作家引用，几十年后英国爆发了内战。[3]尽管博丹是罗马天主教徒，但他与一群被称为"政治精英"的思想家关系密切，他们主张对新教徒实行宽容政策，因为宗教迫害既徒劳无效又导致分裂。政治权威的核心功能是保卫国家不受外来侵略，同时确保正义和家庭安宁，而不是强推规定的宗教正统或不现实的善的观点。各方力量，包括教会机构、传统惯例，以及一直以来就有的行省特权都必须服从国家的要求以维护社会正常秩序。

鉴于写作时期的极端环境，博丹把社会结构放在了首位，他认为这有利于国内的长期和谐和社会互动。人们怎么能以一种有序的方式生活在一起，这样他们就可以从事利用自然进行生产的工作？博丹提出了"世俗最高权力"的概念，这种最高权力是其

---

[1]　查理九世（Charles IX，1550—1574年），法国国王，于1560—1574年在位。——译者注

[2]　Robin Briggs, *Early Modern France, 1560–1715* (Oxford, 1977), pp. 14–24. 还可参见 Richard S. Dunn, *The Age of Religious Wars, 1559–1689* (New York, 1970), pp. 20–31。

[3]　W. M. Spellman, *European Political Thought, 1600–1700* (Houndmills, 1998), p. 53.

他任何世俗或精神权威都无法与之抗衡的，这一概念终结了中世纪世界的多元效忠。无论是集体、小团体，还是君主（博丹的最爱），只要是这种毫无羁绊的政权都必须有充分的法律制定权和所有下级官员的委任权。这些权力缺一不可，否则就会引起混乱。专制政治权力的存在是合理的，就像家庭里的"天然"秩序一样，而且在《圣经》中也可以找到等级模式和父权模式。博丹不排斥被动反抗，但和路德的立场一样，无视主权必须接受处罚，痛苦只能默默忍受。

法国的政治宗教冲突一直持续到 1589 年纳瓦勒的新教徒亨利继承王位。尽管新国王皈依了天主教，但这样做只不过是为了尊重多数臣民的情绪（亨利国王在 1610 年被一个狂热的天主教徒暗杀）。为了防止继续发生流血冲突，1598 年国王开创性地颁布了《南特敕令》，在法国执行宗教宽容政策。《南特敕令》体现了"政治精英"的思想，是建立在博丹的国家权力理论基础之上的，但在 17 世纪晚期被废除。博丹的《国家六论》默认了宗教多元化，认为强有力的行政领导可以实现国内和平，为摆脱宗教内战的恶性循环指明了道路。

▶▷ 都铎王朝的改革与王权

英格兰的宗教改革不是由信徒发起的，而是由最高统治者亨利八世[1]为了个人利益发起的，这表明新教在某种程度上成为各个国家的共同选择。1529 年，为了休掉他的西班牙妻子，得到年轻的安妮·博林，亨利宣布与罗马教廷决裂。国王对新教神学没有丝毫兴趣，他进行的改革是行政改革、司法改革，而不是教派清理。16 世纪 30 年代，亨利担任英格兰天主教会的最高领袖，不再向罗马进贡或做任何请示，没收并出售教会大量的修道院财产。亨利利用教会的司法权，推行皇家制定的所有法律。后来，丹麦君主和瑞典国王采取了类似的措施。[2]

在英国，国王的所有军官都必须承认国王的至高无上性，而那些反对国王的人，如人道主义者托马斯·莫尔，则以叛徒的罪名予以审判并处决。亨利宗教改革的主设计师是托马斯·克伦威尔（1485—1540），他是国王的首席秘书，也是权谋大师，就像他善变的主人一样，他对新教改革的精神层面基本不感兴趣。托马斯·克伦威尔的兴趣在于建立统一的国家，使君主成为每个臣民效忠的唯一对象，他采用了一种先进的宣传手段，将舆论转移到支持国王阵营的一方。[3]

但是，在英格兰还有一些人希望把教会从罗马教会解放出来

---

[1]　亨利八世（Henry Ⅷ, 1491—1547 年），英格兰国王，于 1509—1547 年在位。——译者注

[2]　Skinner, *Foundations*, 2: 87. John Guy, *Tudor England* (Oxford, 1988)，描述了英格兰都铎王朝。

[3]　G. R. Elton, *The Tudor Revolution in Government* (Cambridge, 1966)，证明了在托马斯·克伦威尔的指导下的英国宗教改革具有革命性质。

后，进行严肃的教义改革。由于英格兰与欧洲大陆有着广泛的贸易往来和知识联系，路德教的思想早在 16 世纪 20 年代就开始在英国取得重大进展。剑桥学者威廉·廷代尔（约 1494—1536），在 16 世纪 20 年代早期与路德在维滕伯格城一起居住过，随后出版了《基督教徒的顺从》（1528），第一次用英语表达路德教的政治思想。也许更重要的是，廷代尔争取到了伦敦商人的经济资助，并于 1526 年出版了新版《圣经》的英译本，该书深受路德教的影响。[1]

亨利八世能够压制改革运动，但他的继承人爱德华六世[2]继位时年纪尚小，制定政策大多受到他的导师约翰·切克爵士（1514—1557）的影响，约翰·切克爵士是路德教派。爱德华去世后，他同父异母的妹妹大主教徒玛丽把恢复教皇权威当作其政府的主要政策目标。女王杀死了许多高调且拒绝改变信仰的新教徒，同时把其他人流放到欧洲大陆。西班牙的菲利普二世是整个欧洲天主教事业的捍卫者，玛丽与他结婚，反倒使新教与英国民族主义走到了一起。1558 年，女王去世，没有孩子，所以她的妹妹伊丽莎白继承了王位。

---

[1]　A. G. Dickens, *The English Reformation* (New York, 1964), p. 71; Skinner, *Foundations*, 2: 33.

[2]　爱德华六世（Edward Ⅵ，1537—1553 年），英格兰国王，于 1547—1553 年在位。——译者注

▶ ▷ 詹姆斯一世与神权理论

在长达 40 多年的统治期间，伊丽莎白一世巧妙地保护了皇家特权和对国家教会的领导地位，同时承认议会在其议事和立法中的作用。她也避免迫害那些不赞同官方宗教的敏感者，认为只要没有借用宗教借口反对皇室，就不想"深究每个人的内心信仰"。1588 年西班牙天主教与英国的矛盾达到顶点，国王菲利普二世派出海军，试图颠覆异端女王的政权，但以失败告终。这使全国上下都紧紧团结在伊丽莎白的周围，国民把她看作英国国家身份的象征。作为都铎王朝的最后一位君主，伊丽莎白强烈支持王室特权，这种态度常常使她忠诚的臣民十分沮丧，但她对君主的权力做出明确的陈述，不容别人在这个问题上有任何异议。[1]

她的继任者詹姆斯一世[2]是一位经验丰富的行政人员，在继承英国王位前，曾担任苏格兰国王二十多年。他撰写了两部著作，引用历史和经文以捍卫世袭权力和君主专制。《自由君主立宪制》（1598）和《巴基隆·多伦》（1599）都认为，只有在强大的君主

---

[1] 关于伊丽莎白在位期间的历史，可以先读 Carole Levin, *Elizabeth I* (Houndmills, 2000)。还可参见 John Neale, *Elizabeth I and Her Parliaments*, 2 vols; A. G. R. Smith, *The Government of Elizabethan England* (New York, 1967)。

[2] 詹姆斯一世（James Ⅰ, 1566—1625 年），英国国王，于 1603—1625 年在位。——译者注

政体的支持下，才能避免由宗教引发的内战。因为君主"坐在上帝的宝座上，并且都有命数"，所以人为的法律并不可以限制统治者。统治者首先关心的是联邦的利益，聪明的国王会依照既定的法律来统治，"但他并不受法律的约束，而他可以依照自己的善意随意行事"。[1]詹姆斯结合博丹的观点，强调神权君主的义务是维护法律，否认臣民拥有反抗国王的权利，即使他行为残暴或者命令有悖神的律法也不能反抗。[2]他的儿子查理一世 1625—1649 年在位，他的政策遭遇了议会的反对，但他继续保持其父对王室特权的强硬态度且绝不妥协，最终导致 1642 年内战的爆发。

▶ ▷ 托马斯·霍布斯和世俗的专制主义

专制主义的批评者把托马斯·霍布斯（1588—1679）与暴政、专制、狂热、特权和偏见联系在一起，但其支持者们会用实例证明，政府崩溃后会出现混乱，集权国家反而拥有强大的国际政治竞争力。在危机时刻，比如需要镇压大规模反抗时，对付宗教狂热的威胁时，面临敌对国家不断威胁着整个国家的福祉时，独断专行的权威似乎既实用又先进。英国人霍布斯坚决支持实用主义。

---

[1] Charles H. MacIlwain, ed., *The Political Works of James I* (New York, 1965), p. 62; *Trew Law of Free Monarchy*, in Johann P. Sommerville, ed., *King James VI and I: Political Writings* (Cambridge, 1994), p. 69.

[2] Spellman, *European Political Thought, 1600–1700*, p. 59.

他写作时，英国正处于内战时期，内战导致国王查理一世被送上了断头台，清教徒取得了暂时的胜利。霍布斯决心证明两种概念是错误的，一是政治权力可为人民与国王一起共享，二是神的旨意与政治权力有很强的联系。他会像马基雅维利一样，支持都督不再负有宗教责任，同时他支持在人民的拥护下扩大统治者的权力。[1]

1640 年，霍布斯终于出版了《法律的元素》。当时一直反对国王查理一世的清教徒议会成员认为这个作品一无是处。霍布斯担心遭到迫害，就逃往法国。他在那里生活了 11 年，眼睁睁地看着自己的国家陷入内乱，于是又写了两本政治学理论著作:《论公民》(*De Cive*，1642) 和《利维坦》(*Leviathan*，1651)。霍布斯在后一部著作谈到权力时，大胆地将关于主权起源的共识协议与传统的专制观点结合。这一立场肯定会冒犯认定君权神授的保皇派和议会中的清教徒领袖。霍布斯在一种假想的自然状态下观察人类行为，他描述了一种由嫉妒、自私和潜在的敌对行动所主导的前政治状态。骄傲和激情总是驱使人们根据自己的需要来定义"善"和"恶"，因此在国家出现前，"对与错、正义和不公的观念没有立足之地"。没有议定的公民权利，"没有法律，没有公正"，暴力和欺诈成为"两大基本美德"。可怕的结论是，在

---

[1]　关于霍布斯的最新著作是 Johann P. Somerville, *Thomas Hobbes: Political Ideas in Historical Context* (Houndmills, 1992)。

自然状态下，每个人的生活都是"孤独、贫穷、肮脏、粗野和短暂的"。[1]

尽管有这种悲观的评价，霍布斯仍认为在自然状态下，人会从理性的自我保护的角度出发，结合各方力量，订立契约，创造一种共同的权力，其唯一目的是确保所有人的人身安全。其实他们不是与掌权者签订契约，而是与他们自己签订契约，创造了一个谁都不能反抗的"凡人神"。[2] 霍布斯不同意亚里士多德的观点，认为社会并不是人类一开始就建立的，而是由人类（而不是上帝）经过不断努力，在积累经验的基础上建立和维护的。同样，好的法律不是在更高的永恒法则中产生的，而是起源于生活的惯例。臣民们自愿放弃行使保护天然权利的行为，而赋予一个人或一群人维持秩序的权力，以维护"稳定和可靠的社会关系"。[3] 臣民们选择顺服是为了得到统治者的庇护，而要想做到这一点，统治者必须拥有完全的自由裁量权、法律制定权，并在实际行动中"为了维护社会的和平与安全……以及当失去和平与安全时，统治者可以事先做任何他们认为必须做的事情"。[4] 国家的权力完全是以实用主义为标准，为了维护个人的安全，可以忽视习俗、传统或

[1]　Thomas Hobbes, *Leviathan*, ed., Richard Tuck (Cambridge, 1991), p. 89.

[2]　Roland Stromberg, *An Intellectual History of Modern Europe* (Englewood Cliff, NJ, 1975), p. 88.

[3]　Quoting Noel Malcolm, "Hobbes and Spinoza", in *Cambridge History of Political Thought, 1450–1700*, p. 535.

[4]　Hobbes, *Leviathan*, p. 124.

超自然制裁。在霍布斯形象化的表述下，法律、道德甚至宗教真理，仅仅是作为一个专制君主的意志而存在。他认为，即使是最残暴的政府也比没有政府好。

▶▷ 17 世纪的趋势

在 17 世纪，专制主义取得了重要的进展。贵族特权、地方和国家的立法委员会的立法权、不受民事管辖的神职人员特权以及地方精英手中的司法权，在扩张的国王特权面前全部消退。在法国，被称为"三级会议"（Estate General）的皇家咨询机构在 1615 年之后再也没有召开过会议，这损坏了被征税者的知情权。国王路易十三[1]在他的首席部长红衣主教黎塞留的帮助下，成功地制服了胡格诺派的少数派。红衣主教黎塞留在《政治信仰》（1624）中制定了雄心勃勃的目标，决心使国王在法国成为最高统治者。[2] 路易十四 [3] 在位期间，中央集权继续迅速发展。1682 年，法国神职人员发布正式声明宣称国王不受教皇控制，就连罗马天主教会也默许了。这样的趋势在其他地方也很明显。丹麦议会在 1660 年

---

[1]　路易十三（Louis XⅢ，1601—1643 年），法国国王，于 1610—1643 年在位。——译者注

[2]　Henry Bertram Hill, ed., *The Political Testament of Cardinal Richelieu* (Madison, WI, 1961).

[3]　路易十四（Louis XⅣ，1638—1715 年），法国国王，于 1643—1715 年在位。——译者注

召开了最后一次会议；而在西班牙，一度强大的卡斯蒂利亚议会
（Cortes of Castile）在 1667 年之后没有召开过会议；17 世纪 80 年
代瑞典开始实行专制主义；在普鲁士，国王在未经同意的情况下
可以随意征税，并雇佣一支训练有素的军队来执行他的意志；在
东部的沙皇俄国，专制的彼得大帝[1]非常欣赏西方的思想和做法，
他制定了统治标准，不受土地精英的约束。

　　不管专制主义被认为是上帝给予的神圣权利，还是更有争
议的，专制主义是人民的授权，其潜在的假设都是统治者是无
约束的法律制定者、法律解释者。如果没有强大而统一的领导，
那么，用博斯维特主教的话说，"一切都是混乱的，国家会回到
无政府状态"。[2]换句话说，专制制度是从人性生而邪恶的观点
中演绎出来的。对于专制主义者来说，混合或有限的政府等同
于主权分裂，考虑到人类堕落以来人性生来就有的罪恶，混合或
有限的政府是灾难的根源，也是对上帝意志的冒犯。当然，君
主也不能免除亚当的罪过，因为他们也是罪人，同样容易滥用权
力，但是对君主的惩罚是要推迟的，要等到他遇到威严的上帝时
才执行。

---

[1]　彼得大帝（Peter the Great，1672—1725 年），俄国皇帝，于 1682—1725 年在
位。——译者注
[2]　Bossuet, *Politics* quoted in J. P. Sommerville, "Absolutism and Royalism", in
Cambridge History of Political Thought, 1450–1700, p. 350.

▶▷　反抗理论和宪政

　　然而，在其他的新教徒和不少天主教徒看来，这种经文解读有严重的缺陷。他们对个人与上帝的关系、个人与世俗统治者的关系的解读是更积极、更具有契约性质的。路德认为自由获取《圣经》可以帮助人们更全面、更广泛地理解上帝造人的目的，不过现在回想起来是有些天真的。新教鼓励自由探究，但不幸的是，这立即产生了原始基督教的多种解释，结果各派神学立场无法统一。例如，路德和瑞士牧师胡尔德莱斯·慈运理（Ulrich Zwingli，1484—1531）于 1529 年在德国的马尔堡会面，但他们没能一起结盟对抗共同的天主教，而是在圣餐中就基督存在的本质出现了分歧，于是会谈不欢而散，二人互相嫉恨。两年后，慈运理在与瑞士天主教军队的战斗中牺牲。激进的瑞士新教徒对缓慢的改革步伐失去耐心，开始重新解读基督教来创造他们自己的圣经天堂。

　　瑞士的激进分子由康拉德·格瑞贝尔（1498—1526）领导，他们的目标是恢复上帝王国的纯洁，这吸引了农民和城市下层阶级的支持，这些激进分子被反对者称为"再洗礼派"，他们坚持认为成年人必须重新洗礼才能加入信徒团体，教会成员不是国家成员的代名词，他们要求教会和国家完全分离，并拒绝宣誓效忠国家，拒绝向国家纳税，拒绝为国家参战。这一运动迅速蔓延到欧洲大陆其他国家，促使路德教会和天主教当局不得不行动起来，严厉打击那些声称宗教支持不服从政治的人。[1]

德国敏斯特城发生的事件是对那些"再洗礼派"采取极端措施的例子之一。1534—1535 年，这座城市成为"再洗礼派"神权国家，其居民采用成人再洗礼的做法，强调良心的内在之光作为宗教真理的指引，焚烧除《圣经》之外的所有书籍，拒绝宣誓，实行一夫多妻制。为了准备基督的第二次降临，迫使信仰天主教和路德教的居民皈依或移民，做出第二种选择的人被没收财产。全副武装的新教和天主教军队粉碎了这一运动，他们对"再洗礼派"的官兵、妇女和儿童进行折磨并屠杀，以警示其他潜在的激进分子。"再洗礼派"推崇反等级和分离主义，所以在整个神圣罗马帝国中，"再洗礼派"思想被全面禁止。

▶ ▷　加尔文主义与神圣的都督

以君主为靠山的路德教对世俗国家毕恭毕敬。然而，对于法国出生的律师和宗教改革家约翰·加尔文（1509—1564）来说，新教神学与政治权威之间的关系就算不上融洽了。由于来自祖国的迫害，加尔文最终只能定居在日内瓦。1540 年之后，他在一个

---

[1]　Jensen, *Reformation Europe*, pp. 109–11.

严格管制的神权政治团体中发挥了主导作用。在这个组织严密的团体中，一名领袖规定了所有人的个人行为，违反神圣律法的行为将会遭到惩罚。加尔文也信奉奥古斯丁对人性本恶的固有看法，其观点是"人性盲目，内心黑暗，腐朽堕落，冥顽不化"。[1] 此外，加尔文相信每个人注定或被救赎，或被诅咒。而一个人对神圣律法的不懈坚持及其积极传教是唯一得救赎的途径（但是不做保证）。

到了 16 世纪 50 年代，日内瓦已经成为"上帝选民"的目的地。来自英格兰、苏格兰、尼德兰、法国和神圣罗马帝国的新教流亡者聚集在那里，热切地吸收着加尔文教义。教义内容都记载在他的《基督教要义》（1536）一书中，非常有说服力。该书成为16 世纪下半叶继《圣经》之后，欧洲新教神学思想的主要来源。加尔文赞同路德的论点，认为即便是不公正的都督，人们也必须服从，惩罚他的事留给上帝去做，但其中有些门徒在与违逆神学观点的政府对抗时，却采取了更激进的方式。

在《基督教要义》最后一章中，加尔文明确指出基督的灵性国度和民事审判权虽均由上帝赐予，但功能却是独立分开的。定义纯粹教义的是教会，而不是国家；在解读《圣经》的基础上，制定道德标准与正确行为准则的是教会领袖。另外，国家需要在维护和平与安全的前提下执行相关规定。如乔治·萨拜因所察，

---

[1]　Calvin, "The Geneva Confession of Faith" (1526) in Spitz, ed., *Protestant Reformation*, p. 115.

加尔文教会理论"更多的是来自极端中世纪教会的精神，而非民族主义的天主教"。[1] 由于加尔文教赋予教会至高无上的地位，有些国家对这个教派很反感，于是这些加尔文教信徒不得不重新思考被动服从的原则是否合理，这也是顺理成章的。法国、苏格兰以及被西班牙控制的尼德兰都是如此，信奉正统的天主教，排挤异教徒。在这些国家中，一些人以真正宗教的名义反抗现有的世俗权威，他们始终坚信上帝允许人们可以不服从世俗权威。

在西班牙控制下的尼德兰，新教徒在 1568—1648 年公然与西班牙当局政府对峙。西班牙菲利普二世决心镇压加尔文派少数派，并派出一支庞大的军队进入该国，但尼德兰人得到了加尔文教牧师的全力支持，奋力反击，在 1609 年赢得事实上的独立，1648 年正式独立。在苏格兰，约翰·诺克斯（John Knox，1510—1572）领导下的加尔文主义力量推翻了法国支持的天主教政府，并对教堂和国家进行了彻底改革。诺克斯深受加尔文的影响，是16 世纪 50 年代居住在日内瓦的著名人物之一，曾担任过英国流亡团体的牧师。回到苏格兰后，他有效地组织了贵族和平民以反对君主政体，当天主教徒玛丽·斯图亚特 1561 年登基时，诺克斯呼吁武装反抗这位"偶像崇拜"的女王。[2] 女王轻率地做出错误判

---

[1]　Sabine, *History of Political Theory*, p. 340.

[2]　1558 年，诺克斯在其著作 *The First Blast of the Trumpet Against the Monstrous Regiment of Women* 中开始攻击女性君主，尤其是伊丽莎白一世。参见 Marvin Breslow, ed., *The Political Writings of John Knox* (Washington, 1985)。

断，失去了主要力量的支持，在 1567 年被驱逐出了王国。

苏格兰新政府的主要辩护人是乔治·布坎南（George Buchanan，1506—1582），他是一名人道主义者，在欧洲大陆度过了他一生大部分的时间，现在则忙于为臣民辩护，反对世袭君主的行为。布坎南写了很多具有影响力的作品。他写过一篇关于废黜女王的传记，里面提到了苏格兰历史上推翻统治者的先例。布坎南更重要的作品是《关于苏格兰王权的对话》（1579），由此概括出人有反抗的权利。他仔细研读了《圣经》和罗马律法中所有的关于服从的条例，但没有发现任何一条指令是适用于暴君的。这些暴君必须被推翻，可以用法律或军事来解决问题，或最后被暗杀。[1]

这种严厉的观点吸引了许多清教徒。克里斯托弗·古德曼（Christopher Goodman，1520—1603）是诺克斯在日内瓦的一个牧师同事，他在牛津受过教育，在天主教徒玛丽一世继位后逃离了英国。在 1558 年反对女王的这段时间里，古德曼把读者引向了《使徒行传》第四章的第十九节，内容是关于彼得和约翰对耶路撒冷的统治者说的话："听从你们，不听从神，这在神面前合理不合理，你们自己酌量吧。"古德曼的解读是明确的，坚持"服从违背上帝或他的诫命的人，哪怕他有最高权力……那也是不服从，简直是背叛"。他的语言如此刺耳，直到 1570 年新教徒伊丽莎白女王继

---

[1]   Allen, *Political Thought*, pp. 346–52; Kingdom, "Calvinism and Resistance Theory", in *Cambridge History of Political Thought, 1450–1700*, pp. 216–8.

位才允许古德曼回国。持异议者写道，如果你没有起来反抗无道的君主，"那么你和其他臣民们将一起被谴责……因为这是上帝所要求的"。[1] 古德曼的呐喊不是唯一的声音。流亡者约翰·波奈特（John Ponet，1514—1556）是新教徒爱德华六世的温彻斯特主教，他在《一篇简短的政治权力论述》（1556）中总结道：统治者失去民众的信任，则一如犯罪，需要惩戒；臣民对至高无上的君主一定要服从，但是这种服从并不是没有限度的，因为"太多统治者最终忘记他们的职业究竟是什么，而开始侵犯侵害他们的臣民"。[2]

1572 年，圣巴托罗缪大屠杀之后，法国胡格诺派少数派不再支持他们之前效忠的君主。胡格诺派的弗朗西斯·霍斯曼（Francis Hotman，1524—1590）在一部重要的历史法学著作中描述了前罗马高卢宪法。他的《法兰克加利亚》（1573）宣称专制主义是个新事物，在古代法兰克人的宪法中根本没有提到，而实际上古代宪法认为，"国王权力有限且受约束，受制于既定的法律，因此国王与庶民之权力地位同等"[3]。此外，霍斯曼的研究说明，整个王国的

[1]　Christopher Goodman, *How Superior Powers Ought to be Obeyed of Their Subjects*, in Edmund Morgan, ed., *Puritan Political Thought* (Indianapolis, 1965), pp. 2, 9.

[2]　Ponet quoted in Peter Holmes, *Resistance and Compromise: The Political Thought of the Elizabethan Catholics* (Cambridge, 1982), p. 4.

[3]　Francis Hotman, *Francogallia*, in Julian H. Franklin, ed., *Constitutionalism and Resistance in the Sixteenth-Century: Three Treatises by Hotman, Beza and Mornay* (New York, 1960), p. 55. Donald Kelley, *Francis Hotman: A Revolutionary's Ordeal* (Princeton, 1973), 对弗朗西斯·霍斯曼的思想分析得入木三分。

公众集会自王国成立之初业已开始。社会上有三个阶层本就拥有权力，拥有与王同等的权力，可宣战，可议和，可立宗改教，可任命地方官员，可推举、亦可推翻国王政权。

与此同时，霍斯曼的同时代人也因他对古代研究所做出的成就而受到鼓舞，但他们从不公然号召人们起来反抗王权。约翰·加尔文在 1564 年去世后，西奥多·比扎（Theodore Beza，1519—1605）成了日内瓦的带头人，他在与霍斯曼进行了交流后，撰写了关于合法抵抗的著作《都督的权利》（1574）。他虽从未承认个人有权挑战暴君，但却允许那些"在司法或战争中有公共或国家责任"的都督们来抵制一切"公然压迫"，因为他们有责任维护人类和神的既定法律。这本书在出版后的 10 年里法国版本再版十次，而在 17 世纪中期，拉丁译本经常与马基雅维利的《君主论》和另一个匿名作品《论反抗僭主之权》（1579）一起出版。[1] 1572 年大屠杀后，比扎不再像他的导师那样谨慎，并以极端实例说明"即使最忠实的加尔文追随者也需要适应环境"[2]。

《论反抗僭主之权》一书明确表示，就宗教层面而言，人们是被允许起来反抗现世暴政的。1581 年，该书第一次从拉丁文译成法文，作者可能是加尔文主义者莫瑞（1549—1623）。他呼吁国王

---

[1] Beza, Right of Magistrates, in Franklin, ed., *Constitutionalism*, p. 108. 关于该书的出版历史，参见 Robert M. Kingdom, "Calvinism and Resistant Theory, 1550–1580", in *Cambridge History of Political Thought, 1450–1700*, p. 211。

[2] Quoting J. W. Allen, *A History of Political Thought in the Sixteenth Century* (London, 1967; originally published 1928), p. 315.

和其他官员确保教会拥有合理地位，都督们有责任抵制专制君主，这与比扎的观点一致。但重要的区别在于，《论反抗僭主之权》认为在某些情况下，个人可能被上帝召唤来以真正信仰的名义领导抵抗运动。两个重要的契约控制着一切：第一个是上帝和人民之间的契约，第二个是现世统治者和他的臣民之间的契约。第一个总是优先于第二个，因此没有履行责任的国王也就无权要求臣民对其服从。[1]《论反抗僭主之权》甚至呼吁，为保护宗教不受镇压，为保护人员不受官方迫害，可请求外国势力进行干预。

在 1598 年实施《南特敕令》之后，胡格诺派抵抗言论的书籍数量下降。这不是巧合。事实上，只要继续执行当时流行的宽容政策，他们依然会全力支持天主教波旁君主。但在 17 世纪 60 年代，当路易十四开始侵犯异议者所享有的权利时，反抗文学再次得到了民众的支持。那时天主教作家坚定地支持专制主义，但有时候也有例外。在法国内战期间，当纳瓦罗的新教徒亨利成为继承人时，天主教徒就提出了有力的论点来反对他继位。还有像罗伯特·贝拉明（Robert Bellarmine，1542—1621）、法朗西斯科·苏阿莱士（Francisco Suarez，1548—1617）和胡安·德·莫丽娜（Juan de Molina，1536—1624）这样的耶稣教理论家们，告诫人们不要生活在异端国王政权之下。莫丽娜认为"任何一个愿意帮助

---

[1] Spellman, *European Political Thought, 1600–1700*, pp. 82–3.

联邦政府的人都可以杀死暴君"[1]。

▶▷ 约翰·洛克、基督教契约与财产追求

牛津大学毕业的内科医生、哲学家、政治理论家约翰·洛克（John Locke，1632—1704），在英格兰内战和共和国实验时期还是一个学生。在战争初期，他的中产阶级父亲曾为国会参战，虽然17世纪60年代初在斯图加特王朝复辟后，他公开声明同情保皇派。然而，在随后的10年洛克成为严厉的王权批评者。这一转变在很大程度上受到了他的赞助人——沙夫茨伯里伯爵，也就是安东尼·阿什利·库珀（1621—1683）的影响。沙夫茨伯里伯爵在议会中极力反对斯图加特王朝，积极支持宗教宽容、个人自由以及议会有权控制王位继承权。洛克出生并非贵族，按照传统，他不在权力中心。在奥利弗·克伦威尔（1599—1658）统治时期，洛克的同时代人詹姆士·哈林顿（1611—1677）在一本名为《大洋国》（1656）的著名作品中提出，财产是政治权利的关键，而17世纪中期的英国革命就可以理解为商业中产阶级时代的到来。两个世纪后，卡尔·马克思得出了类似的结论。

---

[1]　Mariana, "The King and the Education of the King" (1599) quoted in Richard Bonney, *The European Dynastic States, 1494–1660* (Oxford, 1991), p. 311. 批判天主教理论的著作，可参见 Frederic Baumgartner, *Radical Reactionaries: The Political Thought of the Seventeenth-Century Catholic League* (Geneva, 1976)。

　　沙夫茨伯里和他的盟友们千方百计阻挠约克的天主教徒詹姆斯公爵继承王位，这些举动引起了他们与詹姆斯的哥哥国王查理二世[1]之间的巨大冲突。1679—1681 年，他们试图通过将一系列排他法案引入议会，从而罢黜继承人。但是每一次国王都能召集他的支持者并击败立法，最终沙夫茨伯里被流放。在谋划阻止詹姆斯继位的事情上，洛克也受到牵连，他逃往海外，并于 1683—1688 年在荷兰过着平静的生活。1688 年标志着詹姆斯二世短暂统治的结束（1685—1688），詹姆斯二世努力为天主教的发展清除一切障碍，很短的时间内，就与大多数国家交恶。当詹姆斯二世被他的女婿——奥兰治的新教徒威廉——领导的革命推翻后，洛克回到了家乡，并出版了一份手稿——《政府的两篇论文》[2]（*Two Treatises of Government*），这是他在 1679—1681 年阻止詹姆斯继位期间创作的，主要阐述了契约理论、自然权利和私有财产的神圣性。

　　如今，第一篇论文几乎已被世人遗忘。洛克在这篇论文中以大段篇幅质疑罗伯特·菲尔麦爵士（Sir Robert Filmer，1588—1653）的君权神授理论。这个理论在 17 世纪的大部分时间里得到了普遍认可。菲尔麦在几十年前写出的《族父权论》（1680）中，批判了他认为的一个谬论，即"人类天生就有不服从的自由，并

---

[1]　查理二世（Charles Ⅱ，1630—1685 年），英国国王，于 1660—1685 年在位。——译者注
[2]　国内通译为《政府论》，考虑下文提到"第一篇论文"、"第二篇论文"，故未采用通用译法。——译者注

可以自由选择喜欢的政府形式。是否要赋予一个人管理其他人的权力，是要由群众慎重决定的"。[1] 洛克意识到，父权政治理论与当代社会理论完美结合，特别是用父亲作为家庭领袖这一条来论证。面对这一挑战，洛克需要证明政治义务是如何从家庭管理中分离出来的。他在第一篇论文中强调了人类如何成为神的造物和财产。自然法则及上帝法则让所有的父母都有义务保护、养育和教育孩子们，因为他们是上帝的造物，父母要为他们负责。[2] 洛克认为家长是在完成上级交付的职责，菲尔麦认为在家庭环境中，权力应该不受限制，两者起因并不一致。

在推理严密的第二篇论文中，洛克仔细研究了假设性的自然状态，由于其同胞托马斯·霍布斯也有相同的自然状态理论，所以出现了很多冲突。虽然洛克自称从未读过霍布斯的作品，但他却认为在自然状态中人的偏见和普遍无知会遮蔽自然法则。国家出现之前，人本来就拥有生命权、自由权和财产权，当时没有"冷漠到众人皆知的法官，这些法官有权根据既有法律进行裁定"。不幸的是，人类天生喜欢偏袒，他们"违反共同认可的公正原则，有失公允地评价和惩罚他人的行为"。最后，自然状态没有力量宣

---

[1]　Robert Filmer, *Patriarcha* in J. P. Somerville, ed., *Patriarcha and Other Writings* (Cambridge, 1991), p. 2.

[2]　John Locke, *Two Treatises of Government*, ed., Peter Laslett (Cambridge, 1963), Book 1: 52; Book 2: 56.

判，也无法给出应有的裁决。[1] 在这些条件下，每个人在自然法则的范围内所享有的自由及所持有的财产"非常不安全、非常不稳固"。只有通过签订自愿合同并建立正式政府，个体才能拥有个人自由和财产不受侵犯的权利。

　　洛克与霍布斯不同的地方在于，洛克拒绝给予君主绝对权力。事实上，没有人可以转让这种权力，因为个人不得随意"毁灭自己或者被毁灭"；洛克认为，造物主才有权处置人的生命。专制主义在这里是无效的，因为人们无法使自己成为奴隶，上帝不容许人类放弃自由。[2] 按照关于人类责任的解读，都督需要严格依照预先商定的契约才能合法地行使政治权力。犹如上帝赋予父母权威一样，政治权威也是一种信任，都督要同意在最初契约规定的范围内行事。人们有抵制和改变政府的权利，这是最初契约里固有的内容。抵制和改变政府是为了捍卫上帝所赋予的自然权利，包括拥有与积累财产的权利。与霍布斯提出的模型不同，洛克的负责任政府理论仍然与古老的神学问题紧密相连，但其观点却明显代表着为现世服务的目的。个人享有固有权利和自由，特别是拥有获得和积累个人财产的权利，任何威胁这些权利和自由的政府都是在违背理性之神行事。

---

[1]　John Locke, *Two Treatises of Government*, ed., Peter Laslett (Cambridge, 1963), Book 2: 124–126.

[2]　Ibid., 1: 52; Book 2: 56.

▶▷　共和国、权利与宗教

中世纪中期，在西欧的君主理论和实践盛行了一千多年之后，意大利境内出现了城市共和国，这倒是有些出人意料。公元1085年直至其后100年，自比萨城至热那亚、米兰、博洛尼亚、帕多瓦和锡耶纳，这些城市都有明确的宪法、选举制度和自治制度。很明显，共和制成了除封建君主制和帝国外的又一选择。马基雅维利等思想家非常支持共和国以及人民主权原则，认为在这样的环境下，大众必能实现最高目标。只有当公民被赋予权力并有义务在共同事务中发挥积极作用时，公众精神、勇气和诚实才能得以发扬光大。至少那些领军人物明白，共和国需要关注的焦点是国家管理的道德层面，应该考虑如何通过分散权力来促进人类追求卓越和进步。

早期的现代共和党作家在探索了基督教出现前的思想，研究了希腊城邦和帝国时代之前的罗马后，提出新的政府观点：法律权威来自人民。正如洛克所述，现世权威无论是其起源或其功能都不应与等级思想有任何关系，这种思想具有革命潜力。共和主义所提出的世界秩序完全是靠人类形成的，且随环境变化而变化。宪法与政治结构都是人类思想的产物，而非宗教或宗教所启发的自然法则的结果。

在 16、17 世纪没有几个思想家支持上述分析，他们支持野心勃勃、高度集权的欧洲君主，把共和政体看成异类。事实上，到了 16 世纪，由于意大利境内各个共和国社会长期动荡，官员结党营私，唯有世袭制仍被采用。唯一例外的是威尼斯。这种现象持续到拿破仑时代。在 17 世纪早期，威尼斯人认为，只有自己与位于北方的瑞士及荷兰联合省是共和国的成功典范。1649—1660 年，英国也加入该行列。在英国内战期间和战后，英国国内出现了大规模的激进共和主义文学作品。这些作家认为国家政治腐败，教会干涉国家事务。在处境卑微的文学作家们的带领下，底层人物开始进入政治领域，他们通过发行宣传册、请愿书和书籍，要求改变旧的治理模式，激励他们同时代的人行动起来。

1648 年 12 月到 1649 年 3 月，当查理一世[1]在战场上被忠于议会的清教徒军队击败时，他被审判，被定罪，并作为罪犯被处决。清教徒军队及其领导人视自己为执行上帝旨意的工具，虽然他们当时处于少数派的地位，但是一大批共和党人的文章肯定了这一行动的正义性。马切忙特·尼达姆（1620—1678）通过其著作《英国联邦》（1650）和一系列发表在《政治快报》的社论为这些弑君者辩护，并警告读者要小心政府可能会清算他们的暴力行为。整个内战期间，诗人约翰·弥尔顿（John Milton，1608—

---

[1] 查理一世（Charles Ⅰ，1600—1649 年），英国国王，于 1625—1649 年在位。——译者注

1674）坚决反对君主政体，支持 17 世纪 50 年代的共和党政权，明确反对贪污腐化的地方都督。在《论国王与官吏的职权》（1649）和其他著作中，弥尔顿肯定了自然状态中的人天生拥有自由。他在《为英国人民声辩》（1651）中写道，人类的自由"不是恺撒大帝，而是上帝赐予的生日礼物"。[1] 但是弥尔顿认为民众还没有能力建立自治政府，在君主制复辟前夕，他在《建设自由共和国的简易办法》（1660）中承认，在没有君主的情况下，需要人人都有道德良知才能维持国家的生存，但是这样的道德良知只有少数优秀的人身上才拥有。

▶▷ 激进的民主

在英国内战期间，曾有一批被其敌人嘲讽为"平等派"（Levellers）的思想家走入人们视野，他们提出了激进的政治权力要求。1645—1649 年，这些人向小商人、工匠、士兵和贫穷的城市劳工做演讲，指出不管财产多少，人人都有选举权；国家要立宪法、有宗教自由、法律面前人人平等，还要终止服兵役。他们还要求成立一个具有立法与执行权利的代表大会，有权罢免任何未能履行其职责的都督。1647 年，士兵代表与军官会面，讨论了

---

[1] John Milton, *A Defense of the People of England*, in Martin Dzelzainis, ed., *John Milton: Political Writings, trans.*, Claire Gruzelier (Cambridge, 1991), p. 108.

与国王斗争的总体目标。士兵的领导人之一，托马斯·雷恩斯伯勒（Thomas Rainsborough，约 1610—1648）说"在英国，最可怜的人可以活成最伟大的人"，每个人"都应该首先同意自己被政府统治"，政府才能开始统治。这样的革命呼声体现了平等派的观点，摧毁了社会政治领域长达几百年的等级制度的根基，就像哥白尼的日心说对中世纪的物理世界造成的影响一样。[1]

　　然而，一些平等派成员认为这个民主程序走得不够彻底。他们认为政治改革必须与英国社会经济生活的根基严密吻合。这些"挖掘者"（the Diggers）或者他们自称是"真正的平等者"（True Levellers）由曾经的服装学徒杰拉德·温斯坦利（Gerrard Winstanley，1609—1676）领导。他们认为自然法则下人人都有生存的权利，于是为英格兰政府制订了计划。对温斯坦利来说，自然状态是指所有人共同拥有土地；私有制是不平等、社会弊端和不道德等罪恶的根源。1649 年，温斯坦利说，在私有制下，"一些人被抬到暴政的椅子上，其他人在脚凳下被痛苦地践踏，世界好像是为少数人制造的，而不是为人民大众而造"。[2] 同年，他们开始在伦敦以外的一些地方开荒垦地，设想建立一个原始的共产主义社区。在被愤怒的当地村民驱逐后，这个团体转而请求国家

---

[1]　Andrew Sharp, ed., *The English Levellers* (New York, 1998) 含有平等派很多重要的论文。

[2]　Gerrard Winstanley, *The New Law of Righteousness*, in George H. Sabine, ed., *The Works of Gerrard Winstanley* (New York, 1965), p. 159.

的帮助。奥利弗·克伦威尔是当时无可争议的共和国统治者，温斯坦利在《自由法》(1652)中向克伦威尔表达了自己的观点。政府应该建立一个国家集体经济，人人都有义务从事生产劳动，国家教会应被重塑为教育机构，所有的掌权人物实行严格的一年任期制。这些提议没有得到任何回复，但通过将政治平等与个人自由、基本经济结构相联系，"挖掘者"触及了权力关系的层面，这是后来在工业革命高潮时期，社会主义者和共产主义者所讨论的核心问题。

▶ ▷ 自然法的新方向

平等派思想家是第一批将古老的自然法与不可剥夺的个人固有权利相结合的政治思想家。他们认为保护个人固有权利是政府的首要任务。敢于创新的平等派声称自然法则规定了人民主权，并将其委托给选举的代表，而这些代表则可能被免去职务。[1] 17 世纪中叶，新兴国家忙于建立新的法律体制和执行工具，宗教制裁逐渐退出历史舞台，神学的自然法粉墨登场，驶入新的历史方向。

1625 年，荷兰学者、外交官胡戈·格劳秀斯（Hugo Grotius，

---

[1] Sabine, *History of Political Theory*, pp. 447, 451.

1583—1645）提出了对自然法最有影响力的一种解释。17 世纪 20 年代早期，格劳秀斯因反对加尔文主义的信仰而被起诉并被判终身监禁，服刑两年后他脱狱成功，逃到法国，在流放中度过余生。他的《战争与和平法》（1625）写于三十年战争[1]期间。该书到 1680 年为止至少再版 14 次，其影响力之大可见一斑。格劳秀斯引用基督教出现前的材料，建立了国民法背后的基本法律，后来其被视为对所有法律具有最高约束力的法律。在宗教复兴战争中，怀疑论者没能在学术世界中找到支持依据，转而把所有的法律都与多变的人类习俗相挂钩。对此，格劳秀斯予以反驳。

格劳秀斯同意亚里士多德的原则，一是人类有社会性和理性，二是塑造人类关系的基本力量源自自我保护。从这两种不可缺少的"自然法则"中，他又推断出另外两条法则：人不得伤害别人，不得侵占他人财产；当一切行为都符合人类的愿望时，正义得到实现。对于格劳秀斯来说，"正当的理由"告诉我们，当人类行为符合人类本性时，人类就会走出宗教争议的现行暴力。这不是《圣经》，也不是各派教会可以做到的。格劳秀斯认为，没有上帝，人类也要遵守自然法则；这是理性社会存在的自然需求。像他那个时代的自然哲学家和数学家一样，格劳秀斯希望"找到自然规律的相关证据，让人们更好地理解这个规律"。他深信，"自然法的

---

[1]　三十年战争：指 1618—1648 年由神圣罗马帝国的内战演变而成的一次大规模的欧洲国家混战，也是历史上第一次全欧洲大战。——译者注

原理已经很明显、很清晰，就像人类感官的基本功能一样".[1] 自然法（则）曾被视为上帝法则的体现，现在却被理解为一种科学原理，就像万有引力定律一样。

霍布斯与格劳秀斯的分析是一致的。霍布斯在《利维坦》中宣称，自然法（则）"要靠理性发现，按照理性，人是不允许做出伤害自己生命的事情的，也不允许丢掉保护生命的工具".[2] 但是，三十年战争结束后，德国学者塞缪尔·普芬道夫（Samuel Pufendorf，1632—1694）成功提出了自然法的非神学论点。1672 年他发表了《自然法与万民法》，此时，宗教战争时代已经衰退，取而代之的是由王朝、商业和领土利益引发的冲突。像格劳秀斯一样，普芬道夫希望将社会、法律和历史哲学从神学理论中解放出来，并使之与自然中所观察到的规律相一致。这本书被翻译成多种语言，多次再版。它揭示了原始自然状态中，总有一些人想强迫他人，想伤害周围的人，于是基本的平等受到威胁；人们建立文明社会，是为避免出现原始自然状态中伴随的不愉快。这个立场与洛克的观点有着惊人的相似。但人类社会的转变并没有使自然法及理性力量失去社会效力。为人类提供最大希望的不是神的律法和民法，因为它们分别局限于基督徒的职责和特定的国家。

---

[1] Grotius, *The Law of War and Peace*, trans., Francis W. Kelsey (Indianapolis, IN, 1925), p. 38.

[2] Hobbes, *Leviathan*, ed., Richard Tuck (Cambridge, 1991), p. 91.

只有自然法才适用于所有国家和人民，研究并运用它能让人们的生活更加符合法则要求，为人们带来丰厚福祉。

▶▷ 走出神性

在 1500 年，每一种政治思考方式都包含两个重要的假设：一是公民权利源自上帝的信任，二是合法政府必须把普世天主教会放在优先地位。事实上，几个世纪以来，政治思想学一直是神学的一个细小分支，是由教会当局解释的道德真理的一部分。世俗政府是用来对付罪恶的人性。当然，教会与国家的冲突并不陌生。但几个世纪以来，大家都认为这个欧洲组织会一直在处理附属世俗王国的日常事务中发挥重要作用。16 世纪中叶，这两个假设被公开质疑。1700 年，这两种假设走到了尽头。

在各种力量运作之下，政治理论与神学渐渐分离，教会政府原先强调信仰义务，而如今的国家政府则无意寻找天堂之路，从教会政府到国家政府的转变经历了漫长而艰难的过程。对于某些人来说，国家政府的到来意味着真理不再单一，衡量人类行为对错的准则完全看人类的习俗。这是马基雅维利和霍布斯得出的结论。而格劳秀斯、普芬道夫和洛克都不愿放弃普世价值，转而重新强调基督教出现前就有的自然法。而无论选择何种理论，结果都一样：独立和主权国家出现了，权力的所有权不再需要神的批准。相反，国家的所有权现在源自政治团体内部，源自人民，以追求平凡为目的。1700 年，地方都督黯然退场，国家组织机构行使公共权力。君主政体仍是行政权力的首选模式，但君主的最高目标不再是履行上帝的永恒法令，而是保护领土，为人民持续提供物质资源。

新教改革开始之初，宣扬要实行个人思想自由，但随即演变为教派内讧、新形式的教条主义、放逐和迫害，最终形成了拒绝宽容的国家教会。各派出于维护各自的正统观念采取了军事暴力手段，但却违背了基督教会作为慈善组织的基本原则。耗时一个多世纪，欧洲人终于不再认为宗教统一是民事秩序的先决条件。"在基督世界，我看到了随意发动战争的许可证，就连野蛮国家都不如。"此为格劳秀斯对三十年战争景象之概括。[1] 17 世纪下半叶，国家教会不再强制推行单一宗教信仰，容忍其他教派并非美德，而是义务。[2]

1599 年的《南特敕令》是突破性的宣言，它给新教徒带来宽容，后来却被自以为是的国王路易十四废除。在英国，清教徒的独裁者奥利弗·克伦威尔对新教徒和犹太教徒（没有天主教徒）给予了惊人的史无前例的宽容。另一位著名的清教徒约翰·弥

---

[1]　Grotius quoted in Michael Zuckert, *Natural Rights and the New Republicanism* (Princeton, 1994), p. 122.

[2]　Stromberg, *Intellectual History of Western Europe*, p. 74.

尔顿，在冲突期间发表了最有说服力的呼吁。在《论出版自由》
（*Areopagatica*，1644）中，弥尔顿坚持真理需要自由而公开的斗
争，但不是追求所谓的胜利。1660 年君主复辟后，官方教会中的
一些曾被批评为"自由主义者"的神职人员如今试图找出所有新
教徒共同认可的核心原则，为的就是避免出现教派纷争，毕竟内
战连连，生灵涂炭。约翰·洛克对这些神职人员十分友好。1695
年，他发表了《基督教的理性》，简化了基督教教义，简单描述
了基督拯救使命和悔改的必要性。但是国王詹姆斯二世考虑不周，
给了天主教徒完全的公民权利，最终将所有新教徒阵营团结到一
起。迫害徒劳无功，而多种宗教观点并存反倒并未出现人们所担
心的道德腐化与知识混乱。

　　国家不再追求救赎，加强中央集权于是成为欧洲各国政府的
一个显著特征。17 世纪愈演愈烈的殖民竞争、领土野心和商业竞
争导致税收提高、地方和贵族自治权减少，出现了大规模的军事
设施以及庞大的官僚结构。贵族反抗运动此起彼伏。在法国，年
轻的路易十四甫一继位就对此予以反击。1649—1652 年，针对中
央集权发生了大规模的叛乱，各方力量混成一片，大多数法国人
转而要求君主出面维持秩序。政治分裂和地方主义继续阻碍德国、
意大利和东欧部分地区的统治，但在其他地方，君主们能够巩固
他们的权力并限制地方自治。在法国，路易十四的专制主义成功
完成了中央集权；在英格兰，中央集权采用了一种创新形式，形

成了 1688 年后君主和议会之间的伙伴关系，议会成员可以参与国家的关键决策。

　　法国选择的是专制主义模式，而英国选择的是建立在被统治者同意基础之上的有限君主制。从某种程度上看，两种选择似乎是对立的。但两者都是先进的模式，都是快速集权的引擎，在灾难性的宗教冲突时期，两者都被视为民族团结的象征。1700 年，未来似乎只跟专制主义模式的支持者和实践者有关，像平等派这样的民主理论家则面临着嘲笑和杀戮。尽管如此，不少人还是认为政府应该负责任、遵从契约、遵从同意原则。个人权利和政府问责的表述第一次出现，比如，洛克将国家权力的范围缩小到维护生命、人身自由和财产上。长期以来，在基督教盛行的欧洲，集团和上层利益才是政治生活的中心，如今受到个人利益的挑战，政府现行的合法任务是保护人民，无论什么地位背景，法律面前一律平等。这种政府责任的转变首先出现在英国和荷兰，但到下个世纪末将不再罕见。

| 第四章 |
从臣民到公民：
1700—1815 年

旧政权和哲人。伏尔泰和自上而下的改革。孟德斯鸠与
权力制衡。卢梭、契约和共同体。美国的贡献。辽阔的共和国。
西欧的革命思想。自然权利的质疑。埃德蒙·柏克、自然权
利以及保守主义的出现。第一次国际革命。功利主义的转变。
亚当·斯密和最小的政府。启蒙运动的局限。世界主义的时
刻。现代的议程。

18世纪通常被称为理性时代，又称作启蒙运动时期，启蒙运动始于西欧，影响力跨越大西洋，延伸至英国的北美殖民地。这一时期的大多数思想家，不管来自哪个国家或处于何种社会地位，都对人类的发展状况更加自信，并相信只要充分运用人类的理智，社会就能进步。尽管对于现在的我们来说，这听起来并没有什么特别，但这种观点的转变须放在当时的知识背景下分析，当时欧洲人一直都在回顾过去美好的社会模式，很少有人相信未来会比过去更美好。但是 17 世纪自然哲学的重大突破，尤其是牛顿论证了一种深层的统一和规律在各个层面上控制着整个物理宇宙，使很多人改变了上述观点。这种改变也是启蒙运动的标志之一，人们习惯性地将这种方法应用于社会关系、宗教、经济，最重要的是政治领域中。对于 18 世纪的大多数政治思想家来说，理性成为思考和评判社会关系与公民权利的标准。

启蒙运动中最有影响力的声音试图建构一种脱离传统和古老信仰的政治科学。他们攻击欧洲旧政权，强调人的才能高于继承人的身份，成就高于血统，个人良知高于公共命令，自愿主义或同意原则高于传统习俗。到 18 世纪末，先后在美国和法国出现了两大政治革命，产生了两个经久不衰的现代意识形态：自由主义和保守主义。前者主张结束各种形式的表现"天然"的政治权威，包括任意限制人的自由和垄断的经济行为，而后者则批判用抽象的推理建立理论，并拥护习俗和传统的价值。法国大革命促使欧洲的君主们采取行动，来阻止自由共和主义的蔓延，欧洲大陆陷入持续近 20 年的军事冲突中。在战争的大熔炉中，形成了一种新的政治文化。[1]

▶▷　旧政权和哲人

17 世纪的英格兰经历了国王和议会的长期斗争、世纪中期内战以及世纪末的"光荣革命"，产生了一些欧洲最重要的政治著作，而 18 世纪的法国则对欧洲政治产生了更为显著的影响。毫无疑问，启蒙思想的中心是在巴黎。启蒙运动最主要的声音并不是出自一般意义上的哲学家，而是"哲人"。他们不写正式的论文，与大学也没有什么联系，他们只是研究时事，尝试撰写剧本、小说、小册子、信件、期刊、百科全书，或者记载历史。作家兼批评家德尼斯·狄德罗（1713—1784）就是一个例子，他耗时数年编撰了一部百科全书，其中包括许多著名的哲学著作。这本书成了启蒙思想传播的关键。哲人们奋笔疾书，在一系列引发人们广泛争论的问题上发出了振奋人心的呼声，他们相信社会、礼仪和道德的

---

[1]　关于启蒙运动，可以先读 Roy Porter, *The Enlightenment* (Atlantic Heights, NJ, 1990). Peter Gay, *The Enlightenment: An Interpretation*, 2 vols (New York, 1969), 讲述了启蒙运动与古希腊罗马的关系，而 Carl Becker, *The Heavenly City of the Eighteenth-Century Philosophers* (New Haven, 1932), 理性地分析了 18 世纪的信仰。

改革最终会对政治改革有影响。[1]

英国人仔细研究洛克契约理论的含义、公民自由和宗教宽容的界定，以及伦敦与英国北美殖民地的统治精英之间的关系；与此同时，法国人开始研究，是否可以利用皇权专制主义的能量和智慧进行自上而下的改革。本来，在路易十四的统治初期进行这样的改革很有希望，但到了17世纪末期，君主无法区分狭隘的王朝利益和更大的国家利益，导致了一系列代价高昂且不成功的战争，致使王国陷入风雨飘摇的境地。路易有效地削弱了独立贵族的权力，将省级行政权力分配给了君主任命的行政长官和军事指挥官。在这个过程中，王室主要的潜在反对力量被清除了。精致的凡尔赛宫廷以前可能是欧洲皇室羡慕的对象，但到了18世纪情况则有所改变，国王对外与众多邻国不和，对内与众多臣民反目，尤其是与国内众多商业团体敌对。随着资产阶级的政治抱负受阻，经济停滞不前，他们改革的呼声日益高涨，建立新的政治秩序的计划也变得更加激进。[2]

▶▷ 伏尔泰和自上而下的改革

在众多反对顽固君主制的法国批评家中，最著名的也许是讽

---

[1] Philipp Blom, *Enlightening the World: Encyclopédie, The Book That Changed the Course of History* (New York, 2005)，回顾了启蒙运动的历史。

[2] David J. Sturdy, *Louis XIV* (New York, 1998)，相信介绍了路易十四王朝。还可参见 Anthony Levi, *Louis XIV* (New York, 2004)。

刺作家、小说家、历史学家、诗人和剧作家弗朗索瓦·马利·阿鲁埃，也就是他同时代人所说的伏尔泰（Voltaire，1694—1778）。伏尔泰（因侮辱贵族而被关在巴士底狱一段时间，出狱后）于1726—1729 年待在英国，他非常欣赏这个国家的思想自由和宗教信仰自由政策。得益于像 17 世纪早期的爱德华·科克爵士（1552—1634）和 18 世纪的威廉·布莱克斯通爵士（1723—1780）这样著名的法学家，他们将上述政策写入英国宪法，平衡了国王、议会和司法的权力。伏尔泰受到了牛顿利用一般的数学规则解释物理对象行为的影响，在研究强调环境和经验作用的洛克学习理论中得到启发。在《关于英国国家的信》中，伏尔泰向法国读者介绍了宗教宽容、相对自由的媒体、法治和宪政的好处。当伏尔泰再次来到英国并定居于此时，英国国王已经把管理国库的权力给了下议院，而下议院的多数党领袖——首相，则与君主共同制定国家政策。也许最重要的是，国王承认了这样的原则：没有选举代表们的同意，任何人都不可能被征税。这套英国"体系"得益于伏尔泰的推广，在 18 世纪中期成为许多具有改革意识的法国人的钦慕之物。[1]

　　伏尔泰出生于路易十四统治晚期，尽管他有资产阶级的血统，

---

[1]　Bettina L. Knapp, *Voltaire* Revisited (New York, 2000), pp. 6–8, 和 Roger Pearson, *Voltaire Almighty: A Life in Pursuit of Freedom* (New York, 2005), pp. 69–84, 讲述了伏尔泰在英国流放期间的生活。Voltaire, *Letters on England*, trans., Leonard Tancock (New York, 1980)。

也坚决支持宗教宽容政策，但他仍对"太阳王"钦佩不已，并认为法国政府必须集中、专制、明智，这与 16 世纪博丹和博斯维特的观点一致。虽然伏尔泰曾对英国下议院大加赞许，但他并不认为由"贵族"领导的法国省级议会与英国下议院有任何相似之处。他也不认为 1614 年以来再也没有举行过的三级会议会是解决法国问题的可行方案，因为三级会议被自私自利的贵族和牧师所主宰，伏尔泰最憎恶这两个阶层的人。他认为他们是偏执的、欺压人的。每个民族都有着鲜明的历史烙印，而在法国，只要能摆脱这两个阶层对国家的恶劣影响，充满活力的君主政体仍然是伏尔泰最好的改革工具。[1]

虽然约翰·洛克是伏尔泰最为称赞的哲学家，但伏尔泰认为洛克的议会主权原则不适用于拥有独特历史的法国，他也不赞同洛克关于国家起源的契约论。相反，他认为所有的政府都是通过征服而产生的，但那种最初为得到统治权或压制对手的强制力，可以随着时间的推移和开明君主的领导而缓和。[2]18 世纪 40 年代，伏尔泰在凡尔赛宫待了很长时间，1745 年他被任命为皇家史官。但是，路易十五并不打算改革。不久，伏尔泰转向普鲁士的腓特

---

[1]　Constance Rowe, *Voltaire and the State* (New York, 1968), pp. 132–3. Peter Gay, *Voltaire's Pol-itics: The Poet as Realist* (Princeton, 1959), 很好地分析了伏尔泰的君主制思想。

[2]　Maurice Cranston, *Philosophers and Pamphleteers: Political Theorists of the Enlightenment* (Oxford, 1986), p. 46. 还可参见 Gay, *The Enlightenment*, 2: 471–2。

烈二世[1]，认为他可能是一个开明的统治者。18 世纪 30 年代，当腓特烈还只是王储时，双方就不停地通信。1750—1753 年，伏尔泰迁往波茨坦皇宫，但最终二人关系恶化，原因是国王倾向军国主义，蔑视国际协议，没有兑现改革承诺，反而选择了高风险的独裁专政路线。尽管如此，伏尔泰还是不支持共和主义。他在《哲学通信》(1764) 中指出，世界上大多数国家都是由君主统治的，这是因为"人们很少有资格管理自己"。[2] 在伏尔泰看来，人民应该自由地选择宗教，享受公民自由，但他们还没有为自治做好准备。

▶▷　孟德斯鸠与权力制衡

尽管孟德斯鸠男爵 (baron de Montesquieu, 1689—1755) 是法国贵族出身，但是他和伏尔泰一样，曾在英格兰度过了一段时间，并称赞英国宪法体系在不牺牲秩序和繁荣的前提下，提高了个人自由。这两个人都忽略了一个事实——政治秩序其实是由地主和商业精英组成的寡头政治集团通过下议院主导的，但相对而言，英格兰确实代表了开明改革者的理想抱负。孟德斯鸠在 1721 年首次引起读者的注意是他非常成功的著作《波斯人信札》，书

---

[1]　腓特烈二世 (Frederick Ⅱ, 1712—1786 年)，普鲁士国王，于 1740—1786 年在位。——译者注

[2]　Voltaire, *Philosophical Dictionary*, 2 vols, trans., Peter Gay (New York, 1962), 2: 413.

中虚构了旅行者的故事，用犀利和睿智的语言直指社会问题。但孟德斯鸠最具影响力的著作是《论法的精神》(the *Spirit of the Laws*，1748)，他试图通过实证研究和比较分析得出结论。孟德斯鸠花了十几年的时间来撰写这本书，仔细研究了不同文化和不同环境下，各国人民的独特习俗、宗教、法律和社会实践，将政府划分为不同的类型，并根据不同的地理、气候和社会环境等因素分析结果。他敏锐地意识到历史、法律和地域对社会变革能力有一定的影响，并尝试找出一般社会现象的规律以及一套渗透于社会组织和政治结构的通用规律。牛顿揭示了万物的核心体现着数学的和谐，这一科学革命给孟德斯鸠带来了很大的信心。[1]

孟德斯鸠认为，宇宙是由一系列支配物质世界、精神世界、人类和动物的法则所控制的；要理解这些法则，人们必须认识到，只要通过理性，正义的不变原则是可以被发现的。[2] 他观察到，只要法律与永恒的法则相一致，那么生产关系就会促进生产力的发展，社会就会和谐。孟德斯鸠从相对主义的角度分析了所有的政治制度后，认为只有将文化、气候、习俗和信仰等因素考虑在内，才能确定公民社会的形式，这样的形式才"最符合人们的性情，才会为人们所喜爱"。[3] 例如，共和国制度适用于版图较小的国家，

---

[1] Judith N. Shklar, *Montesquieu* (Oxford, 1987), pp. 1–28, 介绍了孟德斯鸠的工作和生活。

[2] Montesquieu, *The Spirit of the Laws*, trans., Thomas Nugent (New York, 1949), p. 1.

[3] Ibid., p. 6.

而像法国这样的大国，更适合有限的君主制度。为了防止君主过度集权，可以通过一系列的核查和制衡措施，将行政权、立法权和司法权分开，这是最好的办法。

《论法的精神》主要目的是分析最适合推进公民自由的宪法架构，此书一经面世，就大获成功，短短两年就再版了 21 次。[1] 孟德斯鸠继承了亚里士多德的三种传统政府分类方法：共和政体、君主政体 / 宪政、专制政体。每一种形式都有相应的适用原则。共和国适用于版图较小的城邦国家，需要很好的公民道德或公共精神；君主制以正直和荣誉为基础，适用于现在正在欧洲兴起的大国；而专制主义是靠恐惧和奴役臣民来维持的。他谴责君主专制，因为它摧毁了像贵族阶层这样居中的权威力量，他认为立法、行政和司法之间应该有权力制衡。孟德斯鸠提出了一个新的观点，即美德或公共精神并不是有序政府的必要先决条件。他声称，只要有正确的国家组织，平衡各方权力，再把不同民族的情况和文化环境考虑进去，建立有序政府的目标同样可以实现。[2]

权力分立的观点，无疑是受到了古老的混合宪法思想的影响，这些思想在柏拉图、西塞罗、阿奎那和洛克的著作中都有体现，而《论法的精神》则成为启蒙运动的核心思想。启蒙运动的其他代表人物，包括大卫·休谟（1711—1776）、让·雅克·卢梭

---

[1]　J. Robert Loy, *Montesquieu* (New York, 1968), p. 85.

[2]　Peter V. Conroy, *Montesquieu Revisited* (New York, 1992), pp. 74–6.

（1712—1778）和埃德蒙·柏克，都对孟德斯鸠的作品大加赞扬。[1]
这种权力分立的思想对美国产生了重大影响。该思想的核心是，
当法律由选举立法机构制定，由独立的行政机构实施，由独立的
司法机构解释时，自由就能得到最好的保障。孟德斯鸠警告过度
集权的不良影响，他提醒他的读者们，无论是个人还是法人团体，
无论是否出于善意，由于人类天性的弱点，权力一旦集中就会导
致滥用。他相信所有社会现象都可以进行客观研究，都可以寻找
到一套科学定律。他指出了启蒙思想的核心特征，坚信人类可以
掌控环境，可以建立更好的秩序，相信人类的未来是光明的。

▶▷　卢梭、契约和共同体

让·雅克·卢梭（Jean Jacques Rousseau）虽然是一位极具影
响力的思想家，但从来没有被法国哲人所接受，他不断地与他们
争吵。卢梭成年后的大部分时间对周围的人都处于戒备和怀疑的
状态之中。[2] 但他对人性的信心从未动摇过，他认为社会习俗在塑
造人类性格方面扮演着重要角色，这一创造性研究，使他在启蒙
思想家群体中占有一席之地。他最重要的政治作品，《论人类不平

---

[1] John Plamenatz, *Man and Society*, 2 vols (London, 1963), 1: 253. Berki, *History of Political Thought*, p. 152.
[2] Maurice Cranston, *Jean-Jacques: The Early Life and Work* (Chicago, 1991), 讲述了让·雅克·卢梭在 1754 前的工作和生活。

等的起源和基础》（1755）和《社会契约论》（1762），探索了包括
艺术和科学等现代文明对人类行为的负面影响，提出了政府起源
和功能理论，强调集体行动和共同体的价值，这与洛克的个人主
义不同。

像霍布斯和洛克一样，卢梭承认自然状态下的人首先寻求的
是自我保护。但是，他却对人类在政治出现前的国家时代可能处
于对抗状态的观点提出了异议，相反，他强调人类有同情的能力。
这种本性"是一种自然的感觉，有助于整个物种的相互保护……
在自然的状态下，它取代了法律、道德和美德……"[1] 人的友谊、
相互的感情、共同的行动和自我尊重是"野蛮"社会的核心。卢
梭认为，人类本性善良，他们生活在原始的无知中，没有任何反
社会的行为，而这些行为在所谓的文明社会中反而是普遍存在的。
他声称腐蚀人类天性的就是人类的生产能力、艺术和科学、婚姻
制度、虚伪的基督教，以及最令人不安的——私有财产的出现。"第
一个人用栅栏把一块地围起来，说：'这是我的。'结果发现人们
都轻易地相信了他，这个人是文明社会的真正创始人。如果这时有
一个人拔掉木桩，填掉沟渠，向他的同伴们喊道：'小心这个骗子；
记住，土地是属于所有人的，地球不属于任何人，否则你就完了。'
那么，什么样的罪行、战争、谋杀、苦难和恐怖都可以避免。"[2]

---

[1] Rousseau, *Discourse on the Origin of Inequality*, in Roger Masters and Christopher Kelly, eds, *The Collected Writings of Rousseau*, 4 vols (Hanover, NH, 1992), 3: 37.
[2] Ibid., 3: 43.

在卢梭看来，洛克提倡的财产权是社会不稳定的主要根源，而现存的社会和政治秩序，只不过是富人和权贵对抗穷人和底层人民的阴谋。国家不是为所有公民服务的，"富人可以从中得到新的力量，弱者得到的却是沉重的枷锁，他们失去了一直就有的天然的自由。通过建立财产法和不平等的法律，巧妙的篡夺变成了不可撤销的权力。从此，为了少数人的利益，所有的人都得接受工作、奴役和苦难"。[1]历史学家罗兰·斯特龙伯格说，卢梭用优美的语言表达了自己激进的观点，是"自原始基督教时代以来，欧洲最具活力的社会信息"。[2]

为了摆脱文明的错误开端所导致的人类的不幸，《社会契约论》提供了一条让人意想不到的解决途径。有人可能认为这条途径是无政府主义或《话语》中提到的有限的政府权力，然而实际上卢梭提出的是一种新的契约，这个契约不是统治阶级和被统治阶级之间的，而是自由且平等的成员之间的，他们理解团结和凝聚力的价值，并积极致力于重新设计政治秩序的公共服务。人类无法回到远古文明，但卢梭认为通过重新构建社会契约，提升人性，个人服从集体意志或"公共意志"，远古文明的主要品质还可以再现。公共意志是指大多数人在事前具有充分的智识，在没有

[1] Rousseau, *Discourse on the Origin of Inequality*, in Roger Masters and Christopher Kelly, eds, *The Collected Writings of Rousseau*, 4 vols (Hanover, NH, 1992), 3: 37.
[2] Stromberg, *Intellectual History of Western Europe*, p. 147.

相互交换意见的前提下，却做出互相一致的决议。[1] 现代政治生活分散了人们的注意力，人们为了追求个人利益而牺牲了公共利益。卢梭十分欣赏斯巴达城邦，在那里，简单完美的纪律和宗教吸引了每个公民，他们关心共同的问题，生活其乐融融。他承认，现实情况是，法律必须由一名民选精英执行，这个人拥有执行权力。但他坚持认为，立法参加人民集会的民众的权利，当普通个人受教育变成开明公民时，大多数人的决定应该总是符合大众的意愿的。当我们毫无保留地遵从大众的意愿，或者公共的、有道德的集体的意愿时，我们其实是在服从我们自己，并确认我们作为个人的主权自由。

卢梭认为，成功体现公共意志的基本先决条件是，缩小根据财富划分的阶级差别，实行公共的教育制度。在理想社会中，"没有一个公民会有钱到可以购买另一个人，也没有一个人穷到被迫出卖自己"。[2] 他鼓励教授公共教育理想和超越个人私利的观点后来遭到了猛烈的批判，有人认为他的公共意志的概念等同于洗脑，更有甚者，认为这个概念是现代极权主义的种子。《社会契约论》所设想的国家包括一个官方审查机构，它将鼓励人们按照大众道

---

[1]　Patrick Riley, "Social Contract Theory and Its Critics", in Mark Goldie and Robert Wolker, eds, *The Cambridge History of Eighteenth-Century Political Thought* (Cambridge, 2006), p. 362.

[2]　Jean-Jacques Rousseau, *The Social Contract*, trans., Maurice Cranston (London, 1968), p. 96.

德规范行事。此外，卢梭还呼吁，建立一种所有人都必须认同的公民宗教作为良好公民身份的基础，而那些反对的人将受到严厉的惩罚。不合规范的行为和反对的声音是不允许出现的，因为公共意志是社会美德的源泉，为每个人提供了适当的行为标准，只要人们完全理性地思考，都会同意这个标准。卢梭认为"只有嗜欲的冲动是奴隶，而服从我们自己制定的法律是自由"，但后来观察者发现公共意志中有反自由和专制的倾向——不愿承认少数派观点以及不愿意接纳反对意见。[1]

▶▷ 美国的贡献

1776—1783 年，北美爆发了反抗英国殖民统治的战争，随后组建了一个新的共和国。如果不是在一个广阔的地理区域上成功实施一系列启蒙运动期间产生的政治原则，那么这个事件在西方历史上就是无足轻重的。欧洲现存的几个共和国，包括荷兰、日内瓦、瑞士以及意大利北部的几个国家，它们要么是城邦国家，要么是领土较小的国家，内部派系斗争严重，政治并不稳定。孟德斯鸠等人都提醒他同时代的人，共和国必须小而同质。人们要

---

[1] Rousseau, *Social Contract*, p. 65. 参见 Jonathan Wolfe, *An Introduction to Political Philosophy* (Oxford, 1996), pp. 95–7 and Dupre, *The Enlightenment and the Intellectual Foundations of Modern Culture*, pp. 167–8。

想找功能强大的共和国先例，就只能回头翻看当年的罗马历史了，但是，最终那个大胆的实验演变成专制帝国。[1]美国人试图挑战历史的教训，将13个殖民地合并成一个大的共和国，平衡国家的自治与联邦的责任，建立负责任的政府，在此基础上建立整个国家机构，以及商定举行定期选举。

正如历史学家戈登·伍德（Gordon Wood）所写，1776年革命前后美国政治思想特别活跃。但在启蒙运动时期，美国殖民地却没能出现伟大的作品；相反，做出重要贡献的人却是革命者、律师和立法者，他们中的大多数人深入地参与到了反对滥用皇权的斗争中。[2]在激烈的辩论中，他们制作了大量的传单、辩论小册子，偶尔也有随笔，把许多包含启蒙思想的新思想集中在一起。这些文献提到了代议制政府、行政当局的有限权力、司法机关的作用，论证了公民有能力建立一套监管人性黑暗因素的体制机制。

在与乔治三世政府（1760—1820）发生分歧之前，大多数美国人骄傲地认为自己是大英帝国的成员。他们庆祝英国在欧洲战争中的胜利，并将其平衡宪法视为珍宝。除了可以享受商业特权，得到世界上最强大的海军保护之外，美国人还享有言论和新闻自

---

[1]　Paul Rahe, *Republics Ancient and Modern* (Chapel Hill, 1992), 探索古代共和国与美国革命之间的联系。

[2]　Gordon Wood, "The American Revolution", in *The Cambridge History of Eighteenth Century Political Thought*, eds, Mark Goldie and Robert Wokler (Cambridge, 2006), p. 601. 还可参见同一位作者写的 *The Creation of the American Republic*, 1777–1787 (Chapel Hill, 1969).

由、陪审团的审判权和人身保护权、财产安全以及不设常备军的
权利。在一个多世纪的时间里，殖民地的立法机构已经通过了各
项法律，从未受到帝国首都的阻挠，殖民地人民从事商业活动，
处理个人事务，伦敦基本上也不干涉。虽然美洲大陆少数几个新
兴的城市地区出现了明显的社会分层，但这里却没有"贵族"和
官方教堂，于是没有出现像欧洲社会那样阶层固化的现象。尽管
南方殖民地奴隶制不断扩张，但是洛克关于权利和自由的理论对
殖民地居民来说是很熟悉的。一般来说，殖民地人民对君主政体
的尊重，尤其是对英国王室的尊重是真诚的，但是，18 世纪中叶
皇家对殖民地忽左忽右的政策使皇权不再受到那样的尊重。[1]

　　法国和印第安人爆发七年战争（1754—1763）之后，情况发
生了戏剧性的变化。早在 17 世纪 90 年代，英国和法国在北美就
有利益冲突，这次双方终于摊牌，但代价是巨大的。1754—1763
年，英国国家债务增加了一倍，同时，英国为了管理从法国那里
得到的密西西比河东部领土，需要更多的财政支出。于是政府首
相威廉·皮特（1759—1806）认为有必要加强帝国控制，通过间
接税收的形式来增加收入。18 世纪伟大的法学家威廉·布莱克斯
通在《英格兰法律的评论》（1765—1769）一书中提出，每个国家
都必须有一个公认的、最终的立法机构。英国首相的这一想法便

---

[1]　Wood, "The American Revolution", pp. 601–2.

是以这个理论为依据的，认为全体议会成员即代表整个英国国家，但是这一说法被殖民地人民断然拒绝，且之前议会从来没有绕过殖民地立法机构单方面立法。所以，当 1765 年《印花税法案》开始实施时，立即引起殖民地人民的不满和抵抗，引发了一场严重的帝国危机。

在英国人看来，美国人对新税法的反应是自私而不忠的。毕竟，这场战争是为了殖民地利益而战，是为了彻底清除法国和土著人对西部边境的袭扰而战。而殖民地人民则深受英国近半个世纪以来的辩论性反抗文献的影响。反对声音最强烈的是所谓的激进辉格党人，他们声称，皇家及其议会中的代理人对 1688 年的平衡宪法进行着长期而有序的破坏；而且，据说国王的大臣们玩弄权术，比如通过任命、佣金、贿赂、提供工作岗位等手段，来笼络下议院的议员。对于早已有这种对立观点的美国人来说，最近关于北美殖民地的决定只能解释为皇家阴谋得逞了，他们组建唯命是从的委员会，破坏平衡宪法，而且要美国走欧洲大陆专制的道路。英国国内和殖民地的自由都受到冲击，为了捍卫这来之不易的自由，为了维护平衡宪法，美国要努力抵制这一阴谋。[1]

1775 年，来自布里斯托尔的爱尔兰裔国会议员埃德蒙·柏克

[1] 经典论述是 Bernard Bailyn, *The Ideological Origins of the American Revolution* (Cambridge, MA, 1967). Jeremy Black, *George III: America's Last King* (New Haven, 2006), pp. 209–19, 书中阐述了国王是导致战争的原因。还可参见 Charles R. Ritcheson, *British Politics and the American Revolution* (Norman, OK, 1954), pp. 3–5。

在下议院发表了一篇安抚性的演说，呼吁他的同僚们接受美国"强烈的自由精神"，这是英国政治文化中最优秀最骄傲品质的反映，是英国精神的继承。然而，在众议院很少有人愿意接受柏克对美国人民反抗的动机的解释。最终，在经历了一场旷日持久且代价高昂的战争之后，美国人赢得了建立自己开明自治政府的机会。[1]虽然美国在《邦联条例》（1781—1789）时期比较混乱，那时的中央政府不过是一个疲软的独立州的联盟，但是他们最终建立起了一个国家政府，其力量源自每一个主权人的同意，其结构和权力在一部成文宪法中有着详细的说明。

▶ ▷ **辽阔的共和国**

在 1776 年之前，宪法通常与政府的各种权力有关，包括法律、制度，甚至是支持政治决策的习俗，历史权利也被纳入了英国宪法的范畴，特别是 1688 年革命后确立的权利。美国人则首次起草了关于政府运作和权力分立的成文宪法。托马斯·潘恩（1737—1809）在 1791 年写道，宪法是"政府的先行，政府只是宪法的产物"。[2]潘恩早在 1776 年就发行了《常识》小册子对乔治三世进行

---

[1] Edmund Burke, "Speech on Moving Resolutions for Conciliation with the Colonies" (March 1775) in Ross J. S. Hoffman and Paul Levack, eds, *Burke's Politics: Selected Writings and Speeches* (New York, 1967), p. 69.

[2] Thomas Paine quoted in Wood, "The American Revolution", p. 611.

批判，小册子也对独立运动起到了很大的支持作用。各州在英国战争期间就开始起草新的州宪法，1787 年费城的特别会议上起草了国家宪法，并最终在 1789 年被大多数州通过。

新成立的国家政府支持者被称为联邦党人，他们在批准宪法过程中面临双重挑战：一是要说服反对者，即反联邦主义者，让他们相信与新加入的州建立共和国是可行的；二是要打消怀疑者的疑虑，承诺强大的中央政府不会削弱各州的力量，更不会沦为专制独裁的政权。他们用全新的视角分析了政治派别问题并解决了第一个挑战。在一系列报纸文章和《联邦党人文集》（1788）中，詹姆斯·麦迪逊（1751—1836）、亚历山大·汉密尔顿（1757—1804）和约翰·杰伊（1745—1829）批判了一个旧有的观念，即各共和国只有在利益一致的情况下才能繁荣。麦迪逊特别指出，每个社会，无论大小，都充满了利益冲突和党派纷争。防止任何单一利益坐大的关键是扩大共和国的规模，增加利益集团的数量，从而使当选的官员可以超越党派冲突，以中立的方式管理公共利益。联邦主义者以美国宗教派别的多样性为例，指出任何一种宗教传统都无法统治国家。麦迪逊在《联邦党人文集》中写道，"公民权利必须与宗教权利有相同的保障"[1]。

第二个挑战是如何说服同样具有革命观点的人。在他们与英

---

[1] James Madison, Federalist # 51 in Terence Ball, ed., *The Federalist* (Cambridge, 2003), p. 255.

国发生争端时，殖民地人民通过殖民地的立法机构反对英国的议会统治。反联邦主义者现在声称统治权将被联合国家政府篡夺，尤其是将宪法置于全国最高法律的位置上。联邦党人告诉他们，立法机构并没有主权、绝对权力和最高权力，人民才有，人民仅仅把权力委托给他们认为合适的机构。这样僵局才被打破。有些权力将为州政府所有，有些权力将为联邦政府所有。在这两种体系中，立法、行政和司法权力进一步分离以制约当权者的野心。这一举措中，州政府和联邦政府都代表了人民，主权民众可以拒绝接受任何层面的特权，政治权力也是可以撤销的。统治者与臣民之间的区别已经消失；等级社会让位于平等公民社会。民众暂时且有条件地给一些代理人部分统治权，而这些代理人只是社会的管家，没有权力侵犯他人拥有的权利和自由。[1]

▶▷　西欧的革命思想

亚历山大·汉密尔顿在《联邦党人文集》开篇中说，"我们能不能通过深思熟虑和自由选择来建立一个优良的政体，还是我们只能依赖强力或者机遇？看来我们都要仔细思考这个问题"。[2] 这

---

[1]　想了解反对联邦党人的观点，可以参见 Ralph Ketcham, ed., *The Anti-Federalist Papers and the Constitutional Convention Debates* (New York, 1986) and W. B. Allen and Gordon Lloyd, eds, *The Essential Anti-Federalist* (New York, 1985)。

[2]　Hamilton, Federalist #1 in Ball, ed., *The Federalist*, p. 1.

是汉密尔顿在 1788 年美国新联邦宪法通过之前写的，短短一年后法国便爆发了大革命。正如我们所见，美国脱离大英帝国是 1789 年法国大革命的先导，但法国革命中权利平等和人民主权的呼声则对整个欧洲旧政权有着更深远影响。

也许美国和法国革命之间最明显的不同与两国的社会结构有关。在美国，革命运动是由现有的精英领导的，国家独立后他们继承了权力。法国的情况则大不相同。在法国，神职人员和贵族阶层享有 2600 万人民没有的特权和豁免权。天主教会控制教育，收什一税，审查书籍，并免交大部分税收。贵族们也剥削着大多数民众，征收庄园税，要求苛刻的劳动服务，垄断了教堂和国家的最高职位，就像神职人员一样，他们可以免交大部分税收。一些贵族支持改革，资助哲人，但大多数人只想维持社会的不平等现状。另外，第三阶层的领导人，包括银行家、商人、制造商、医生、律师和其他专业人士，他们在经济上取得了巨大的成功，却既没有获得社会地位，也没有获得政治权力。

18 世纪 80 年代，法国国内财政管理不善、官僚腐败、效率低下；没有统一的法律体系、执法随意、税收制度不公正，整个国家处于风雨飘摇的境地，仅债务利息一项就构成了国家预算的主要部分。当国王路易十六[1]的大臣们建议取消前两个阶层的免税政

---

[1]　国王路易十六（Louis XVI，1754—1792 年），法国国王，于 1774—1792 年在位。——译者注

策时，立即招致这两个阶层的反对。最后没有办法，国王只好在1789 年 5 月重新召开了中世纪议会会议，即"三级会议"，目的是希望在压力之下，所有三个阶层都能做出妥协，以应对不断严峻的财政危机。出人意料的是，受到启蒙思想影响的第三阶层的代表——资产阶级，还有一些同情资产阶级的贵族，如曾在 18 世纪 80 年代早期与美国人一起作战的拉斐德侯爵（1757—1834），都要求法国修改宪法，效仿美国。[1]

1789—1791 年，法国进行了一系列彻底的宪法改革，改革似乎可以通过和平手段进行。巴黎的农民开始暴动，工人开始政治化，第三阶层成功地结束了贵族的封建特权，而新成立的国民制宪议会开始为国家起草一部名为《人权和公民权利宣言》（即《人权宣言》）的宪法，该宪法于 1789 年 10 月由国王批准。该文件呼吁个人自由、职业开放、思想自由、宗教信仰自由、法律面前人人平等和人民主权。1791 年秋季，新宪法终于颁布。在短短的几年内，法国古老的政治秩序明显转变成一院制议会组成的有限的君主政体，资产阶级第一次拥有了选举权。[2]

西欧其他君主制国家都不承认《人权宣言》，特别是不承认所谓的人民主权。1792 年，当法国和邻国爆发战争时，法国政府宣

---

[1] William Doyle, *Origins of the French Revolution* (Oxford, 2nd edn., 1988), pp. 43–65 描述了 1789 年之前法国政府面临的财政和政治危机。

[2] Alan Forrest, *The French Revolution* (Oxford, 1995), pp. 24–39.

布整个国家处于战争状态，人民第一次可以参与国家事务。可以
理解的是，欧洲的政治精英们认为这场革命对现有的政治领导和
社会秩序形成了致命的威胁。法国革命军队呼吁"自由、平等和
博爱"，为革命提供了一种可以与欧洲早期宗教战争相媲美的理想
主义动力。[1]

▶▷ 自然权利的质疑

美国和法国革命是迥然不同的力量的产物，前者的驱动力量
是殖民地对帝国专横的不满，而驱使后者的力量则是资产阶级对
政治权力的要求。但是，两大社会剧变都不可避免地受到了启蒙
思想的影响。在 18 世纪的最后 25 年里，学术论文和大众话语都
在讨论自然权利、契约论和人民主权。但是，具体来说，在社
会和道德领域，自然法则是什么呢？是什么构成了这些法律之下
的自然权利？"自然和自然的法则"真的是像托马斯·杰斐逊
（1743—1826）在《独立宣言》（1776）中说的"不言自明"吗？

启蒙运动期间，用于人类的自然法旧概念与个人自然权利
的关系越来越紧密。关于自然权利概念的起源和发展有很多争
论，一些学者声称早在 12、13 世纪的教会律师著作中就有先

---

[1]　Bruce Haddock, *History of Political Thought, 1789 to the Present* (Cambridge, 2005), p. 11.

例。[1]一种更为传统的观点则指出了自然权利的现代根源，认为这个概念起源于宗教异议者，起源于在忏悔性的宗教活动中要求自由的新教徒和天主教徒。无论中世纪对后来发展的影响究竟如何，到了17世纪晚期，一切都改变了。中世纪时期所讲的权利是社会层面的，人们在某种意义上有权选择其统治者并参与某些层面的政府活动，而如今的权利和同意理论（consent theory）呈现出不同的姿态。

霍布斯提出了自然无政府状态理论，他被认为是第一个提出个人在公民社会之外享有固有权利的观点，尤其是个人有权使用武力保护自己人身和财产安全的政治家。在无法确保这种个人权利时，理性的个体会选择签订一个契约，将个人权利移交给一个能够维护安全的统治者。[2]洛克随后在《政府的两篇论文》中提出了著名的观点：某些权利属于个人，包括生命权、自由权（不受任意支配）和财产权（一个人的劳动成果）。[3]对于洛克来说，人类是权利的载体，从自然状态向公民社会的转变并不能否定这些权利；事实上，建立国家的主要目的是更好地保障和维护在公民社会形成之前就已存在的权利。同意理论现在指的是自愿的个人

[1] 参见，比如，Brian Tierney, *The Idea of Natural Rights* (Atlanta, 1977) 和 Francis Oakley, *Natural Law, Laws of Nature, Natural Rights* (New York, 2005), pp. 87–109，有最近的解释评论。

[2] Louis Dupre, *The Enlightenment and the Intellectual Foundations of Modern Culture* (New Haven, 2004), pp. 159–60.

[3] Ibid., pp. 154–9.

行为，而不是那些渗透在中世纪和早期现代政治思想的社会决定。在政治出现前的自然状态下，自由平等的人类选择了公民社会，并添加了新的规则，但选择公民社会不是因为像亚里士多德或托马斯说的人天生就具有社会性，而是出于理性的计算和个人人身和财产免受伤害的欲望。根据洛克的观点，大多数人"都不是公平和公正的绝对遵守者"，所以在自然状态下人们的权利是不确定的。[1]

▶ ▷ 埃德蒙·柏克、自然权利以及保守主义的出现

许多欧洲和美国人都对法国大革命的早期阶段表示支持。杰斐逊等人认为，美国负责任的自治政府的标准现在正被回输到旧世界。但另一位支持早期美国抵抗运动的人则没有这么乐观。尽管在与乔治三世的斗争中，埃德蒙·柏克站在殖民地一方，但对于新当选的法国议会，他怀疑其是否有能力控制它所释放的变革力量。在《法国革命论》（1790）中，柏克谴责了革命者对国家先例和传统的漠视。社会是一个复杂的有机体，在"与古代的伟大背离"的背景下，虽然革命者是为了建设美好社会，但是他们没有考虑这个国家的独特性，刚指定了一个抽象目标就草率地去实

---

[1] Oakley, *Natural Law*, pp. 108–9; Locke, *Second Treatise of Government*, ed., C. B. Macpherson (Indianapolis, IN, 1980), p. 66.

施，这为灾难埋下了伏笔。[1]

柏克并非保守派，他写道，"一个没有任何变革手段的国家就没有自我保护的手段"，[2] 在议会中，他支持天主教的解放、殖民地权利，以及新兴政党政治的价值。他认为，1688 年的英国和 1776 年的美国是为维护习俗和宪法而战斗，而 1789 年的法国革命则进行了整个政治和社会重组，丢弃所有传统，只是提出了空洞的口号，比如像自然权利和其他不切实际的陈词滥调，并没有产生任何建设性和持久性的结果。因为人类是有缺陷和复杂的生物，想要依靠推理演绎出的社会模型来合理地行动是不可能的。对柏克来说，人类关系中的确有一种自然秩序，但它不是从自然法和自然权利的"构造"概念中产生的，而是从历史经验中产生的；人的权利也不是在自然状态下，而是在人的需要和所谓的社会的"伙伴关系"中。柏克坚持认为，政府是"人类智慧的发明，是为满足人类的需要而出现的"。[3]

柏克的《法国革命论》产生了直接而深远的影响，尤其是在英国，公众舆论已经开始反对法国大革命。该书在欧洲大陆不断再版，路易十六亲自将其翻译成法语。但是到了 1793 年，激进分子将这位皇家翻译处死，他们打算将法国转移到共和阵营。有一

---

[1]　Edmund Burke, *Reflections on the Revolution in France*, in L. G. Mitchell, ed., *The Writings and Speeches of Edmund Burke*, 8 vols (Oxford, 1989), 7: 92.

[2]　Ibid., 7: 72.

[3]　Berki, *Short History of Political Theory*, pp. 170–1.

段时间，当法国的激进分子雅各宾派为实现"美德共和国"并巩固其权力在国内实行恐怖统治时，柏克的预言似乎是得到了印证。但是，即便法国国内出现了如此令人不安的事件，即便柏克在《法国革命论》中对史实进行了入木三分的分析，还是出现了很多强有力的反对者，他们不耐烦地等待着平等世界的黎明。

▶▷　**第一次国际革命**

《法国革命论》面世两年后，做过工匠和税务官的托马斯·潘恩发表了《人的权利》。潘恩是将政治思想大众化的重要人物。1774 年他在生意失败和第二次婚姻破裂后，离开了他的家乡英国来到了美国。凭借着本杰明·富兰克林（1706—1790）的介绍信，潘恩在宾夕法尼亚重建自己的生活和事业，他成了一名印刷工并担任《宾夕法尼亚杂志》的特约编辑。他来到美国后不久就参加了关于殖民地自治的辩论，在短短两年内，他就成了革命运动的著名知识分子领袖。[1]

潘恩于 1776 年 1 月发表了《常识》，之前，殖民地中几乎没有人准备挑战乔治三世的权威。最激进的提议不过是否决国会直接为殖民地立法的权力，而国王作为国家元首的头衔还要保留。

---

[1]　A. J. Ayer, *Thomas Paine* (New York, 1988), pp. 1–10.

潘恩拒绝妥协，认为美国的困境是君主制直接造成的。这个新移民有着特殊的修辞技巧，大批小册子读者开始接受共和主义。《常识》出版的第一年就卖出了超过 10 万册，这在当时是一个巨大的成就。[1]美国宣布独立之后，潘恩加入了殖民地军队，并在 1776 年冬天在与英军作战时，遭遇了李堡的沦陷。他被战时国会委员会雇佣，继续写文章支持战斗。他成了一个理论家，1776—1783 年出版了一系列被称为《美国危机》的小册子，他的作品都是从真实生活经历中创作的。[2]

潘恩在美国独立后仍留在美国，退休后住在纽约新罗谢尔，他住的房子是从一名忠于英国的顽固分子那里没收来的。也许是他出身卑微，怨恨社会精英，潘恩提倡的激进的平均主义使他在新的国家政府中招致了许多保守派贵族的敌意。1787 年，他回到英国，希望能做一些生意，在那里他第一次见到了埃德蒙·柏克。当法国大革命开始时，潘恩前往巴黎，希望能为国民议会的改革提供服务。他写信给乔治·华盛顿说："两次革命的目的在很大程度上是一致的。"[3]在法国期间，他了解到柏克已经印发了反对革命的资料，他发誓要予以反击。1791 年 11 月出版的《法国革命论》

[1]　Mark Philp, *Paine* (Oxford, 1989), pp. 10–11; Bruce Kuklick, ed., *Paine: Political Writings* (Cambridge, 1989), p viii.

[2]　George Spater, "American Revolutionary, 1774–89", in Ian Dyck, ed., *Citizen of the World: Essays on Thomas Paine* (New York, 1988), pp. 28–30.

[3]　Philp, *Thomas Paine*, pp. 12–13.

一书引发了一场激烈的小册子战争。潘恩发表《人的权利》对柏克进行了有力的回击，该书在初版的两年内，销量超过了 10 万册。由于害怕引起社会混乱，英国政府试图查禁这本书，并以诽谤罪起诉潘恩。他在被定罪之前逃往法国，并被法国革命领袖当作英雄接待。尽管他支持废除法国的君主制，但他还是赞成保留国王的性命，这一立场使他在法国国民议会中招致了激进的雅各宾派的敌意。

《常识》强烈控诉了君主制度，潘恩认为人类有自然社交能力，根本不需要多管闲事的政府，"即便是最好的政府，充其量也只是个半好半坏的东西"。[1] 在《人的权利》中他再次回到这个主题，他认为文明要进步，政府就要减少对普通公民生活的干扰，增加人类活动领域的社会合作。对于潘恩来说，"人类社会有较好的统治秩序，不是靠政府起作用，而基本是靠社会规则和人的天性"。[2] 然而，当马克西米利安·罗伯斯庇尔（1758—1794）领导的雅各宾派激进分子排除异己，胁迫同胞接受国家的意志时，潘恩建立法国国家有限政府的希望随之破灭。直到 1795 年，拿破仑·波拿巴作为第一任执政官，国家才基本恢复秩序，1804年之后拿破仑·波拿巴成为皇帝。但是，在革命到来之前，潘恩选择回到美国，在那里度过了他最后 6 年默默无闻的日子。

---

[1] Paine, *Common Sense*, in Kuklick, ed., *Political Writings*, p. 3.
[2] Paine, *Rights of Man, Part II*, in *Political Writings*, p. 155.

潘恩认为，人类具有社交能力，政府的存在就显得多余，这一观点道出了激进启蒙运动的本质。人类的未来安全与繁荣要靠贸易和商业的发展。"不管是地主、农夫、制造商，还是商人，每一个行业要想发达，都要靠其他行业的援助，靠整个行业的支持。"[1] 当这些关联逐渐成熟，靠世袭头衔和门第出身而获得权力就显得特别荒谬，从事贸易和商业的人会努力摆脱不平等的枷锁。"文明越是完美，政府就越没必要，因为那样可以更好地规范和管理自己的事务。"[2] 要实现这一目标，第一步就是废除世袭政府，这是必不可少的。潘恩鼓励采用共和国模型，选取"一个造福社会的权力代表团"，这样的社会税收最少，个人自由最多，商业不受随意规定的约束。在一个大的共和国中，人民的意愿可以通过代表制度得到充分表达，但代表们也有可能背叛人民的信任。作为一种补救措施，潘恩提出选举权不应以财产为条件，他认为全体成年公民都应拥有选举权。只有这样，代表制度才可以说"是与秩序和不可改变的自然规律相一致，并符合人类在各个方面的理性"。[3]

---

[1]　Paine, *Rights of Man, Part Ⅱ, in Political Writings*, p. 155.

[2]　Ibid., p. 157.

[3]　Ibid., pp. 161, 172.

▶▷ 功利主义的转变

　　为了挽救"病痛缠身"的君主制下的欧洲，比潘恩"下药"更猛的是乌托邦无政府主义者威廉·葛德文（William Godwin，1756—1836）。他的《政治正义论》（*Inquiry Concerning Political Justice*，1793）呼吁取消传统的政府，建立一个小型的、自给自足的社区，这种社区要以理性主义思想为指导，个人自由将得到全面解放。他写道："如果君主和贵族破坏公德，不顾及臣民的感受，那么他们就是邪恶的。"对于葛德文来说，理性的行为者会以一种有助于整体利益的方式追求个人利益。君主专制政体，以及政府强权机构与这样的社会模式就显得格格不入。[1]

　　葛德文的无政府主义哲学并没有吸引多少仰慕者，但他认为追求合理的个人利益会自然而然地产生全社会的善，这一观点在18 世纪晚期的思想中占据很重要的位置。正如我们所看到的，在启蒙运动的政治思想中，大多数人都在不遗余力地强调不可剥夺的权利、自然法则和发现普遍真理的理性的力量。但是，有些人对于这些宽泛而抽象的概念有所怀疑，尤其是因为未能就其"不言自明"的意义达成共识。于是就出现了另一种更为直白的方法

---

[1]　William Godwin, *Enquiry Concerning Political Justice*, ed., F. E. L. Priestley, 3 vols (Toronto, 1946), 2: 119.

来解释人类的动机——良好社会的定义以及政府的起源和目的。杰弗逊在《独立宣言》中提到追求幸福的观点是站在自然权利学派的立场上写的，但是，葛德文所说的这种幸福可以与简单的、基本的人类欲望相联系，比如寻找快乐和逃避痛苦。

许多古希腊哲学家，包括亚里士多德，都曾写道，终极的善就是幸福，但他们所说的幸福是指完美的人的灵魂和欲望的满足。18世纪大多数理性主义者都同意追求普遍幸福的行为，都同意自然法的存在。苏格兰哲学家大卫·休谟本来以为通过谨慎使用理性可以构建一种政治"科学"，但是对人类行为的情感方面进行调查后，他得出了如下结论：政治现象与数学定律没有相似性。即使是自然界的科学知识，也仅仅是基于观察出来的规律而进行的推测而已，但是导致规律的原因仍是未知的。同样，政府无法维护自然法，因为不管是理性还是上帝（其存在不可证明），都不能证明所谓的自然秩序或自然法的明确内容。相反，政府是为了维护人们认同的社会习惯和普遍的"认可的观点"（和平、文明、财产、合法性）。[1]

休谟研究了神权理论、世袭权利论，或者洛克的社会契约论和默示同意原则（tacit consent），发现所有这些理论中没有了绝对

---

[1]　Patrick Riley, "Social Contract Theory and Its Critics", in *Cambridge History of Eighteenth-Century Political Thought*, p. 356. David Miller, *Philosophy and Ideology in Hume's Political Thought* (Oxford, 1981), p. 187 concludes that for Hume "moral judgement necessarily involved an element of feeling".

排斥政府的观点。在《政府的起源》中，休谟说人们对比各个政权制度时，只是能找到相对的优点，而不是用对任何"事物本质的固定不变的标准"来衡量。[1] 他重申，政府通常一开始是暴力的产物，但后来在日益复杂的社会环境中，人们发现政府的存在还是有益处的，因为它可以为人类解决实际问题。换句话说，我们服从政府，因为它对我们有用；当它变得反动时，我们可能会使用模糊的自然权利的语言来为反抗行为辩护，但事实上，我们并不知道这些权利是什么，只是因为国家对我们失去了效用。

约瑟夫·普里斯特利（1733—1804）在《关于政府第一原则的文章》（1768）中提出了类似的观点，并呼吁建立一个有限的政府，政府成功与否取决于其保障个人福利的有效性。普里斯特利认为，人类要求在言论、宗教和教育方面拥有最大限度的自由，评价政府是否优秀，就看它是否有能力推进这些目标。在法国，克洛德·阿德里安·爱尔维修（1715—1771）在他的争议性著作《论精神》（1759）中写道，快乐与痛苦之间的相互作用是人类动机永恒和普遍的原则。像大多数的哲人一样，爱尔维修是一个彻底的理性主义者，他奉行享乐主义，把快乐等同于幸福。他认为，政府应该让人独自追求个人利益。如果这些利益伤害了其他人，那么国家就应该出来矫正。这就是他提倡的功利原则。正

---

[1] Hume quoted in Melvin Richter, "The Comparative Study of Regimes and Societies", in *Cambridge History of Eighteenth-Century Political Thought*, p. 163.

义的统治者是"知识与伟大灵魂的集合。有这样自然天赋的统治者总是用功利原则的罗盘指引他的方向"。初生的功利主义甚至对犯罪行为的成因和处理进行了充分的思考。意大利的塞萨雷·贝卡里亚（1738—1794）在《论犯罪与刑罚》（1764）中挑战了传统的监禁观念，认为这是一种简单的惩罚，并呼吁建立能让罪犯悔过自新的监狱，目的是让罪犯重新融入社会。"如果我们打开我们的历史"，他声称，"我们会看到法律本来是，或者应该是自由人之间的协定，如今很大程度上变成了少数人的工具"。贝卡里亚反对酷刑和死刑，他详细分析了犯罪行为的经济和社会根源，并建议采取法律改革措施，以便为大多数人带来最大的幸福。[1]

在英格兰，法律理论家杰里米·边沁（Jeremy Bentham，1748—1832）深受普利斯特利和爱尔维修的影响。像大卫·休谟一样，边沁也驳斥了抽象的自然法，认为它无法自我展示，并强调了人为的法律在推进个人自由方面的作用。在法国大革命的最初阶段，边沁向巴黎提出了一系列实际的改革计划，其中包括一份以威慑而非惩罚为基础的刑罚体系的蓝图。他确信，政府好不好应该看政府是否有能力提高整体幸福感。他坚持认为"自然将人类置于两个至高无上的主人的统治之下，即痛苦和快乐"。只有

---

[1]　Jack Fruchtman, *The Apocalyptic Politics of Richard Price and Joseph Priestly* (Philadelphia, 1983); Helvetius, *De L'Esprit or Essays on the Mind* (New York, 1970), pp. 62–3; Beccaria, *Of Crimes and Punishments* (Oxford, 1964), p. 11.

他们才能指出我们应该做什么，以及决定我们应该做什么。边沁的观点没有被革命政府所采纳，但通过一些领导朋友的帮助，他在 1792 成了法国的荣誉市民。[1]边沁的思想对下一代人产生了巨大的影响，尤其是他的弟子詹姆斯·穆勒（1773—1836）和他的儿子约翰·斯图亚特·密尔（1806—1873），对在 19 世纪即将到来的功利主义思想有重大影响。

▶ ▷ 亚当·斯密和最小的政府

负责任的、有限的政府的主要责任是保护财产和个人自由，这一观点对国家权力的组织和部署有着很大的影响。这种新观点首先由一群被称为重农主义者的法国思想家提出，是与国家的自由理论一起出现的。"重农"指的是"自然规律"，该派领军人物是弗朗索瓦·魁奈（1694—1774），他认为理性的利己主义和自由的供求关系为中心的经济规律，就像牛顿物理定律一样确定无疑。[2]苏格兰哲学家亚当·斯密（1723—1790）在《国富论》（1776）一书中，就这一观点进行了经典的论述。在亚当·斯密看来，古老的政府保护机制和规则都是建立在这样一种假设之上，即国际

---

[1] Jeremy Bentham, *An Introduction to the Principles of Morals and Legislation* (Oxford, 1967), p. 125; John Dinwiddy, *Bentham* (Oxford, 1989), pp. 7–8.
[2] Gianni Vaggi, *The Economics of Francois Quesnay* (Durhan, NC, 1987), p. 18, writes that for Quesnay, "economic events are the result of the working of objective laws, which describe the systematic order of society".

贸易是零和博弈，世界的总财富是有限的，国家的主要职能就是对内规范经济活动，对外使用军事手段扩大经济利益，确保自己能在固定的世界财产中获得最大份额。[1]

亚当·斯密不同意"国家天生好斗"这种说法，认为政治家和公职人员都应该认识并尊重经济活动的自我运行规律，停止一切税收、垄断和定价。在毫无阻拦的经济活动中，人们会追求自身利益，"由一只看不见的手操纵着，结局不一定是个人所想"。每个公民的物质福利都会加强。由于商人不能在没有服务他人的情况下得到自己的利益，所以自私和仁慈就和谐地结合在一起，只需要靠自然法律管理，不需要人为立法干预。"每个人只要不违反正义的法律"，就应该自由地以自己的方式追求物质利益。对于亚当·斯密来说，国家有三种核心职能：保护社会不受外来侵略者的侵害；保护每一个公民不受其他公民侵犯；建立公共机构并运作公共职能，这对执行前两项职责至关重要。[2] 国家不可以干扰自然供求法则。

---

[1]　Iain McLean, *Adam Smith, Radical and Egalitarian: An Interpretation for the Twenty-First Cen-tury* (New York, 2007), pp. 88–95, 讨论了亚当·斯密对于市场和政府干预的观念。

[2]　Adam Smith, *The Wealth of Nations*, ed., Edwin Cannan (New York, 1937), p. 423. 还可参见 John H. Hallowell, *Main Currents in Modern Political Thought* (New York, 1960), p. 139 和 Emma Rothschild and Amartya Sen, "Adam Smith's Economics", in Knud Haakonssen, ed., *The Cambridge Companion to Adam Smith* (Cambridge, 2006), p. 347 谈到的政府职责。

▶▷ 启蒙运动的局限

启蒙运动可能是包罗万象的，但没有一个哲人真正主张把女性纳入到王国和共和国的政治生活中去。1706 年，英国女性玛丽·埃斯代尔（1666—1731）问道："如果人生来就是自由的，为什么女人都是奴隶？"[1] 在整个 18 世纪，男性和女性作者探讨了所谓的"女性问题"，在其他主题相关的作品中，他们分析了性别不平等的起源。[2] 尽管如此，在 18 世纪，长期形成的男性主宰家庭的传统没有一点改变。已婚女性几乎没有财产权，对家庭暴力行为的法律追索权也受到严重限制。大学将女性排除在外，正式的教育只能在家庭中进行。

一些男性作家开始攻击这些古老的观点。例如，洛克质疑《圣经》中父亲的统治地位，但这在《政府的两篇论文》中都是次要问题，而那些追捧他的人对这一话题并不感兴趣。一直以来就有"两性之间智力方面永远存在差异"的说法，孟德斯鸠对这种说法持怀疑态度，并支持离婚的权利。托马斯·潘恩在《宾夕法尼亚杂志》上写道，社会"不是缓解（女性的）状况，而是痛

---

[1]　Mary Astell, *Political Writings*, ed., P. Springborg (Cambridge, 1996), p. 18.

[2]　Karen Offen, *European Feminisms, 1700–1950: A Political History* (Stanford, CA, 2000), p.31.

苦的根源"。[1] 但大多数的哲人都没有深究这个争议，认为男性的特权和支配权是自然规律。德国哲学家伊曼努尔·康德（1724—1804）认为，女性的教育需要更加繁重的工作才能完成，而卢梭是启蒙运动中在这方面最逆反的人物，他认为女性天生低等，并告诫她们要坚持养儿和育儿的职责。在他最著名的教育类作品——《朱莉》和《爱弥儿》中，他提出法国应该为女性开设如何服侍男性的教育课程。

尽管有重量级的人物和大量的文学作品支持性别偏见的等级制度，但有两位女性政治领导者成了反对性别偏见的真实的例子。奥地利的玛丽·亚特里萨女王[2] 和俄国的凯瑟琳大帝[3] 的统治表明，女性君主也有能力驾驭男性主宰的充满政治阴谋的宫廷。一些贵族妇女在社会改革的讨论中发挥了关键作用，而一些主要来自中产阶级的人发表了批判社会的作品，指出自然权利言论的虚伪。在不允许女性继承王位的法国，有许多女性贵族和资产阶级的女性通过在家中举办私人沙龙，资助共和国文学，批判现有制度和文化价值。在这样的沙龙中，有才能的男性平民和富裕的女性混杂在一起，阶级和性别的差别逐渐模糊。偶尔也

---

[1]　Paine quoted in Micheline R. Ishay, *The History of Human Rights: From Ancient Times to the Globalization Era* (Berkeley, 2004), p. 110.
[2]　玛丽·亚特里萨女王（Maria Theresa, 1717—1780 年），匈牙利和波希米亚女王，于 1740—1780 年在位。——译者注
[3]　凯瑟琳大帝（Catherine the Great, 1729—1796 年），俄国女皇，于 1762—1796 年在位。——译者注

会有上层内部人士参与。例如，当由多名作者编著的百科全书遭到官方严厉批判时，是路易十五的情妇庞帕德夫人（1721—1764）出面才扭转了局面。而伏尔泰的情妇，艾米丽·杜夏特莱（1706—1749）对新科学非常感兴趣，她是第一个将牛顿的《自然哲学的数学原理》翻译为法文的人。沙龙在巴黎最为普遍，伦敦、柏林、维也纳和华沙也出现了由女性组织的有影响力的聚会场所。[1]虽然这些女性资助者并非有意识地挑战性别不平等，但她们的活动是对自然论点的有力驳斥，并将性别问题提高到社会结构层面。

在法国大革命的早期阶段，女性们直言不讳地说出了她们的要求。匿名的《第三产业妇女请愿书》（1789）要求君主给女性提供受教育的机会，提供在贸易市场就业的机会，以及解决婚姻方面女性的弱者地位问题。小册子声称，女性"要开化，要工作不是为了篡夺男人的权威，而是为了更好地尊敬他们"。接着，社会上出现了大量由女性撰写的印刷请愿书和申诉书，她们呼吁保护女性主导的行业，甚至要求在三级会议中有女性代表。[2]她们为得到政治权利，也会采取直接行动。1789 年 10 月，为了应对首都食品短缺和物价上涨，大约 6000 名女性在国民警卫队的陪同下，

---

[1]　Rachel G. Fuchs and Victoria E. Thompson, *Women in Nineteenth-Century Europe* (Houndmills, 2005), pp. 5–7.

[2]　Quoted in Offen, *European Feminisms*, pp. 51–2.

游行到凡尔赛宫，迫使国王返回巴黎，处理危机。在这一事件后不久，另一份匿名的小册子向国民议会申诉道，"本来，通往尊严和荣誉的道路应该向所有人才开放；然而，你们仍在为自己、为我们制造不可逾越的障碍"。[1] 请愿书没有被理睬，1789 年 12 月，国民议会决定将女性定位为"被动公民"，就像没有财产的男性一样，没有资格参与选举。

在接下来的一年里，当制宪会议开始为国家制定新宪法时，出现了两篇争取女性公民权利的文章。第一篇是《妇女公民权宣言》（1790），作者是德·康德塞特侯爵（1743—1794），他是少数几个参与革命政治的哲人之一。他认为自然权利是有性别包容性的，"如果不是所有人都有相同的权利，那么每一个人都没有真正的权利；而无论别人的宗教、肤色或性别是什么，只要是反对别人得到应有的权利的人，从今往后都要放弃自己的权利"。[2] 第二篇文章是一名行省屠夫的女儿，奥林普·德·古日（1748—1793）发表的。她的《妇女与公民权利宣言》（1791）是对 1789 年《人权宣言》的正面回击。奥林普·德·古日要求在法律和财产关系面前人人平等，她将辛勤劳作的法国女性们的理想抛到了聚光灯下。她们"应该同样有机会担任所有的公职、进入公共场所并从

---

[1] Quoted in Offen, *European Feminisms*, p. 54.
[2] Condorcet quoted in Offen, *European Feminisms*, p. 57.

事各种工作"。[1]她认为路易十六和玛丽·安托瓦内特王后（1744—1792）会做出改变，但是 1791 年宪法并没有给予女性获得公民权的权利。康德塞特和奥林普·德·古日都成为雅各宾派恐怖分子的受害者：康德塞特因反对判处国王死刑，1794 年死于狱中；奥林普·德·古日因写作反对激进的领导人罗伯斯庇尔被逮捕，并以试图煽动叛乱的罪名遭到审判，最后在 1793 年被处死。

▶▷　世界主义的时刻

　　18 世纪早期英国立宪主义出现后，孟德斯鸠和伏尔泰等哲人表现出强烈的亲英主义倾向；同样，法国大革命的民主意蕴，在18 世纪晚期的英国和美国引发了一波强烈的亲法主义浪潮。后来，人们不止满足于崇拜法国的历史事件，进而呼吁人们应该致力于基于普世人权的世界革命主义，在这一转变中女性作家扮演了重要的角色。1790 年，海伦·玛丽亚·威廉姆斯（1761—1827）表达了许多英国改革者的愿望，她在巴黎撰文称，革命"是人类的胜利；革命是人类维护着其本性中最高贵的特权，革命中的共同

---

[1]　Olympe de Gouge, "Declaration of the Rights of Women and Citizen", in Hilda L. Smith and Bernice A. Carroll, eds, *Women's Political and Social Thought: An Anthology* (Bloomington, IN, 2000), p. 150.

情感使人类变成世界公民"。[1]18 世纪，英国和法国一直处于战争状态，有的战争是因路易十四想争夺殖民统治和海洋特权的领土野心而起，有的战争是因革命观念不同所致。鉴于欧洲两大强国之间的历史仇恨，法国有人声称英法革命者的革命思想其实是一脉相承的，这样的说法十分引人注目。

　　启蒙运动中的世界公民的概念最早出现在孟德斯鸠的《波斯人信札》中，书中通过穆斯林游客道出了法国人的偏见。在《世界公民》（1760—1762）中，奥利弗·戈德史密斯（1730—1774）利用一位虚构的来到英国的中国游客，考察了君主立宪制中法律与自由之间的关系。世界公民理想赢得了著名哲学家伊曼努尔·康德的认可。康德在 1795 年的小册子《永久和平论》中呼吁建立一套国家联盟，建立一个致力于保护普世权利的法律体系。与霍布斯一样，康德也承认，自然状态，"对彼此相邻的人类而言，不是和平状态，而是战争状态"，"必须建立一种"和平状态。他坚持认为，这个目标在共和政体下可以得到最好的实现，在这种政体下，公民们"会非常仔细地考虑是否要参加这样一场可怕的游戏，因为他们必须下定决心把战争的苦难强加给自己"。[2]

　　玛丽·沃斯通克拉夫特是 18 世纪 90 年代英国最著名的世界

---

[1]　Williams, *Letters Written in France*, in Adriana Craciun, ed., *British Women Writers and the French Revolution* (Houndmills, 2005), p. 1.

[2]　John Davidson, trans., *Persian and Chinese Letters* (New York, 1901); Immanuel Kant, *Toward Perpetual Peace and Other Writings on Politics, Peace, and History*, Pauline Kleingeld, trans., David L. Colclasure (New Haven, 2006), pp. 74–5.

主义女性倡导者，她信奉和平主义，反对战争主义，信奉世俗主义，反对宗教观点，信奉普世权利，反对性别歧视。她在《女权辩护》中承认，贵族女性的轻浮和自恋是一种社会弊病，无法补救，因此她呼吁新兴中产阶级能站出来。一位作者曾将该书誉为"西方女性主义的知识宣言"。沃斯通克拉夫特断言，所谓的女性智力低下，是不平等教育和不健康社会价值观的直接结果。[1] 给予女性同男子一样的教育和职业机会，将提高家庭和公共生活的基调和实质。妻子将成为伴侣，一切形式的暴政将被摧毁，人类的进步将得到保证。她对卢梭提出了最严厉的批评，因为卢梭的态度最迂腐，尽管如此，她还是在加强核心家庭地位的背景下，小心翼翼地提出了改革的呼吁。[2]

虽然《女权辩护》强调了女性教育的公共效用，但沃斯通克拉夫特从来没有公开支持贫困劳动人民，也从未提及巴黎劳动女性的抗议活动，也没提到这些抗议活动在推翻君主制方面发挥了多大的作用。一位著名学者说，沃尔斯通克拉夫特"不像民主党人"。[3] 她呼吁女性以理性和独立的形象出现，"她们的价值感不是

---

[1] Quoting Barbara Taylor, "Mary Wolstonecraft and the Wild Wish of Early Feminism", in Fiona Montgomery and Christine Collette, eds, *The European Women's History Reader* (New York, 2002), p. 53.

[2] Mary Wolstonecraft, *A Vindication of the Rights of Women* (New York, 2004), p. 19, 书中她开始攻击卢梭。

[3] Olwen Hufton, *The Prospect Before Her: A History of Women in Western Europe, 1500–1800* (New York, 1996), p. 454.

来自外表，而是来自内心对自我控制的感知"。[1] 然而，她的观点遭到了很多反对革命和反对法国的人的嘲笑。她的丈夫威廉·葛德文出版了她的《回忆录》，书中披露了她的婚外情和自杀企图，这为怀有敌意的保守派作家提供了更多素材。

▶▷ 现代的议程

通过不断研究美国和法国大革命，在探索最佳的政治科学过程中，西方第一个现代意识形态——古典自由主义，在 19 世纪有了政治话语权。古典自由主义抛弃了社会地位，解除了古老的宗教约束，质疑政府起源和职能的形而上学解释。自由主义者宣称，个人对国家拥有"负面权利"，包括不必担心遭到报复而结社的权利、经济自主权以及言论和出版方面的知识自由。自由主义者信奉世俗和理性的观点：他们相信自然规律而不是神圣规律；他们相信，当个人被允许以不受阻碍的方式竞争和追求他们的社会和经济地位时，社会将发挥最大的作用，物质进步得以实现。自由主义要求由民选官员、成文宪法和司法审查组成负责任的政府，职业对人才开放且具有社会流动性，以及基于个人选择而非国家法

---

[1] Quoting Sylvana Tomaselli, in Mary Wolstonecraft, *A Vindication of the Rights of Man and A Vindication of the Rights of Women*, ed., Sylvana Tomaselli (Cambridge, 1995), p. xxvi.

令强制的宗教信仰。最后,自由主义者试图在个人自由最大化和国家安全最大化之间找到平衡。最终,即使是最小的国家在世界事务中也可以发挥公正的仲裁者的作用,使社会和经济相互作用的自然法尽可能有效地发挥作用。

这些目标都很宏伟。但正如我们所看到的,这些目标并没有涉及女性或没有财产的男性。启蒙运动时期的大多数自由派思想家都受过教育、拥有财产,因为他们出身中产阶级,所以都拥护中产阶级。他们不相信大多数人的政治智慧,担心如果穷人获得选举权,会出现暴民统治,会重新分配财富。自由主义的社会变革计划遭到了强烈的反对——不仅来自民族统一主义的君主和顽固的贵族,更重要的是来自第二种同样具有影响力的现代意识形态:保守主义。

保守主义诞生于法国大革命和激进的雅各宾派恐怖主义之后,它不仅仅是传统精英们抗争的意识形态。支持者声称,保守主义的理论是基于历史上深刻的道德秩序和人类本性的研究而产生的。约翰·亚当斯(1756—1826)参加了美国革命,他是美国第二任总统,古典自由主义被其称为"傻瓜学校教的白痴科学"。他这么严厉地批判是针对他那一代人对抽象理论的偏爱。[1]埃德蒙·柏克和约翰·亚当斯等政治人物认为,过分强调个人主义削弱了家

---

[1] Adams quoted in Paul Schumaker, *From Ideologies to Public Philosophies: An Introduction to Political Theory* (Oxford, 2008), pp. 31–2.

庭、地方教会和当地社区等关键的社会单位的作用。个人主义总是排斥关注公众的行为，只强调一己私利。最有害的是，它错误地认为权利具有公认的普遍性，而不是某一特定历史和习俗的独特产物。

保守派允许人们发表理性的观点，但他们坚持认为，社会与有机实体相似，习惯、习俗，甚至偏见是健康公民社会结构中的重要变量。理性和理想主义不能代替治理工作中的经验和智慧。拿破仑·波拿巴的军队在 1815 年被打败时，保守主义的世界观被证明是正确的，至少暂时被证明是正确的。但从 19 世纪开始，欧洲各国复辟的君主们面对难以扑灭的自由主义思潮，不安地坐在宝座上，因为自由主义与王权是水火不容的。19 世纪，自由主义得到了发扬光大，而平等问题的提出对古典自由主义者和保守主义者来说都是不祥的预兆。随着一场新的工业革命席卷西欧，无产阶级开始质疑启蒙运动中关于平均主义的论调。

| 第五章 |
意识形态与平等观念：
1815—1914 年

物质变换。保守主义和自由主义。保守派的情况。保守派的立场。保守派政治家。古典自由主义：法律面前人人平等。工业国家。约翰·斯图亚特·穆勒和自由主义的重新构想。自由主义和人类潜能。女性和民主。条件平等。乌托邦社会主义。马克思与"科学社会主义"。福利国家的到来。民族主义和动荡。民主质问。

于政治与权力之间的交锋，以及宪法、议会、大选和各类媒体的影响，19世纪产生了很多现代政治领域的专有名词。这一领域出现的"主义"，包括自由主义、冷战主义、社会主义、共产主义和民族主义，皆于法国大革命和第一次世界大战期间生根，数百万男性在这个时期赢得了选举权。的确，1914年将欧洲卷入全球战争的大多数政府是在所有成年男子皆有选举权的基础上普选出来的。[1] 1914年，君主制仍然是国家政治生活的重要组成部分，但20世纪发生的重大宪法改革使代表性原则得到了重视。1789年，民主制曾遭到多方谴责，但在1914年，它受到了众多政治家和学者的支持。即使是世袭的国家元首也要标榜他们代表民主利益的立场，而不仅仅是王朝利益的管理者。

1900年，政治思想的转变促使国家职能发生了变化——从最初抵御外部侵略的捍卫者，逐步转变为自由个体之间的中立仲裁者和协议契约的实施者。拥护选举制度者和拥护世袭统治者现在都承认政治权力是一种委派式信任，无论社会阶层和经济情况如何，都将利用国家资源来推动公民集体福利的发展。因此，国家大幅增强的权力与公民民主的步伐相一致。这是西

---

[1] Robert Tombs, "Politics", in T. C. W. Blanning, ed., *The Nineteenth Century: Europe 1789–1914* (Oxford, 2000), pp.10–11. 历史学家 H. 赫德写道："1830—1880 年的大部分思想对 1880 年以后的影响，比对这一时期的影响更大。"*Europe in the Nineteenth Century, 1830–1880* (New York, 2nd edn., 1988), p.41.

方政治文化在很短的一段时间内发生的重大变化，随着大众政治和激进主义国家的推动，大多数政治思想家拥护大众政治和新兴民族主义的新时代，并着力推动其发展。然而，也有一些人对公民承担自治责任的能力和意愿表示担忧，呼吁在竞争激烈的民族国家中实行动态的威权统治。正是后者在第一次世界大战后成功地对抗了自由民主范式。

▶▷　物质变换

向更负责任和更具包容性的政治迈进的历史性举动，包括接受国家对社会和经济活动的干预，可以追溯到革命理想的持续影响和物质生活结构的彻底变革。19 世纪，欧洲人口从 1800 年的大约 2 亿人，增加到 1900 年的 4.6 亿人。这个数字并不包含因寻求在其他地区有更好发展机会而离开他们出生地的人。与人口激增同时出现的是劳动力模式的空前转变。1800 年，大多数欧洲人生活在农村，他们的工作是其曾祖父母所熟悉并传下来的，工作模式受到季节、天气和土壤的影响。自给自足的农业模式，或者当地市场大多数的生产模式，仍然占据人们经济活动的大部分。一个世纪后，部分欧洲人生活地域和条件有了明显变化。随着新兴中产阶级或资产阶级的崛起，社会格局发生了变化，原有的经济支柱产业日益受到商业企业、长途贸易和工业制造业发展的影响。[1]

18 世纪 60 年代，工业革命首先在英国开始，19 世纪中叶发展到德国、意大利北部、比利时和法国，1871 年德国统一后，欧洲工业革命的进程急剧加速。之后，中产阶级，包括银行、保险、律所和房地产开发等附属领域的新白领专业人士，获得了选举权并在国家层面的政治生活中发挥着越来越大的作用。他们高举机会均等、统一公正、契约至上和财产所有权的启蒙旗帜；但作为一个阶级，他们强烈反对赋予工人选举权，并贬低大多数国家对私营部门的干预，认为这是一种新的专制形式，不利于精英统治以及个人自由和机会均等。

对于成千上万涌入欧洲城市中心和城镇寻求更高生活水平的农村劳动者来说，工业革命为其带来了希望。1800—1900 年，经济产量翻了一番，其结果是显而易见的：大规模制造业激增，铁路和远洋运输网络促进了货物和人员在全球的流动，电报和电话通信缩短了个人、企业和政府之间的距离。20 世纪末，国家制定的小学和初中阶段的公共教育使西欧的文盲率大大降低，这又促进了读报群体的诞生。大众媒体"满载"着国家军队、冒险家和基督教传教士功绩的故事。在国家内部层面，欧洲人得益于相对和平稳定的环境以及医学领域的显著进步，享受着寿命更长、更

---

[1]　Tom Kemp, *Industrialization in Nineteenth-Century Europe* (New York, 2nd edn., 1985), 提供了工业变化及其对社会影响的相关论述。

健康的生活。[1]

尽管发生了这些前所未有的变化，但绝大多数普通百姓的生活仍然非常困难。农村的生活仍旧是艰苦和压抑的，土地所有者收取租金时并不考虑市场需求以外的因素。1848 年一波欧洲大陆范围的革命浪潮之后，情况得到了改善，农奴制的残余势力在欧洲中部一扫而空。但在工业繁荣时期，农村贫困现象仍然令人痛心。在那些正在发展的城市中，人们的痛苦和堕落程度更加严重，大型工厂恶劣的工作条件和过于拥挤的工业贫民窟住房，很难实现工人过上美好生活的愿望。这种新的城市社会现实，推动了现代工人阶级的诞生。20 世纪下半叶，完全依靠工资生存的无产阶级工人开始发出政治呼声，请求国家就广泛的社会和经济问题采取行动。

工人阶级要求赋予政治权利和保障经济权益的呼声日益高涨，这也促使人们努力在国家层面增加女性的政治权利和就业机会。就像成年男性普选权的运动一样，女性主义的起源可以追溯到 18 世纪的启蒙运动。工业时代的中产阶级女性主义者不满家庭生活的束缚，因为家庭生活剥夺了其在家庭之外的公共角色，她们准备采取直接的政治行动来推进两性平等的愿景。她们呼吁大学终止仅限男性的招生政策，并坚持要求已婚女性享有平等的财产权

---

[1]　T. C. W. Blanning, ed., *The Nineteenth Century: Europe, 1789–1914* (Oxford, 2000), p. 2.

和经济独立权。虽然大多数国家都承认地方的选举权，但在第一次世界大战之前，只有芬兰（1906）和挪威（1907）实现了国家层面的选举权。

随着工人阶级和女性政治意识的出现，以及无产阶级男性选举权的逐渐增强，一种新的、更自发且更有预见性的民族主义理论在工业化的欧洲出现了。19世纪晚期的民族主义最初与美国和法国革命时期的开明民族自发联系在一起，随着其支持者将帝国主义和社会达尔文主义灌输到民族主义的思想中，民族主义的沙文主义色彩愈加浓厚。左派和右派政治领导人越来越多地呼吁：将民族、种族和语言的认同作为推进殖民主义或强调全球各国人民不平等的机制。欧洲帝国的版图通过工业霸权实现了向世界上宜居地区的推进，为侵略主义的宣传提供了借口，也分散了工人阶级不满的呼声。帝国命运的故事为穷人和被剥夺各项权利的人提供了一个强有力的国家权力和文化优势的叙述，这也推动了第一次世界大战的爆发。在这场灾难发生前夕，启蒙运动理性主义的平等精神受到了制约，它的命运将经受20世纪血腥严酷的战争的考验。

▶▷ 保守主义和自由主义

作为美国和法国革命的核心，平均主义继续影响着19世纪的政治理论和实践。建立在出身和继承基础上的古老的不平等制度，建立在摆脱体力劳动的自由之上的社会等级制度，以及与王朝和贵族特权相结合的政治权威——这些制度在革命年代都受到了重创。来自科西嘉岛的平民拿破仑·波拿巴的迅速崛起，在一定程度上要归功于法国大革命核心的精英统治原则。即使在 1804 年巩固权力并自封为法国皇帝之后，波拿巴也呼吁公民投票批准他的国内改革议程的核心内容，从而产生他能够以民众的意愿来维持统治的假象。1804—1810 年，取得胜利的法国军队将多项改革扩展到了整个欧洲，包括削减统治阶层特权、废除农奴制、法律面前人人平等、放宽人才的聘用制度以及宗教信仰自由等。民族主义思潮——最后一根稻草——最终成为拿破仑政权垮台的推手和思想的催化剂。[1]

　　1815 年 6 月，拿破仑在滑铁卢战败时，欧洲的军事和贵族精英试图彻底消除革命的冲击力，重新获得他们的领导特权。1814—1815 年，在维也纳举行的一场国际会议上，来自英国、法国、俄国、普鲁士和奥匈帝国的代表宣布支持王朝的权利而不是人民的权利，并重新划定了欧洲国家的边界，以寻求一种能够防止未来国际动荡的力量平衡。1821 年在意大利南部，1823 年

---

[1]　Franklin L. Ford, *Europe, 1780–1830* (New York, 2nd edn., 1989), chapters 8 and 9 treat the career of the emperor. 也可见 Robert Gildea, *Barricades and Borders: Europe 1800–1914* (Oxford, 1987), pp. 35–56。

的西班牙，1825 年的俄国，1830 年的波兰，民众起义层出不穷，不过最终都被平息了。欧洲传统的领导人深信王朝凌驾于民族国家之上，个人忠诚凌驾于抽象的民族主义之上，并将自由、平等和博爱的革命原则视为对欧洲大陆未来福祉的致命威胁。在这些保守主义人士看来，宪政共和国或通过民选代表与成文宪法由人民自己统治的国家，与暴民统治、剥夺财产、推翻公共道德和雅各宾恐怖策略具有密切的联系。[1] 对他们而言，长达25年的战争、革命恐怖和拿破仑独裁统治，显示了为取代社会地位所做的本质恶意的努力。

▶▷ 保守派的情况

保守的政治思想家总是回顾柏克（Burke）对革命灵感和方向的反思。在法国大革命和拿破仑战争之后，他们指出了柏克的观点：基于抽象原则的社会制度和宪法制定最终总是导致流血和灾难。苏格兰散文家、社会评论家托马斯·卡莱尔（Thomas Carlyle，1795—1881 年）是 19 世纪中叶保守派中最具影响力、同时也是最具争议的声音之一。卡莱尔在其职业生涯的早期反对普

---

[1] Charles S. Maier, "Democracy Since the French Revolution", in John Dunn, ed., *Democracy: The Unfinished Journey* (Oxford, 1992), p. 126. 也可见 Jacques Droz, *Europe Between Revolu-tions, 1815–1848*, trans., Robert Baldick (New York, 1967), pp. 9–17 and Arthur J. May, *The Age of Metternich, 1814–1848* (New York, 1963), 第一章和第二章。

选制，又因反对唯物主义和放任经济而受到美国先验论者的推崇。他担心随着民主和民选政府的出现，国家的指导和监管作用将会萎缩，大批新近获得选举权的公民在追求幸福的幌子下，将完全被追求财富的思想所左右。卡莱尔断言，现代社会的地狱已经变成一种对"不成功、不赚钱、没有名气与地位的恐惧……"[1]

卡莱尔认为，应该按照自然法的原则对人类行为进行监管，要求领导角色应该留给受过训练和启发的精英；并声称，成熟的政治领导力与财产权或法律面前人人平等的权利同样是一项基本的自然权利。在诸如《旧衣新裁》(*Sartor Resartus*，1838)、《宪章主义》(*Chartism*，1840)、《论历史上的英雄、英雄崇拜和英雄业绩》(*On Heroes*，*Hero Worship*，*and the Heroic in History*，1841)、《文明的忧思》(*Past and Present*，1843) 等有争议的作品中，卡莱尔强调了在一个工业主义、城市主义和经济混乱的时代，英雄式和家长式领导的重要性。对卡莱尔而言，因为大众往往倾向于做出错误决定，故而不能通过在政治上赋予他们权力，来解决与迅速的物质发展相关的社会非人性化问题。只有最卓越的人才能引领社会进步，并将普通民众引导至公共的、道德的目标上。他坚持认为："人类在这个世界上所取得成就的

---

[1]　Thomas Carlyle, *Past and Present*, ed., Richard D. Altick (Boston, 1965), p. 148. 参见《文明的忧思》(中译本)，宁小银译，中国档案出版社 1999 年版，第 14 页。

历史，归根结底是在该方面做出努力的伟人的历史。"[1] 他相信，真理不是通过多数人的选票决定的，而是在领袖人物的指导下找到的。

法国贵族亚历克西·德·托克维尔（Alexis de Tocqueville，1805—1859）也表达了类似的担忧。在《论美国的民主》（*Democracy in America*，1835、1840）中他指出，保守主义对启蒙运动理性主义的防范行为是徒劳的：平等主义和政治民主在西方不可避免。但他并没有为此感到惋惜，而是质疑了保守主义的观点，即民主是专制主义的天然先驱。德·托克维尔从他在美国的旅行中收集证据（表面上是为了研究监狱系统），他发现，没有任何证据可以证明大众的、代议制的政府必然会堕落成无政府主义的暴民统治、破坏私有财产，或是不尊重有效的领导权威。相反，在安德鲁·杰克逊（Andrew Jackson）担任美国总统时期，私有财产受到尊重，传统宗教形式繁荣起来，地方、州和联邦各级的政治权力得到负责任的行使。他进一步指出，扩大选举权和社会流动机会，实际上加强了人们对既定秩序的忠诚，加深了爱国主义情感。参与的公民基本上是忠于政治现状的。[2]

---

[1] Thomas Carlyle, *On Heroes, Hero-Worship, & the Heroic in History* (Berkeley, CA, 1993), p. 3. Walter Waring, *Thomas Carlyle* (Boston, 1978), pp. 91–4.

[2] Hugh Brogan, *Alexis de Tocqueville: A Life* (New Haven, 2006), pp. 253–82, 描述了《论美国的民主》的写作与出版。

　　但这位具有洞察力的早期社会学家也发现了民主文化中一些不那么乐观的趋势，这证实了欧洲传统保守精英派依然存在。同时，德·托克维尔也有疑问：如果人民真正具有主权，那么在遏制多数人的集体权力方面存在着什么制衡因素？"大多数人行使着巨大的权力和掌握着几乎同样强大的舆论力量；那些在它发展道路上被压垮的人的抱怨不被倾听，因而没有什么能阻碍其进步。"[1] 根据德·托克维尔的说法，不平凡的人、创造性的艺术家、孤独且非传统的天才都在美国迅速民主化的文化中被忽视了。可悲的是，多数民主党人总是倾向于墨守成规、颂扬平庸，并创造属于自己的恶性智力暴政。按照德·托克维尔的说法，旧式的欧洲君主们已经受到了"物化压迫"，但民主共和国"已经把它完全变成了一种精神，就像它要强制的意志一样"。他悲叹道："身体是自由的，灵魂是被奴役的。"[2] 他想知道，随着西方社会生活条件的提高和政治集权的推进，政治自由将如何得到保护？ 19 世纪下半叶，英国人约翰·斯图亚特·穆勒（John Stuart Mill，1806—1873）表示：当工业化在提高社会生活条件方面发挥更大作用的情况下，这些矛盾将更加尖锐。

---

[1]　Alexis de Tocqueville, *Democracy in America*, ed., Richard D. Heffner (New York, 1956), p. 114.
[2]　Ibid., p. 118.

▶▷ 保守派的立场

在具有引领道德规范和理解生命真义的基督教理念的影响下，保守派思想家赞同利用政府来进行社会整改的想法。当然，这种立场与21世纪对保守主义的理解以及对膨胀的国家权力的怀疑，是完全对立的。法国思想家约瑟夫·德·梅斯特尔（Joseph de Maistre，1753—1821）和英国思想家塞缪尔·泰勒·柯勒律治（Samuel Taylor Coleridge，1772—1834）等都赞同国家干预来帮助穷人、支持传统价值观，即使只是为了避免人民因压迫性社会和恶劣的经济条件走向革命的目的。德·梅斯特尔反对为所有人而存在的理想的政府形式，他赞同功利主义的原则，即唯一可行的标准是政府"在尽可能长的时间内，为尽可能多的人提供最大程度的幸福和力量"。柯勒律治认为，国家的目标包括"使每个人的生活更加便捷"，并"确保每个人都有希望改善自己和孩子的生活条件"。[1] 国家应有适当的干预行为，特别是在犯罪率极高的城市，包括向教会负责的教育机构提供援助、为穷人提供有针对性的财政救济和技能培训，最有争议的是国家对贸易和制造业的监管。

---

[1] Jack Lively, trans., *The Works of Joseph de Maistre* (New York, 1965), p. 126; Coleridge, "Sec-ond Lay Sermon (1817)", in R. J. White, ed., *The Conservative Tradition* (New York, 1957), p. 82. 也可见 Peter Viereck, *Conservative Thinkers* (London, 2006), pp. 33–7。

保守派看到早期工业社会人们贪婪地追求物质主义，这令他们感到不安，出于一种贵族家长式责任感，他们肯定了国家参与改善城市贫民悲惨生活的必要性。柏克是在工业革命的最初阶段进行写作，他不可能预料到工人在工厂城镇的恶劣的工作、生活条件，他的继任者对工业社会资产阶级的自由放任原则发起了抨击，认为这不利于社会凝聚力的形成和政治稳定。考虑到一个民族具有的历史性特征，传统统治者有责任——尽管是有限的责任——减轻大规模的社会和经济变革对群众造成的恶劣影响。对保守派来说，随着商业文化和原子论个人主义的发展、随着身份社会向契约社会的转变，"社会问题"也发生了巨大变化，如果不在有智慧和经验之人的领导下采取深思熟虑的政治行动，就无法解决这些"社会问题"。

▶▷　保守派政治家

19 世纪下半叶，随着工业化的全面影响变得越发明显，英国首相本杰明·迪斯雷利（Benjamin Disraeli，1804—1881）、法国皇帝拿破仑三世（Napoleon Ⅲ，1852—1870）和德国总理奥托·冯·俾斯麦（Otto von Bismarck，1862—1890）等保守派政治领导人巧妙地将自己定位为工人阶级的盟友。从 19 世纪 60 年代开始，迪斯雷利将有针对性的社会改革与强调传统领导价值的贵族家长式作风相结合，吸引了越来越多具有民主意识的选民。1867 年，在担任英国财政大臣和下议院领袖期间，迪斯雷利提出了一项具有里程碑意义的改革法案，该法案使全国选民人数几乎翻了一番，第一次将选举权赋予了工人。[1] 迪斯雷利不仅是一个颇有成就的政治人物，同时也是一个文人，他在 1844 年出版的小说《西比尔》（*Sybil*）中对英国日益扩大的贫富差距进行了批判，这与他同时代的查尔斯·狄更斯（Charles Dickens）的抗议一样有影响力。迪斯雷利在其部长任期内（1874—1880），将目标瞄准在那些危及许多人生命的恶劣条件上。他领导下的保守派政府通过了两项重要的社会改革措施：1875 年的《工匠住所法》（*Artisans' Dwellings Act*）开始了对贫民窟住房恶劣条件的抨击，1876 年的《工会法》（*Trade Union Act*）将和平纠察合法化。[2]

在法国，由对工人激进主义和大众民主制的恐惧所驱动的一种新的保守和威权政治思想，在 1848 年后获得了关注。路易·菲利普（Louis Philippe）国王政府（1830—1848）忽视了工业化后发生的巨大社会变革。1848 年，在 3500 万法国人中仅有 20 万人拥有投票权。政府忽视公众集会和要求改革的请愿，当首都发生

---

[1]　Harry Hearder, *Europe in the Nineteenth Century, 1830–1880* (New York, 1988), p. 227.

[2]　Benjamin Disraeli, *Sybil*, ed., Tom Braun (London, 1985); E. J. Feuchtwanger, *Disraeli, Democracy and the Tory Party* (Oxford, 1968), pp. 80–102, 描述了保守党努力扩大党派的选举呼声。

暴动导致路障的时候，国王选择了退位而不是进行大规模的军事镇压。随后，共和国宣布成立，同时普选权被接受，这也让人联想到 1789 年改革派的政治俱乐部的突然出现。新政府中包括著名的社会主义者，他们曾初步成立了国家研讨会，为巴黎的穷人提供食物和就业机会。对于法国大多数保守的农村民众来说，这一切都来得太突然了。1848 年 6 月，一场社会主义起义爆发，政府采取了残酷的镇压行动，屠杀并驱逐了数以千计的公民。政府紧随其后又制定了一部新宪法，将行政权力交给由普选产生的总统。[1]

当选总统的是拿破仑·波拿巴的侄子路易斯·拿破仑（Louis-Napoleon，1808—1873）。他得到了社会上保守的农村民众和法国地主精英的广泛支持，用德·托克维尔的话来说，他们认为"路易斯·拿破仑将成为他们的傀儡，在任何时候他们可以随时让他退位。但是在这一点上，他们受到了极大的欺骗"。[2] 不到四年的时间，路易斯·拿破仑就废除了好战的国民议会，在军事政变中粉碎了一切抵抗，并宣布自己为法国皇帝。新获得选举权的法国选民以压倒性的优势通过公民投票，支持这些单边行动。在接下来的十年中，政府对新闻的限制、对立法权的侵蚀，或对反对皇帝的工人阶级所采取的严厉措施等行动的实施几乎没有受到任何

---

[1]　Jill Harsin, *Barricades: The War of the Streets in Revolutionary Paris, 1830–1848* (Houndmills, 2002), pp. 251–318.

[2]　Tocqueville quoted in Roger Price, ed., *Documents of the French Revolution of 1848* (New York, 1996), p. 117.

阻力。相反，当路易斯·拿破仑将自己定位为致力于稳定和繁荣的民粹主义者时，人们将注意力转向了工业扩张、财富创造，以及迎合独裁统治者意愿建设巴黎。[1]

这个政权受到奥古斯特·孔德（August Comte，1798—1857）思想的影响，他的六卷《实证哲学教程》（*Course of Positive Philosophy*，1830—1842）和四卷《实证政治体系》（*System of Positive Polity*，1851—1854）抛弃了形而上学和抽象的思想，倾向于现实主义或"实证主义"的社会分析。他感叹道："政治学的现状在我们眼前重现了占星术对天文学的类比，炼金术对化学的类比，以及对万能灵药的寻求与医学研究体系的类比。"孔德认为，路易斯·拿破仑的独裁统治是解决革命后混乱的国家状态的一种适当方法，并赞赏路易斯·拿破仑政权反复利用公民投票作为建立合法性的手段。[2] 尽管他不是一个像他叔叔那样的将军，也不是一个伟大的管理者，但到了19世纪60年代，路易斯·拿破仑在国内事务上有了充足的信心，他让许多政治流亡者回到法国，给予国会更多的财政权力，并放松对新闻的审查。为了吸引更多的人支持他的政权，他要求部长们对立法机关负责，并放宽了禁

---

[1] J. M. Thompson, *Louis Napoleon and the Second Empire* (New York, 1955), pp. 232–7.
[2] August Comte, *Course of Positive Philosophy*, in Gertrud Lenzer, ed., *August Comte and Posi-tivism: The Essential Writings* (Chicago, 1975), p. 219; Arline Reilein Standley, *August Comte* (Boston, 1981), p. 25.

止工会的法律，以适应城市工人复兴的要求。[1]

　　在德国，保守派领导人也有类似的举措。在 1871 年国家统一以及一个受马克思主义影响的社会民主党被镇压后，俾斯麦出台了重要的社会立法，包括工人的意外事故险、残疾险和养老保险。国家资助教育的力度也得到了加强，前自由派人士热切地接受了民族主义的言论，这些言论推动了一个高度威权国家的发展。为了使新福利成为工人和雇主共同贡献的产物，俾斯麦捍卫私有财产，同时也将自己定位为工业革命后民族国家的政治良知。通过批评自由放任的经济原则、私人利益与公共利益的混淆，以及不受管制的物质文明的肮脏与庸俗的倾向，像俾斯麦这样的保守派的身份，成功地从反对革命者转换成在不受管制的工业社会中被抛弃的启蒙运动的捍卫者、人道主义与群体的情感纽带。19 世纪初，被称为浪漫主义的知识分子潮流摒弃了 18 世纪冷酷的理性主义，并在浪漫主义的基础上强调了情感的价值和国家的神秘力量。保守派将这一观点的关键要素加以利用，努力保持他们在工业时代的关联性。[2]

---

[1]　Alain Plessis, *The Rise and Fall of the Second Empire, 1852–1871* (Cambridge, 1985), provides a brief overview.

[2]　Lynn Abrams, *Bismarck and the German Empire, 1871–1918* (New York, 2nd edn., 2006), pp. 40–1; Edgar Feuchtwanger, *Bismarck* (New York, 2002), pp. 219–22.

▶▷ 古典自由主义：法律面前人人平等

除了 1815 年拿破仑一世战败后的几年，保守派思想家常常被讽刺为过去的辩护者和不值得享有特权的捍卫者。保守派思想家们遭到了资产阶级、商人、银行家、贸易商、制造商和律师等越来越多的人的反对，他们倡导强烈的个人主义道德，并在启蒙运动的普世权利语言中发现了许多值得钦佩的东西。19 世纪上半叶，资产阶级逐渐获得了政治权力并发扬了启蒙运动的信念，即公民的充分自治、宪政和法律面前人人平等，每个人经过自己的努力，都有成功或失败的自由。意大利民族主义者、共和党人朱塞佩·马志尼（Giuseppe Mazzini，1805—1872）抓住了上述观点的核心，认为"只有在平等的权利和义务之间才有可能实现真正的联合"。对于马志尼来说，所有人在道德上都是平等的，当权利的平等分配不具有普遍性时，"就会出现种姓、统治、特权、优越感、奴役和依赖性"。[1] 自由主义者呼吁代表大会不仅仅是针对地产和饮食展开讨论，他们通过在大会上进行激烈和公开的辩论来解释代表性原则，比如有权质询部长和评估他们的表现，以及在财政事务

---

[1]　Giuseppe Mazzini, "On the Superiority of Representative Government" (1832), in Stephano Recchia and Nadia Urbinati, eds, *A Cosmopolitanism of Nations: Giuseppe Mazzini's Writings on Democracy, Nation Building, and International Relations* (Princeton, 2009), p. 49.

中起宪法保障的作用。

19 世纪早期的大多数自由主义者都沉浸在亚当·斯密的著作中，认为理性的利己主义是社会集体福祉的永恒指南。这种"古典"政治经济学学派在 19 世纪中叶成为正统学派，使那些在资本主义环境中失败的人，以及那些经历过贫困和失业的人，几乎享受不到公共资源。在自由主义的世界观中，这样的失败是不可避免的。英国经济学家托马斯·马尔萨斯（Thomas Malthus，1766—1834）直接把贫穷归咎于穷人自身。在人口最终会超过粮食供应的环境中，最贫穷的人不愿意遵行计划生育所需的严格的道德规范，他们注定要遭受更大的灾难。在马尔萨斯看来，英格兰的贫困法虽然是为了减轻贫困，但却"将普遍的邪恶扩散到更大的范围"。

经济学家大卫·李嘉图（David Ricardo，1772—1823）发现，由于同样的人口现实，工资不可避免地下降到仅能维持生计的水平。有太多的工人在寻找工作，而工作岗位的数量却十分有限，同时"工资铁律"导致了许多工人的贫困。[1] 马尔萨斯和李嘉图都反对政府干涉这些严酷的自然法则的行为，1845 年，一种不为人知的病害使马铃薯受灾，爱尔兰经历了大饥荒，据估计，英国

---

[1] Thomas Malthus, *An Essay on the Principle of Population (1798)*, ed., Philip Appleman (New York, 2004), p. 36; David Ricardo, *The Principles of Political Economy and Taxation (1817)*, ed., Ernest Rhys (London, 1933), pp. 52–3.

有 100 万爱尔兰人因此丧生，那些幸存者也纷纷移民。为了更好地执行一些必要的国家行动，英国的自由派倾向于对特许经营权进行适度扩展，这是在所谓的 1832 年"伟大改革法案"下实现的目标。它将工业精英带入国家政治，但却小心地将那些因贫困而被视为不值得信任和缺乏远见的人排除在外。

▶▷　工业国家

正如我们所看到的那样，在 19 世纪上半叶，代表政治民主或拥有投票权的人很少。当然，也有许多自由民主的拥护者，但对大多数自由主义者来说，普及权利是一回事，让未受过教育、没有财产的人获得选举权则是另一回事。然而，到了 19 世纪下半叶，工人阶级的政治愿望终于开始引起政治领导人的注意。19 世纪 40 年代是粮食严重短缺和经济困难的十年。在整个欧洲大陆，不断上升的失业率和越发尖锐的社会矛盾促使 1848 年欧洲革命爆发，这些革命旨在推翻政府，重建社会和政治秩序。法国议会在 1848 年宪法中再次确认男性公民的普选权，尽管拿破仑独裁削弱了它的影响力。英国通过 1867 年和 1884 年的议会改革法案，使工人们获得了更多的选举权。在德国，1871 年国家统一后，所有男性公民都拥有了选举权。在大西洋彼岸，美国宪法修正案赋予新获得自由的黑人男性选举权，但有效的执行却被推迟了一个世纪之久。1914 年第一次世界大战爆发后，西班牙、比利时、挪威、意大利、瑞士、奥地利和荷兰加入了上述国家的行列，推行了成年男性普选权。

▶▷　约翰·斯图亚特·穆勒和自由主义的重新构想

19 世纪早期的自由主义者关注的是经济人，并根据市场的"自然法"构建了他们对国家的看法。自由主义者将自由定义为没有外部限制，而其立足点是基于假设（以康德为代表的假设理论），还是基于理性的思考，有待进一步考量。但是，可以确定的是，工人阶级和工会运动在支持传统的自由主义价值观方面并没有得到什么好处；毕竟，如果一个人的生活依赖于一个不择手段的工厂经理或房东，那么个人自由的最大化又有什么用呢？越来越多的城市工人开始使用新获得的选举权，用以支持致力于促进劳动阶级利益的政党。

不受约束的市场带来的负面影响使磨坊、矿山和工厂中劳动者的利益受到侵害，一些自由主义理论家开始重新考虑国家行为的改善价值，以及法律平等和生活质量必须结合在一起的主张。[1]英国人约翰·斯图亚特·穆勒是推进这些主张的领军人物

[1]　See the discussion in Bruce Haddock, *History of Political Thought: 1789 to the Present* (Cambridge, 2005), p. 91.

之一。

穆勒自幼受他父亲詹姆斯·穆勒（James Mill，1773—1836）
的教导，他父亲是东印度公司的一位官员，也是杰里米·边沁
的助手。在受教育期间，年轻的穆勒受到了功利主义学派的核
心思想的启蒙，即衡量所有道德准则和社会安排的标准在于，
其在提高大多数人的幸福生活指数方面的有效性。后来他讲述
了这种以狭隘和机械的方式看待人性的"实用教育"，如何使其
在 20 岁时陷入了一场严重的精神危机。穆勒在英国浪漫主义的
散文和诗歌中找到了慰藉，他抛弃了边沁的功利主义中更为严
酷的元素，反而将高级乐趣与低级乐趣区分开来，前者重视反
思和创造，后者与世俗和物质关系密切。他也深受《论美国的
民主》一书的影响，特别是德·托克维尔对多数统治中固有的
顺从、寻求平衡和不自由倾向的警告。古典自由主义重视将经
济人和利己主义的公共利益转变为明显的人性化思维习惯，对
此，穆勒愿意接受不同的观点，他对所有僵化的信仰和意识形
态持善意的怀疑态度，并愿意接受采取集体主义行动以便在工
业时代促进人类福祉。

穆勒是一位多产的作家，但他的主要思想都体现在《论自
由》（On Liberty，1859）一书中。他在这本书中提醒读者，民
主社会倾向于实行"比许多政治压迫更可怕的"社会暴政，虽然
这种极端的惩罚通常鲜少出现，但一旦出现则很少有人能从中

逃离，它能更深入地渗透到生活的方方面面。[1] 为了保护个人自由，穆勒宣称："人类在干涉任何个人或集体的行动自由时，唯一的目的就是自我保护。"[2] 即使某个人的邻居明显举止鲁莽、误入歧途，或从事破坏自身幸福的活动，但这也不是政府或社会应干预的事。更为激进的是，穆勒坚持认为：如果想要寻求真理，所有的意见都必须在一个自由的社会中进行论证。他写道，即使是明显错误的观点也是有价值的，哪怕只是为了提高我们捍卫正确观点的能力。允许国家干预的唯一条件是，一个人的想法或行为会对他人造成伤害。

尽管穆勒始终是保护个人自由的热情捍卫者，但他意识到，如果要实现功利主义的目标，即为广大人民群众实现最大的利益，同时也是所有道德行为的目标，那么国家的集体行为有时是必要的。在《代议制政府》(Considerations on Representative Government，1861) 中，他断言，良好政府的一个重要标准是"它在多大程度上倾向于提高被统治者、集体和个人的良好素质的总和"[3]。因此，他愿意考虑开展公共行动的具体领域，这些领域可以作为一个整体来满足社会的需求，同时还允许人的个性发

---

[1]　John Stuart Mill, *On Liberty, in Collected Works of John Stuart Mill*, eds, J. M. Robson and Alexander Brady (Toronto, 1977), XVIII , p. 220.

[2]　Ibid., p. 223.

[3]　John Stuart Mill, *Considerations on Representative Government* (London, 1963), p. 168.

展。如果想要推进人类自由的发展，那么提供最低限度的公共教育、最低工资保障和养老保险、禁止雇用童工，这些都是国家行动必不可少的领域。在《政治经济学原理》（*Principles of Political Economy*，1848）中，他还承认了国家在制定公平的税收制度、资助基础设施项目和基础研究方面发挥的作用。正是在上述政府形式下，人类进步发展的目标才能得到最有效地实现，这主要是因为它鼓励人们更多地参与政治生活。[1]

政府通常强调服从，但穆勒认为，国家保障个人进步和自由的权利与民众服从国家旨意同等重要。基于这个信念，穆勒支持赋予工人阶级选举权，但他通过表明选票应该"加权"来支持受教育的人和经济独立的人，从而缓和了对政治民主的拥护。大胆地支持女性选举使穆勒受到了更多关注。在《妇女的屈从地位》（*The Subjection of Women*，1869）一书中，他对普遍存在的，不信任女性会以负责任的方式行使选举权的观念提出了质疑。他认为没有任何实证支持这种长期存在的偏见，这一立场为他招致了政治右派和左派的敌意。[2]

---

[1] Wendy Donner, *The Liberal Self: John Stuart Mill's Moral and Political Philosophy* (Ithaca, NY, 1991), pp. 126–7.

[2] Gail Tulloch, *Mill and Sexual Equality* (Worcester, 1989) and William Thomas, *Mill* (Oxford, 1985), pp. 120–1.

▶▷　自由主义和人类潜能

穆勒绝不是功利主义学派的唯一"后裔"，他从自由主义角度对工业革命带来的大规模社会变革进行了重新定义。托马斯·希尔·格林（Thomas Hill Green，1836—1882），牛津巴利奥尔学院的道德哲学教授，在 1879 年发表的一系列讲座中阐述了新自由主义的理论基础，其逝世后讲座文稿被整理为《政治义务原理讲演录》（*Principles of Political Obligation*，1882）出版。格林保留了自由主义对个人尊严的深切关注，与穆勒一样，他也为赋予工人阶级选举权而做出努力。但是，格林并没有强调国家必须受到约束——这是洛克的古典自由主义思想中常常出现的观点，而是强调了社会中共有的思想的价值以及通过公共行动促进人类自由。

每个公民，无论其阶级或收入如何，都有权在有利于充分发挥其潜力的条件下生活。对于格林来说，在以市场为基础的、资本主义造成巨大财富差距的工业时代，人类的发展需要国家进行有限和有针对性的干预。格林坚决反对关于经济利益自我调节的自由共识，该共识认为只要国家不妨碍个体经济活动的自由发挥，一切都会好起来。他也反对功利主义的人性观念，即心理享乐主义和粗略的物质形式的幸福倾向占主导地位。他相信，真正的幸福超越了此刻人们想要的东西，也不仅仅是单纯的获得和消费；

它还体现在强有力的公民参与和民主党的行动主义中，这些品质在国家促进社会、文化进步并提升公民知识水平时得到了最好的培养。

格林认真考虑了积极公民权，以及更具广泛性的公民权。他是牛津校董会的成员，也是第一个被选为牛津镇议会居民代表的教师。作为国家资助的初等义务教育的倡导者，格林还支持女性进入大学，并为工人阶级提供奖学金，使广大工人阶级能够接受大学教育。他鼓励自己的学生通过参与社区治理和邻里教育来宣传民主思想。格林所提倡的自由不只是反对其他人的干涉行为，也包括国家的干涉行为，以促进自我发展为目标而影响和制定公共政策的权利和机会也包含在内。社会团体、集体政治、集体行动正在成为现代文化一个不可避免的趋势，格林坚持认为，个体应联合起来共同从事统治和被统治的工作，用约翰·麦克里兰（J. S. McClelland）的话来说，"能够彼此之间达成共识，成为一个好公民，甚至是一个好人"。[1]

另一个具有影响力的巴利奥尔学院的教师是经济史学家阿诺德·汤因比（Arnold Toynbee，1852—1883）。汤因比的学术研究领域是工业革命，作为一名政治经济学学者，他对经济学永恒自然法的概念持有异议。自由贸易和持自由放任政策的资本主义增

---

[1] J. S. McClelland, *A History of Western Political Thought* (New York, 1996), p. 514. 也可见 David O. Brink, *Perfectionism and the Common Good* (Oxford, 2003), pp. 4–5. 另一个有关格林的可用研究是 M. Ricter, *The Politics of Conscience: T. H. Green and His Age (1964)*。

强了人们的创新意识，并产生了巨大的财富，但自由竞争并不能自发促进社会进步。他拒绝将社会达尔文主义中存在的争斗与人类对特定生存质量的不懈追求等同起来。后一种现象要求根据具体情况对市场进行调节，但其首要目标始终是保护最弱势的社会成员。阿诺德·汤因比把他的哲学带进了伦敦东区最贫穷的群体，在那里他帮助建立了公共图书馆，并鼓励他的学生为工人阶级提供帮助和指导。作为工会运动的热心支持者，阿诺德·汤因比认为工会对工业无产阶级的经济和社会进步至关重要。在他英年早逝后，一所以汤因比命名的大学成立了，目的是在这个萧条的时代倡导社会改革，让处于上层和中产阶级的大学生深入到贫困的工薪阶层中去宣传新思想，通过教育推广来指导他们并赋予他们力量。[1]

许多自由派政治家很快就接受了格林和阿诺德·汤因比的观点。约翰·莫雷（John Morley，1838—1923）是英国首相威廉·格莱斯顿（William Gladstone，1809—1898）的自由派内阁成员，他于 1883 年写道，自己开始怀疑"仅仅通过私人、自愿和慈善的努力，是否有可能与我们社会中巨大的罪恶做斗争"。根据莫雷的说法，"我们应该集全社会之力来解决那些与社会良心相悖的思想与行为，而后才能称为国家"。格莱斯顿政府扩大劳动监管

---

[1] Alon Kadish, *Apostle Arnold: The Life and Death of Arnold Toynbee, 1852–1883* (Durham, NC, 1986).

范围，包括监管保障成年男性的合法权益，1880 年通过的雇主责任法案允许工人在工伤事故后起诉雇主，并暂定每天 8 小时工作制。1908 年，大卫·劳合·乔治（David Lloyd George，1863—1945）在自由派的内阁中担任财政大臣，他在威尔士向听众们阐述了自由主义不仅仅是建立个人自由和公民平等。他坚持认为，自由党必须"采取措施以改善民众的生活条件"。在提及一项刚刚颁布的、开创先例的"养老金法案"（Old Age Pensions Act）时，劳合·乔治发现贫困是个人无法控制的情况造成的，"国家应该介入，以最大限度的资源，将他们从极度贫困的身心折磨中解救出来"。[1]

▶▷　女性和民主

除了穆勒和马志尼这样的局外人，无论是古典自由主义还是干涉主义的继承者们，都在很大程度上回应了玛丽·沃斯通克拉夫特的指责，即女性自卑只是女性受到社会、智力和政治限制的产物。另外，大多数社会主义者拥护男女平等，后来马克思主义者强烈呼吁女性成为工人阶级的一员。弗里德里希·恩格斯在《家

---

[1]　Morley quoted in Walter L. Arnstein, *Britain Yesterday and Today* (Lexington, MA, 6th edn., 1992), p. 196. Lloyd George quoted in Arnstein, ed., *The Past Speaks: Sources and Problems in British History* (Lexington, MA, 2nd edn., 1993), p. 304.

庭、私有制和国家起源 》（ *Origin of the Family Private Property and the State*，1884 ）一书中指出，资产阶级社会中的女性被视为财产，她们的解放是反对所有制形式的私有财产斗争的一部分。

直到 19 世纪的最后几十年，大多数西欧国家的女性才获得了进入大学、起诉离婚和掌握自己财产命运的权利。有少数人成为女律师和女医生，但总的来说，仍有一半的女性无法从事这些职业。18 世纪 60 年代，在英国等一些国家出现了普选组织。普选组织的反对者在 19 世纪 90 年代组织公众示威游行，称进入职场的女性为 "女性参政弄权者"；20 世纪左右，更多的极端分子破坏政治演讲、毁坏公共财产、在下议院静坐示威、在被捕时进行绝食抗议。1894 年，一项地方政府法案将地方一级的投票权扩大到英格兰和威尔士持有财产的女性，但总的来说，自由派反对全国选票，因为他们担心富裕的女性会支持保守派议案。[1]

▶ ▷ 　**条件平等**

正如我们在自由主义意识形态的变化中看到的那样，到了 19 世纪 60 年代，政治思想家的注意力已经超越了个人与国家的发展

---

[1] Sophia A. van Wingerden, *The Women's Suffrage Movement in Britain, 1866–1928* (Houndmills, 1998), pp. 55–69; David Morgan, *Suffragists and Liberals: The Politics of Woman Suffrage in England* (Totawa, NJ, 1975), pp. 14–19.

和建构的关系。获得政治权力仍然是工人阶级和女性深切关注的问题，但对社会和经济关系的更广泛关注在政治思想中发挥了更突出的作用。关于经济公平、进入参与工业生产的权利，以及国家权力在工作场所的潜在作用等问题，都引起了政论作家和民选官员的注意。当西欧工业化国家的生产能力突飞猛进时，人民经济状况的地位首次成为国家的核心责任。长期以来，法律面前人人平等是启蒙政治思想的一个关键特征，现在这一特征被扩大到包括结果的公平性，以及更公平地分配国家的经济资源。

▶▷　乌托邦社会主义

乌托邦社会主义在很大程度上是早期社会主义思想的核心。无论是恢复保守派的家长式作风，还是自由派的自然法主张，都无法让那些支持启蒙运动的人满意，启蒙运动强调一种非个人主义形式的道德更新和社会变革。这场运动在19世纪20年代被称为"结社主义"，随后被其批评者称为"乌托邦式"社会主义。在18世纪，理性主义要求人人应享有体面的生活、有尊严的工作和最大程度的个人自由。有人认为，这些目标只有通过重建社会和经济秩序才能实现，而这种秩序与西方工业化进程中自私、以财产为中心、竞争激烈的物质文化背道而驰。乌托邦社会主义一部分是受到卢梭在《论人类不平等的起源和基础》（*Essay on the*

Origin of Inequality）一书中对财产的批判的影响，一部分是受到浪漫主义对人类个性的情感和创造性方面的关注的影响。团结和共享——而不是商业文化的自我遮蔽——在变化无常的工业时代提供了唯一一条人道主义的前进道路。[1]

为了打破人性本质上是自私自利的假设，乌托邦社会主义者提供了从基督教社群主义到世俗集体主义的蓝图。后一种解决社会弊病的方法是英国人威廉·葛德文在法国大革命最激进的时期提出的。他的《政治正义论》呼吁结束所有强制性安排，包括政府、法律、财产，甚至婚姻。奇怪的是，葛德文的无政府主义与自由派的反中央集权主义有着相同的立场和信念，即社会如果不受政府的干涉，将会建立自我管理的新秩序。这本书建立在人们从当代文化的扭曲中摆脱出来的内在理性和正义感的基础之上。无政府主义在 19 世纪末卷土重来，常使用暴力来摧毁令人憎恨的资产阶级国家，并推行社会权力的替代性计划。

葛德文在英格兰并无太多的追随者，但在苏格兰边境北部，情况则有所不同。前纺织业工人和成功的商人罗伯特·欧文在新拉纳克购买了棉纺厂，并进行了一系列颇富戏剧性的改革。欧文提高了工资，在工厂附近建了合作住宅村，并为成人和儿童建立了学校，所有这些都是为了证明，工人体面的生活与良好的商业惯例并不矛

---

[1] Krishan Kumar, *Utopia and Anti-Utopia in Modern Times* (Oxford, 1987), pp. 49–65.

盾。1824 年，他在美国印第安纳州建立了一个乌托邦式的"新和谐公社"，通过向所有人提供教育与拒绝市场竞争来消除无知。尽管他的创新计划引起了政府的注意（欧文受邀在美国国会的一次特别会议上做了发言），但他的新和谐计划在短短几年内就失败了。[1]

一些早期的社会主义者，如法国人亨利·孔德·德－圣西门（Henri Comte de Saint-Simon，1760—1825）受到基督教社群主义思想和对科技力量的信仰相结合的启发，认为应进行正确的管理以改善人类的生活条件。就像早期基督教为人类提供的一种远离世俗的超然秩序的感觉一样，圣西门认为，通过现代世界的科学技术，以及在受过训练的专家、行业管理者与社会工程师的有利指导下，国家能够组织人力和物质资本，确保人人享有更美好的生活。在他的遗作《新基督教》（New Christianity，1825）中，圣西门呼吁建立一种社会宗教，摒弃神职人员主导的信仰，支持早期教会的结社价值观。查尔斯·傅立叶呼吁建立一个名为"共居房"的小公社，而不是继续探索他的同胞圣西门的科学技术治理国家的模型，在那里，有关劳动产品的指导决策将变得更简单。在他的《新的工业世界和社会事业》（New Industrial and Societal

---

[1] John F. C. Harrison, *Quest for the New Moral Order: Robert Owen and the Owenites in Britain and America* (New York, 1969), p. 163, 写道 7 个英国人和 16 个美国人进行了社区合作。

World，1829）一书中，傅立叶强调了公社伙伴关系在共居房中的重要价值，并预测了传统家庭单元将逐渐消亡，取而代之的是新模式，以及对儿童的集体照顾和教育。另一位法国人皮埃尔－约瑟夫·蒲鲁东（Pierre-Joseph Proudhon，1809—1865）也呼应了傅立叶对科学技术治理国家的质疑。但是蒲鲁东转向工人合作社，鼓励工人阶级奋起反抗资产阶级的压迫。在 19 世纪 40 年代，美国建立了许多基于傅立叶原则的乌托邦公社，其中最著名的是马萨诸塞州的布鲁克农场，但其在成立后不久就销声匿迹了。[1]

▶▷　马克思与"科学社会主义"

19 世纪三四十年代，在欧洲和美国建立的少数乌托邦公社由于各种原因未能成功，很大程度上还是因其创始人无法抑制以自我为中心的本能，这种本能侵蚀了以相互关系为原则建立起的社会体系。尽管遇到了这些挫折，但对资本主义世界秩序替代方案的寻求并没有随着实验性乌托邦式合作社的建立而结束，因为大多数人的基本物质生活需要仍待满足。其他深受启蒙运动理性主义影响的理论家，试图在科学规律中建立起公社范式，这些规律与

---

[1]　Ruth Levitas, *The Concept of Utopia* (Syracuse, NY, 1990), pp. 36–9; Spencer M. DiScala and Salvo Mastellone, *European Political Thought, 1815–1989* (Boulder, CO, 1998), p. 28.

所谓的古典经济学定律一样令人信服。德国哲学家黑格尔为作为一种历史内在力量的进步思想提供了坚实的知识基础。黑格尔声称，作为他更大的形而上学体系的一部分，绝对的现实或精神既是可知的又是动态的，因为它随着时间的推移而演变，总是朝着更完美的方向发展。这种现实通过辩证的过程存在于历史中，对立的思想冲突问题可通过创造力——人类特有的综合性本领——来解决。这种综合性本领总是引导文明进入更高的真理状态，但不是在播种新的、动态的对立思想冲突的种子之前发生的。人类生活的每一个领域——政治、艺术、宗教、社会关系——都在进行着理论与对立之间的斗争，构成了人类对自由的自我意识觉醒的积极轨迹。黑格尔反对自由的个人主义定义，而是将政治共同体视为实现各种形式的人类潜能的最佳环境。理性国家通过其制度和法律体现了绝对现实或精神的更高目标，并允许个人的逐步发展。[1]

卡尔·马克思首次接触黑格尔思想时，还是一名柏林大学的学生。保守派曾将黑格尔的历史哲学视为在普鲁士专制国家下维持现状的理由，而马克思将自己定义为"青年黑格尔派"团队中的一员，他们渴望以全新的方向来看待辩证变化的概念。马克思完成了一篇关于古希腊唯物主义者德谟克利特和伊壁鸠鲁的博士

---

[1]　Peter Singer, *Hegel* (Oxford, 1983), pp. 9–23 treats Hegel's understanding of history.

论文，随后开始了他的记者和编辑生涯，但很快引起了普鲁士当局的注意。19 世纪 40 年代他搬到了巴黎，在那里接触到了法国的社会主义思想，并确立了与弗里德里希·恩格斯的友谊与合作。就他们的背景而言，这是一个代表非工人阶级的不太可能的联盟：马克思是一个中产阶级律师的儿子，恩格斯和他父亲是英国一家纺织厂的部分业主。1844 年，恩格斯根据他在曼彻斯特城的经历完成了《英国工人阶级状况》（*The Condition of the Working Classes in England*）一书，对工业景观进行了有力的描述和批判。但实际上，家族工厂的利润加上对其他家族工业企业的继承，这使恩格斯得以成为马克思的主要财务赞助人，以便马克思能够集中时间和精力进行写作。[1]

1848 年革命的资产阶级领导人及其学生、工人阶级的支持者纷纷呼吁扩大选举权、制定成文宪法以及民族团结。最初，中产阶级革命者和劳动贫民之间脆弱的联盟取得了成功，但最终却因为阶级分裂和资产阶级的不信任而瓦解。资产阶级怀疑如果工人取得成功，他们更愿意平等大于自由，并要求进行实质性的经济变革。最终，欧洲老牌政府动用了强大的军事力量来镇压起义，但在此之前，马克思和恩格斯发表了《共产党宣言》（*Communist*

---

[1] Terrell Carver, *Engels* (Oxford, 1981), pp. 10–11.

Manifesto），要求采取直接行动。[1] 这本小册子对 1848 年的革命影响甚微，但它随后成为马克思主义最有力的表述，对欧洲和世界历史产生了深远的影响。马克思后期的著作，包括多卷本的鸿篇巨制《资本论》(*Capital*)，从未偏离《共产党宣言》的核心前提，即工人阶级对压抑的资本主义制度和生产资料私有制的必然胜利。

　　正如他的启蒙前辈一样，马克思相信历史上存在着科学定律。黑格尔试图找出精神世界中变化的因果关系，而马克思则将物质因素，特别是生产工具，或商品的生产方式和财富分配方式等因素确定为知识和文化形成的关键。在历史的每个阶段，控制物质权力的人决定了社会制度的形态和传统观念的内容。对马克思来说，这意味着宗教体系只不过是为了使群众服从而设计的分散注意力的神话；道德准则和政治制度只不过是肯定统治者特权的结构。而人类历史的核心问题是阶级斗争的持续不断的动态变化，被剥削者同少数暂时能维持自己利益的人进行着"不间断的、有时隐藏、有时公开的战斗"。从古代世界的主奴关系到中世纪的领主和农奴，再到现代工厂主与无产阶级之间的碰撞，马克思的唯物主义哲学肯定了在不断地辩证斗争中，控制经济权力的群体始

---

[1]　对 1848 年革命的一次可靠的调查可见 Peter Stearns, *1848: The Revolutionary Tide in Europe* (New York, 1974)。

终塑造着人类的意识。[1]

工人阶级一旦完全理解了这些历史因果规律，就可以掌握自己的命运，与历史的进步力量联合起来，加速资产阶级秩序的重组。随后，工人们将迎来人类历史的最后阶段——无阶级社会。尽管马克思强调暴力的阶级冲突，但他内心是一位乐观主义者，他信念坚定，并为共产主义革命的必然性进行了终结性的辩论，就像任何一个为基督教辩护的基督徒一样坚定。他批判剥削性工厂主，赞扬推翻数百年贵族霸权的资本主义变革力量；但是，夺取经济和政治制高点的工业资产阶级的胜利也是一种即将灭亡的信号，必将在政治觉醒的无产阶级手中颠覆——他们将打破虚假的民族主义和个人主义的束缚，迎来社会和经济平等的世界。

与同时代的乌托邦主义者不同，马克思并不认为资产阶级的财产所有者会以理性的方式解决经济不平等的问题。工业化必然会在社会冲突中产生。随着无产阶级队伍的壮大和他们作为被剥削阶级的自我意识的增强，他们在拥挤的城市和工厂里的近距离接触，将使他们形成一支纪律严明的统一力量，来对付日益减少的资本主义压迫者。很少有一种信仰会如此坚定地描述大革命的审判日，以及工人们胜利后的人间伊甸园。从某种意义上说，马

---

[1] Karl and Friedrich Engels, *Manifesto of the Communist Party*, in Robert C. Tucker, ed., *The Marx-Engels Reader* (New York, 1972), p. 336. 也可见 Marx's *Wage Labor and Capital* in the Same Volume, pp.167–90。马克思于 1867 出版了第一卷，后两卷是由恩格斯整理的。

克思也是一个具有代表性的浪漫主义者、一个新时代的预言家和道德家，他指出了工人的苦难，并给了他们在地球上建立一个新天堂的希望和承诺。1848 年革命失败后，马克思和他的家人定居伦敦，生活在相对默默无闻的环境中并得到了恩格斯的支持，他继续为遥远又伟大的工人革命写作和准备着。马克思所传递的信息并没有被忽视，特别是他得出的结论：永远不会妥协于资本主义制度的严酷性，也不会放弃为改善无产阶级的生活而进行的斗争。

▶▷ 福利国家的到来

随着选举权范围扩大至越来越多的男性公民，不同意识形态的政治家开始参与管理国家事务，对经济的干预程度之高也前所未有。政党从私人俱乐部演变成拥有专业人员的大型组织。政客们利用铁路网和印刷媒体，更有效地接触到不断壮大的选民队伍。19 世纪 80 年代，群众集会和政治集会已成为常态。[1] 对教育的财政支持、国家在公共卫生和工作场所安全领域发起的倡议，以及向穷人扩大社会服务，这些都成为主要政党的国内立法议程的重要内容。一种观点认为，国家不过是契约的执行者和公共安全

[1] Robert Tombs, "Politics", p. 25.

的保障者，到了 1900 年，只有少数思想家和政治人物仍在为此辩护。在德国、意大利、法国、英国甚至美国，社会主义政党的势力不断壮大，他们旨在改善劳动人民及其家属的生活。这些社会主义领导人没有强硬地用马克思主义代替资本主义，而是通过现有的政治体制和平地改革资本主义。这些思想家和政治参与者优先考虑的事项是建立全面的公共教育制度、工会成员制度，以及对工作场所进行更严格的监管。

在德国，社会主义运动找到了最有说服力的支持者之一——费迪南德·拉萨尔（Ferdinand Lassalle，1825—1864）。拉萨尔认同马克思主义对历史的解释，但就马克思对资本主义下的民主政治的批判提出了异议，并敦促成立工人阶级政党立即实现变革。在去世前一年，他担任了德国全民工人协会的领导人，该协会的主要目的是通过在德国各州扩大投票权来结束阶级对立。其他德国社会主义者不愿意抛弃阶级冲突的话语体系，于是在 1891 年，社会民主党的领导人起草了《爱尔福特纲领》（Erfurt Program），强调资本主义的垄断性和通过平等选举权向社会主义过渡的迫切需要，建立通过民众倡议和公民投票进行立法的制度，提倡学校世俗化从而使学校与宗教分离，实行累积所得税和 8 小时工作日，以及废除雇用童工的权利。[1]《爱尔福特纲领》充满了阶级斗争的语言，直到 20 世纪 20 年代，它一直是社会民主党的官方纲领。

---

[1]　Hallowell, *Main Currents in Modern Political Thought*, p. 449.

但拉萨尔通过民主政治实现合作与和平变革的愿景，并没有完全丧失在社会民主党接受更具对抗性的《爱尔福特纲领》中。爱德华·伯恩斯坦（Eduard Bernstein，1850—1932），在德国社会主义中被称为修正主义运动的主要理论家之一。[1]他于1872年首次加入社会民主党，但俾斯麦严厉的反社会主义法则迫使他和许多人开始了政治流亡生涯。伯恩斯坦先后在苏黎世和伦敦定居，后来与恩格斯结识并开始出版各种书籍、发表文章，致力于论述可以在没有暴力的阶级冲突和革命的情况下，建立社会主义社会的观点。伯恩斯坦坚持认为马克思的观点是错误的，他认为资本主义企业固有的竞争动力会阻碍和平改革。伯恩斯坦认为，由于选举权的扩大，基本的社会和政治变革可以通过议会程序以合法的方式实现。作为证据，他指出，重要的工厂法案改善了工人的生活，保守派政治家也承认了无产阶级的正当要求。1901年，伯恩斯坦终于获准从流放地返回，并当选为国会议员。

　　在法国，一个被称为"工团主义"的强大的工会运动在19世纪的最后几十年里愈演愈烈。在劳工总联合会组织的保护伞之下，工团主义者支持扩大和包容的工业联盟而不是分散的手工业或工会，他们保留了马克思主义阶级斗争的话语体系，通过罢工、抵

---

[1] Peter Gay, *The Dilemma of Democratic Socialism: Eduard Bernstein's Challenge to Marx* (New York, 1952), is a good starting point.

制和破坏，对资本家采取直接行动。他们认为法兰西第三共和国（1871—1940）和现行的政治制度都是统治阶级压迫民众的工具。该运动的主要解释者之一是乔治·索雷尔（Georges Sorel，1847—1922），他拒绝向那些认为不破坏统治阶级就能实现社会主义理想的人妥协。相反，索雷尔提出了由工人结束资本主义生产的总罢工的构想，以此作为通过革命行动向社会主义过渡的关键步骤。[1]

马克思之后的英国社会主义吸引了一系列顶尖的知识分子，包括赫伯特·乔治·威尔斯（H.G. Wells，1866—1946）、萧伯纳（George Bernard Shaw，1856—1950）、西德尼（Sidney，1859—1947）和比阿特丽斯·韦伯（Beatrice Webb，1858—1943）。1883年（马克思逝世的那一年），费边社成立，目的是通过废除私有财产和"将工业资本的管理转移到社区，以便进行社会管理"，从而推进社会的重组。[2] 在收集和整理经济不平等模式的有关数据的同时，费边主义者更倾向于伯恩斯坦的修正主义观点，并且避开了法国工团主义尖锐的对抗言论。道德批判一直是费边主义著作的核心，例如，像萧伯纳这样的剧作家，指责那些没有为财富的生产做出贡献、却凭借财产所有权享有法定财富权利的人。

---

[1] Carlton J. H. Hayes, *A Generation of Materialism, 1871–1900* (New York, 1941), p. 190; Jack J. Roth, *The Cult of Violence: Sorel and the Sorelians* (Berkeley, CA, 1980), pp. 45–53.
[2] Quoted in Hallowell, *Main Currents in Modern Political Thought*, p. 464. 关于费边主义的起源，见 Margaret Cole, *The Story of Fabian Socialism* (New York, 1964), p. 338。

激进的记者罗伯特·布拉奇福德（Robert Blatchford，1851—1943）是《英格兰颂》（*Merrie England*，1894）的作者，他从记者的角度讲述了费边运动的精神。英国的土地、工厂、矿山、铁路和机器并不是为了人民的普遍利益而部署的，"而是用来为拥有它们的少数富人创造财富"。社会主义者认为，这种安排是不公正、不明智的，它带来了浪费和痛苦，土地和其他生产资料应该成为国家的财产，就像电报已经成为国家的财产一样，这对所有人，即使是富人，都是更好的。[1]《英格兰颂》在出版后的头两年里卖出了一百万册，但或许费边主义更实际的结果是所谓的掌握"煤气和自来水"的社会主义的出现。即使是著名的保守派政治家，比如1836—1914年担任伯明翰市长的约瑟夫·张伯伦（Joseph Chamberlain，1836—1914）也开始认识到，现代工业经济产生的问题，是传统的辛勤工作和个人责任制无法有效解决的。他在任期间，这座城市接管了私人的煤气和自来水厂，贫民区破旧的房屋被夷为平地，取而代之的是工人居住的新房屋。该市还修建和运营了一条街道铁路系统，并负责为市政街道提供照明。张伯伦甚至呼吁组建国家领导的公共卫生机构，以解决与城市生活相关的问题。[2]

---

[1] Blatchford, *Merrie England* quoted in Arnstein, ed., *The Past Speaks*, p. 292.
[2] Peter Marsh, *Joseph Chamberlain: Entrepreneur in Politics* (New Haven, 1994), pp. 83–9.

　　人们越来越意识到，代表产业工人阶级进行国家干预的势头突破了政党的分歧和阻碍。例如，罗马天主教会几十年来一直是社会主义思想最顽固的反对者之一，但它在教皇利奥十三世（Leo XIII，1878—1903）的任期内戏剧性地改变了自己的立场。在 1891 年的一部名为《新事通谕》（*Rerum Novarum*）（或《新事物》）的重要通谕中，教皇在维护私有产权的同时呼吁国家支持社会正义事业。他写道，19 世纪的物质主义和不受约束的资本主义损害了社会各阶层的福祉，但穷人遭受的苦难最重。尽管《新事通谕》中也承认，"确实很难确定富人和穷人——提供物质和提供劳动的人——应当有彼此制约的权利和义务的界限"；但教皇也指出：近几十年来，"富人几乎把奴隶的枷锁强加给了无数没有财产所有权的工人"。

　　教皇以阿奎那的政治思想为依据[1]，坚持以自然公正的原则分配工人工资。虽然私有财产受自然法的保护，但人不应该将财产仅仅视为自己的财产，而应该将其用于人类的进步。政教分离的国家的存在是为了服务共同的利益，照顾一部分公民而忽视另一部分公民的做法是非常荒谬的，因此，公共权力机构应谨慎采取适当的措施，保护无财产所有权工人的福祉和利益。与教会先前

---

[1]　阿奎那的政治思想指出，人为了生存而结成社会，这种社会必然是政治的，因为其中始终贯穿着人们共同遵守的以自然法为核心的法则。自然法是连接"神性"与"人性"的桥梁，是一切实在法的模范。阿奎那的政治思想强调的是国家责任，而非个人权利。——译者注

的立场不同，利奥十三世支持建立工会并保障集体谈判权，以此作为改善工人阶级状况的合法手段。《新事通谕》被广泛讨论，并促进西欧各地基督教社会主义运动的出现。到了 20 世纪初，基督教民主党强调保守的文化和道德观点，但支持适度的社会和经济变革，这在法国、德国和意大利获得了支持。[1]

▶▷ 民族主义和社会动荡

在 19 世纪的最后 25 年，西欧并没有发生大的军事冲突。德国、意大利和奥匈帝国在内的军事同盟体系，以及法国、俄国和英国的军事同盟体系，提供了某种程度的保障，尽管这些承诺的僵化最终导致了 1914 年第一次世界大战的爆发。[2] 然而，在这几十年中，帝国的竞争愈演愈烈，因为主要大国声称在东亚拥有贸易和领土特权，并将撒哈拉以南的非洲分割为殖民地。为了避免海外冲突，大国之间需要进行多次艰难的外交努力。在工业化和金钱关系助长的强烈的个人主义，以及有组织的宗教正在失去其几百

---

[1] *Rerum Novarum* in Charles J. Dollen, James K. McGowan and James J. Megivern, eds, *The Catholic Tradition*, 14 vols (Wilmington, NC, 1979), I: 357–8, 375. Eric O. Hanson, *The Catholic Church in World Politics* (Princeton, NJ, 1987), pp. 40–1, 49–50.

[2] See Laurence Lafore, *The Long Fuse: An Interpretation of the Origins of World War I* (New York, 2nd edn., 1971), 在战争前的几年里对欧洲国家体系进行了彻底的分析。 Jeremy Black, "European Warfare, 1864–1913", in Black, ed., *European Warfare, 1815–2000* (Houndmills, 2002), pp. 51–78.

年的指导力量的环境中，人们仍然渴望共同的幸福感和更高的集体目标。民族主义以其强大的神话制造能力，为越来越多的人提供了效忠的终极目标。[1]

19 世纪早期，反殖民主义作家，例如意大利的朱塞佩·马志尼，其作品中的民族主义激发了那些独立国家中拥护自由主义和平等主义原则的民众的热情。但在 19 世纪中叶之后，民族主义采取了一种令人更为不安的姿态。德国历史学家海因里希·冯·特莱希克（Heinrich von Treitschke，1834—1896）是一位具有代表性的新好战民族主义辩护者。特莱希克年轻时是个自由主义者，父亲是一位对普鲁士人的野心极度不信任的军人，他后来成为俾斯麦专制领导风格的热情拥护者。在一系列的演讲和书籍中，特莱希克赞扬了普鲁士的扩张主义行为，包括 1866 年战胜了奥地利领导的德意志邦联、1870 年又以决定性的胜利击败了法国。1874年，特莱希克被授予柏林大学历史学教授的职位，这一职位之前由著名学者利奥波德·冯·兰克（Leopold von Ranke）担任。但是，冯·兰克总是对消息的来源进行批评，并以自己的方式理解过去。特莱希克试图通过强调军国主义、爱国主义，以及国家对公民自由与社会正义的伦理自治的价值观来影响历史进程。特莱希克撰写了一份长达 5 卷、截至 1848 年的德国历史调查，这份调查受到

---

[1] Felix Gilbert, *The End of the European Era, 1890 to the Present* (New York, 1970), pp. 22–7.

了德国中产阶级的热烈欢迎。但直到 20 世纪 30 年代，在德国影响最大的还是他的遗作《政治学》（*Politics*，1898），其中包含了他的学术演讲。特莱希克质疑自由主义的契约论、分权论以及个人主义，他认为国家"是必要的……如同历史一样悠久……"。他坚持认为，启蒙运动所谓的政府"只应该被视为促进公民目标的工具"，这一说法是没有实质意义的。当君主充分享有行政、立法和司法权力时，当教会被禁止干涉公共事务时，当基督教道德对政府的官方行为没有约束力时，现代国家的运作效率最高。特别是在军事冲突时期，每个问题都必须超越狭隘的个人主义的关切。他写道："战争不仅是人类现实的需要，也是逻辑的要求，国家的概念就意味着战争。战争的伟大之处在于，在国家的伟大构想中同胞为此努力，甚至牺牲而为国家赢来荣誉。"[1]

▶▷ 民主质问

从全球范围来看，西欧在 19 世纪与 20 世纪之交经历了惊人的转变。在政治民主化的同时，工业化进程也在迅速发展，随之而来的社会动荡虽时有发生，但大部分时间是和平的。帝国主义和民族主义增强了自信心，科技与扩大教育机会的结合似乎预示

---

[1] Heinrich von Treitschke, *Politics*, ed., Hans Kohn (New York, 1963), pp. 3, 35, 39.

着未来有无限可能。用电灯征服黑夜，用电车、火车和轮船缩短距离，以及医学对疼痛和疾病的治疗都证明了西欧的力量。[1] 自由派、保守派和社会主义者都欣喜于国家的发展，将更多的关注点放在社会正义和国家安全方面。他们提出的"将国家作为效忠对象"这一概念，以及将选举与世袭统治者区别开来的观点获得了广泛支持，缓和了自 1848 年以来一直处于革命活动核心的一些阶级分歧。

　　然而，对于认同物质文明进步和民主选举的政府而言，尽管启蒙思想最终得以付诸实践，但是对代议制民主和国家治理的实际行动却产生了很大质疑。在某种程度上，启蒙运动的政治思想在 1900 年迅速地融入大多数政治文化中，这似乎为理性参与者的决策提供了更好的理论支撑。但是 19 世纪的两位思想巨人——卡尔·马克思和查尔斯·达尔文（Charles Darwin，1809—1882）都以自己的方式指出：谨慎的人类能动性随着时间的推移，将在历史的变迁中（无论是自然变迁还是社会变迁）变得毫无意义。西格蒙德·弗洛伊德（Sigmund Freud，1856—1939）在他 1899 年出版的最重要的著作《梦的解析》（*The Interpretation of Dreams*）中，对人类的基本理性及其在不同文化中的批判性思考和统一推理演绎的能力提出质疑。其中一些见解被象征主义作家、现代主义作曲家和前卫艺术家所发掘并利用，他们对未开化的本能、意志和

---

[1]　J. M. Roberts, *Europe, 1880–1945* (New York, 2nd edn., 1989), p. 229.

非理性主义的力量产生了强烈的兴趣。他们的方法根植于多种知识来源，但其总体背景，特别是更悲观的倾向，对弗里德里希·尼采（Friedrich Nietzsche，1844—1900 年）的著作产生了巨大的影响。[1]

"对理性的攻击"经常与尼采的作品联系在一起，这是因为尼采在不断探索人类文化生活的本质，在他看来，启蒙运动的传统助长了自满和颓废。尼采认为，当时的哲人们攻击了基督教神学，但保留了其顺从的奴隶道德。启蒙运动中出现的思想体系，包括对人性的本质善良和议会政府价值的信仰，实际上是对生命的否定和违逆。对于尼采来说，一个缺乏绝对善恶标准的无神论的宇宙需要一种新思想的人，一种拒绝既定惯例，并基于权力、本能、英勇的意志而培养出的有新的价值观的人。他声称，西欧的未来不是沿着"进步"科学和代议制政府的道路前进，而是在一个看穿理性主义和资产阶级道德神话的领袖人物的指导下前进的。新领导人拒绝历史决定论，并大胆设定自己的标准，不受基督教形而上学和启蒙理性主义否定生命戒律的束缚。[2]

---

[1] M. S. Anderson, *The Ascendancy of Europe, 1815–1914* (New York, 2nd edn., 1985), pp. 364–9; Robert Gildea, *Barricades and Borders: Europe 1800–1914* (Oxford, 1987), pp. 388–9.

[2] Peter Fritzsche, ed., *Nietzsche and the Death of God: Selected Writings* (Boston, 2007), pp. 1–36, 是一个比较容易理解的介绍。

19 世纪晚期对理性主义的攻击涉及对大众民主的重新批判。意大利社会学家维尔弗雷多·帕累托（Vilfredo Pareto，1848—1923）对议会民主走向国家主义的倾向感到遗憾，在国家主义的统治下，统治阶级空洞地许诺更好的生活，以此来迎合选民。掌权的精英们使用"为选民服务"的言辞，但实际上他们致力于维护和增强自己的权力。与他同时代的加埃塔诺·莫斯卡（Gaetano Mosca，1858—1941）也以类似的方式批评民主和人民主权。在他的著作《论政府理论和议会政府》（*On the Theory of Government and On Parliamentary Government*，1884）中，莫斯卡声称：民选代表把他们大部分的时间都用在了维护自己的权力上——通过贿赂和腐败来扩大自己的权力，在公共福利上的兴趣却很少。尽管西欧的教育普及程度和识字率不断提高，但新获得选举权的选民对可兑现的承诺或能力表现得差强人意。莫斯卡写道：在一个表面上民主的时代，公共事务仍然掌握在政治精英手中，他们掌控着公共资源，操纵着公众不能参与的重要议题的发展方向，启蒙运动理性主义的承诺由此遭到质疑。[1] 布尔什维克革命的未来设计师弗拉基米尔·列宁（Vladimir Lenin，1870—1924）在《怎么办》（1902）中就曾指出："社会主义学说不可能从工人自发的生活经验中归纳得出，而成为工人群众发展的独立意识形态"，并呼

---

[1]　Di Scala and Mastellone, *European Political Thought*, pp. 127–31.

吁建立一个小型且纪律严明的领导精英阶层。[1]

到了20世纪初，左右两派都对代议制民主的效力提出了质疑。曾把政治民主与进步和启蒙的进程联系在一起的坚定信念，在一种更深层次的不确定感到来之前开始动摇了。唯一能确定的是：1914年夏末，欧洲大陆陷入全面战争，证明了原本认为的民选政府可以避开自相残杀的战争并优于殖民地人民，这一观点是错误的。

---

[1] Lenin, *What is to be Done?* in Franklin Lee Van Baumer, ed., *Main Currents of Western Thought* (New Haven, 4th edn., 1978), p. 726.

| 第六章 |
瓦解和不确定性：
1914—2010 年

否定自由民主。法西斯主义和纳粹主义的兴起。意大利法西斯主义。风雨飘摇的民主政体。莫斯科的马克思主义。更加坚定的信仰：1945 年后的民主。权利的重新构思。西方对共产主义的质疑。战后福利国家。凯恩斯主义的中庸之道。对福利国家的质疑。失去中心：全球化与差异。后现代批判。差异政治。移民和认同。民族主义。约翰·罗尔斯和自由主义的命运。

在 20 世纪的政治思想中，各类意识形态纷繁而至，其中有一种独树一帜，但影响深远，而且破坏力极强。19 世纪许多开创性的意识形态，包括自由主义、民主社会主义、民族主义和共产主义都得到了进一步发展并付诸实践，在实践过程中有时候表现得不太完美，有时候甚至有些荒谬，其后果直接影响着欧洲甚至是全世界数百万人的生活。在 20 世纪 30 年代到 50 年代之间，民选政府无法向第一次世界大战中做出过巨大牺牲的民众兑现承诺——满足民众的物质要求，于是一种新型专制主义浮出水面。"解决一切战争的战争"结果什么都没有解决，只是向殖民地人民证实了欧洲自以为是的傲慢。四年的战争，大规模的屠杀，加上战胜国不愿承担战争将人们生活陷入黑暗的责任，这一切使得自由民主和宪政政府的反对者占了上风。

欧洲崛起的法西斯主义——特别是在德国——公然反对西方理性主义传统，反对启蒙运动倡导的普遍权利和人类平等，反对政府性质的自由主义。后来发生了一次世界大战，这场 20 世纪的战争成为人类有史以来最血腥的战争。直到这场战争结束，人们才相信自由民主价值观是多么正确。到了 20 世纪 90 年代，苏联专制政权也遭到质疑和瓦解。在第二次世界大战后的 40 年中，以自由主义和资本主义为特征的民主政体，与以集体主义和官僚主义为特征的工人政权长期对峙，世界上许多国家都被牵扯进来，而且不止一次出现了难以想象的核战风险。

到了 20 世纪末期，人们的注意力再次转移到特殊主义方向，认同政治、民族主义、宗教激进主义和对普遍意识形态的后现代批判主义抬头，都与经济全球化相冲突，与共同应对环境威胁、开展跨国合作的需求相冲突。在欧洲殖民帝国崩溃和冷战结束之后，新的声音开始出现，人们开始思考西方的政治理想是否在全球范围内适用。毕竟，启蒙思想一直强调权利与普遍主义。但是不是在任何文化环境和物质环境下，西方的政治理想都能适用于所有民族？或者说，它们仅仅是残留的殖民主义碎片，是在特定时间和地点适用于物质主义世俗文明的首选模式？如何在战后维持国家的稳定仍然是政治思想的焦点，但在 20 世纪的最后二十年里，人们更加注重宗教、历史、种族、语言和文化在形成认同性和政治思想方面的作用。国际商贸、非政府组织、全球环境运动的兴起，以及对人权的重新关注，同样影响了政治思想，人们开始讨论国家是否有能力以有意义的方式超越固有的民族主义和地方主义。"9·11"事件和随后的"反恐战争"并非国际合作和普遍主义的典范，面对地球资源的日益枯竭和工业化带来的气候变化，人类别无他法，只能采取更大范围的国际合作。

▶▷ 否定自由民主

1914 年欧洲爆发了第一次世界大战，1939 年第二次世界大战爆发。两次世界大战的间隔时间与 17 世纪宗教战争（所谓第一次三十年战争）间隔时间相似。在这两个世纪中，这些停战的间隔时间成为重新开战的预备阶段，因为斗争双方的根本问题从未得到全面解决。宗教在所谓的第二次三十年战争中并不是争论的焦点，但是 1914 年国际秩序开始崩溃，直接导致了四个帝国（奥匈帝国、德意志帝国、俄国和奥斯曼土耳其帝国）的瓦解、共产主义在俄国的胜利，以及法西斯主义在意大利和德国的崛起。欧洲全面冲突的最后阶段（1939—1945）上演了空前残酷的大规模屠杀，其后欧洲作为全球军事和经济权威的地位被打破。[1]

当充满斗志的志愿军在 1914 年 8 月奔赴战场时，谁也没有预料到会出现这种可怕的结果。当时民族主义思想深入人心，艺术家、大学生、知识分子和获得选举权的工人阶级都强烈支持战争，支持国家应该伸张正义。即使是社会主义者，在 1914 年也将他们的国际主义立场和反战信条束之高阁，聚集到了战斗的旗帜之

---

[1] Niall Ferguson, *The War of the World: Twentieth-Century Conflict and the Descent of the West* (New York, 2006), 提供了全面的概述。也可参见 Daniel Brower, *The World in the Twentieth Century* (Upper Saddle River, NJ, 6th edn., 2006)。

下。所有人都认为冲突是暂时的，最新的军事技术将降低各方的损失。事实上，许多人认为全面战争是一种宣泄和净化。战争会改变国家的使命，把工人、农民、办公室职员和学生从他们枯燥乏味的日常活动中解放出来，使他们摆脱在资本主义制度下生存的安于现状的态度。只有少数人像英国外交大臣爱德华·格雷爵士（Edward Grey，1862—1933）那样有先见之明，他在战争前夕说道："整个欧洲的灯都灭了。在我们的有生之年，再也不会看到它们被点亮。"[1] 直到 1945 年，在美国的军事和财政保护下以及苏联扩张的阴影下，西欧才开始缓慢、审慎地回归民主政治。早先认为的进步观念现在看来是可悲的错误，政府对于社会的健康运行有了更深刻的认识，他们开始扩大社会福利的范围，他们知道人类在群体中会变得有多残忍，也知道建立一个理性与合作共识下的社会有多困难。对此，他们有前车之鉴。

▶▷　法西斯主义和纳粹主义的兴起

正如我们在上一章末尾提到的那样，早在第一次世界大战之前，许多知识分子就开始质疑民主政治和大众文化的价值。虽然

---

[1]　Grey quoted in Walter Arnstein, *Britain Yesterday and Today*, p. 245. On the lead-up to war in 1914, see Spencer C. Tucker, *The Great War, 1914–1918* (Bloomington, IN, 1998), pp. 1–16.

保守派对民主的到来并没有导致财产没收充公而感到庆幸，然而激进分子却感到沮丧——选举权虽在扩大，但并没有获得更大范围的公民的支持。批评者哀叹，在议会中、政治辩论中不再靠理性，靠的全是情绪、偏见、赤裸裸的利己主义和编造神话的本领。到了 20 世纪初，反对民主的政客们开始利用民主的选举程序来破坏自由主义价值观。激进的民族主义、反犹太主义和民族中心主义的言论引起了许多选民的响应，尤其是在经济困难时期这一现象更为明显。议会被这些人嘲笑为无能者和懒惰者的"空谈俱乐部"，议会认为人性本善、人都有理性，而这种想法在这些人看来本来就是错误的，抽象的人类平等观念只会使杰出的领袖受到限制。那些对民主实践大失所望的人们认为，西方需要的是以行动为导向、少数被赋予最高权力的政治家来领导与管理国家。要想真正团结同胞们，不是靠人人平等的神话，而是要靠战争的洗礼，要让人们相信大家是同宗同族，是与众不同的种族。于是，意大利法西斯主义和德国纳粹主义趁势崛起，其支持者可以列举出其他自由主义政权在战争年代失败的例子。[1]

　　德国是第一次世界大战中最早的受害者之一，这样说是有事实依据的。交战双方的政府都在利用出版物和新出现的电影的宣传力量来诋毁敌人，这一战略有助于加强国内战线上的同盟，同时使未来的外交妥协更难实现。当胜利者于 1919 年在巴黎召开

---

[1]　Roland Stromberg, *Democracy: A Short, Analytical History* (London, 1996), pp.49–54.

会议起草和平条约时，美国总统伍德罗·威尔逊（Woodrow
Wilson）提出建立一个"民主安全的世界"，要让"各民族拥有
自决权"，但这些提议被法国和英国一一否决了。作为整体和
谈的一部分，波兰、匈牙利、捷克斯洛伐克、罗马尼亚和南斯
拉夫这几个国家获得独立，但对待德国的方式又回到了几个世
纪以前的惩罚和羞辱模式——让德国赔款和割让领土，这使新
的魏玛共和国的公民感到沮丧和怨恨。而具有讽刺意味的是，
《魏玛宪法》是欧洲最民主的宪法之一，它在国家层面上赋予
女性投票权。这正是战胜国为建立一个和平的欧洲而设想的
那种政治秩序，但是在最后的条约中，魏玛被迫接受了屈辱
的"战争罪行"条款和沉重的赔款负担。[1]

　　像阿道夫·希特勒这样心怀不满的退伍士兵蔑视魏玛民主，
包括希特勒在内的许多人都加入了德国工人党的行列，该党在
1920 年改名为国社党（纳粹党）。次年，32 岁的希特勒担任该党
主席，并发表了针对犹太人、自由派、马克思主义者和其他国际
主义者的言论，批判他们在第一次世界大战期间，背叛了德国，
并损害了德国的经济。1923 年，希特勒在试图推翻魏玛王朝的政
变失败后入狱，在被囚禁的一年里，他写下了《我的奋斗》（*Mein*

---

[1]　Michael Howard, "Europe in the Age of the Two World Wars", in Howard and Wm.
Roger Louis, eds, *The Oxford History of the Twentieth Century* (Oxford, 1998), pp. 108–9.
也 可 见 Alan Sharp, *The Versailles Settlement: Peacemaking in Paris, 1919* (New York,
1991),pp.19–41。

Kampf），该书内容斗志昂扬，但毫无体系。它精准地描述出了战后德国民族中心主义的极端民族主义心理。这本书还概述了一个未来政治纲领，该纲领以伪科学的种族理论和侵略扩张主义为基础，以牺牲位于德国东部的"低等民族"为代价。希特勒相信群众骨子里都是非理性的，他在战前扩大对议会民主的攻击。1924 年出狱后，他将自己打造成魅力型"伟人"式的领导人，巧妙地运用各种宣传手段推进纳粹党的目标。他在《我的奋斗》中写道："所有的宣传一定要通俗易懂，连最愚蠢的智力水平最低的人都能够直接理解。"宣传的全部艺术在于巧妙地把群众的注意力吸引到某些事实、某些做法、某些需求上面。他对历史的粗略解读是：种族优越的雅利安人和堕落文化的携带者——特别是犹太人——之间的长期斗争，对于大部分德国人来说是无法接受的第一次世界大战的遗毒。他对当代西方价值观（包括民主、多元化和自由人道主义）的强烈反对，成为 20 世纪极权主义思想的标志。[1]

▶▷ 意大利法西斯主义

意大利于 1918 年属于胜利者阵营，但在战争期间其军队表

---

[1]　Adolf Hitler, *Mein Kampf*, trans., Ralph Manheim (Boston, 1971), p. 180. John Toland, *Adolf Hitler* (New York, 1976), Chapters 4–6 涵盖了 20 世纪 20 年代的权力崛起。

现不佳，在巴黎和会上的影响力微乎其微。意大利为得到亚得里亚海港城市阜姆做了很多外交努力，但该要求遭到了巴黎谈判代表的拒绝。同时，意大利国内的经济从战时状态向和平时期的过渡也十分困难。退伍归来的士兵面临着严重的通货膨胀和糟糕的就业前景，并且担心在受到大规模工业罢工的影响下，这个国家可能会被以布尔什维克革命为模式的共产主义者所接管，这都促使许多人支持拥护民族主义的政治家。正是在这种普遍的不确定性气氛中，退伍军人、前教师、报纸编辑和战前社会主义者贝尼托·墨索里尼（Benito Mussolini，1883—1945）建立了他的政治基础。墨索里尼放弃了他早期追随的社会主义，用恐吓和巧妙的宣传相结合的方式引导新生的法西斯组织（派生于“战斗集群”一词）变得更加强大。战斗集群或法西斯团伙经常破坏社会主义集会，攻击罢工工人，并摆出一副秩序和尊严捍卫者的姿态。[1]

　　1922 年，墨索里尼的黑衫党追随者在罗马举行了一次象征性的游行，他们承诺要坚定地抵抗共产主义的威胁和无所作为的议会的消极影响。就在游行前几天，墨索里尼在那不勒斯的法西斯大会上发表讲话，宣称“历史上每一次利益和思想的深刻冲突最终都是由武力解决的”。[2] 当国王维克托·伊曼纽尔三世（Victor

---

[1] Alexander De Grand, *Italian Fascism: Its Origins and Development* (London, 2000), pp. 22–37.

[2] Mussolini, "Fascism's Myth: The Nation", in Roger Griffin, ed., *Fascism* (Oxford, 1995),p.42.

Emmanuel Ⅲ，1900—1946）拒绝召集军队镇压法西斯时，内阁辞职以示抗议，墨索里尼担任了首相。几个月的恐吓终于得到了回报，在接下来的几年里，墨索里尼逐渐成为一个专制统治者，同时运用花言巧语，声称重视意大利人民的集体意愿和劳资合作的必要性。其他反对党派于 1926 年解散，那些反对其政权的人要么被监禁，要么被法西斯分子胁迫保持沉默。尽管国家到处是恐吓和暴力，但在 20 世纪 20 年代，意大利的主要知识分子仍是法西斯主义的支持者。甚至像萧伯纳和伊夫林·沃（Evelyn Waugh）这样的国际文学巨匠也对这位意大利统治者表示钦佩。1929 年，墨索里尼与罗马天主教会谈判达成协议，结束了教皇和意大利之间长达几十年的紧张关系，巩固了他在国内的权威并使其获得了国际上的尊重。[1]

▶▷　风雨飘摇的民主政体

墨索里尼和希特勒等领导人的崛起，印证了自由民主党人最担心的事情。然而，在第一次世界大战后取得胜利的两个主要国家——法国和英国，他们的议会民主似乎飘忽不定，无法保障公民生活健康运转所必需的就业率。从战争结束到 1933 年，法

---

[1]　Philip Morgan, *Italian Fascism, 1919–1945* (New York, 1995), pp. 64–97; Martin Clark, *Mussolini* (Edinburgh, 2005), pp. 38–61.

国有二十多个不同的内阁，他们唯一的共同点就是希望压制德国使其无法崛起。在英国，30 岁以上的女性在战后拥有了选举权，到 1928 年，女性投票的资格与 21 岁的男子相同。但是 20 世纪20 年代，英国经济一直处于低迷状态，长期失业的劳动人口从未低于 10%。即使是在工党籍首相拉姆齐·麦克唐纳（Ramsey MacDonald，1896—1937）的领导下，也没有创造多少新的就业机会。1926 年，为期九天的大罢工使工业陷入停滞，尽管政府后来过了这一关，却没有做好准备应对 1930 年大萧条带来的负面影响。东欧后继国家的情况更糟。民族自决可能是通过《凡尔赛和约》（Versailles Peace Treaty）实现了，但在波兰、匈牙利、罗马尼亚、捷克斯洛伐克和南斯拉夫，心怀不满的少数民族在寻求自治时感到被欺骗。由于以前从未有过议会，也没有经济条件来改善大多数人的物质条件，除了捷克斯洛伐克以外，上述几个国家都在 20 世纪 30 年代初沦为独裁统治。[1]

可悲的是，欧洲主要的知识分子似乎在很大程度上默默接受了民主制度和西方价值观的大溃败。德国历史学家奥斯瓦尔德·斯宾格勒（Oswald Spengle，1880—1936）的《西方的没落》（*The Decline of the West*）出版于第一次世界大战前，但在 1918 年后出现了许多译本。它的主要论点是：西方文明早

---

[1] Patricia Clavin, *The Great Depression in Europe, 1929–1939* (Houndmills, 2000), especially pp. 10–46, 179–183 on conditions in Eastern Europe.

在中世纪时期就已经达到顶峰，对于现代自由主义和大众文化的贡献乏善可陈。在英国，阿诺德·汤因比（Arnold Toynbee，1889—1975）出版了关于 1934—1939 年的多卷本《历史研究》（*Study of History*），其中赞扬了富有创见的少数派的领导力，贬低了世俗的民主和唯物主义。文化评论家认为电影、商业广告和民间新闻是民主带来的恶果。战后的许多文学和诗歌都反映了这种苛评的语气，最有力的是托马斯·斯特尔那斯·艾略特（T.S. Eliot，1888—1965）的《荒原》（*The Waste Land*，1922），这是对战前西方错误的乐观主义和自豪感的犀利指责。甚至连主要的神学家也对 19 世纪自由主义失去了信心。像德国的卡尔·巴斯（Karl Barth，1886—1968）和法国的雅克·马里坦（Jacques Maritain，1882—1973）这样有影响力的声音，重新引入了堕落世界的观念，在这个世界里，根深蒂固的罪人必须依靠神圣恩典才能在现代生活中找到目标。这样的目标在通俗的大众文化中肯定找不到。精神分析学家西格蒙德·弗洛伊德以其在第一次世界大战中的经验，发现了人性中天然具有的侵略性，他在《文明及其不满》（*Civilization and Its Discontents*，1928）中写道：政府的主要任务是遏制人性内在的反社会性和破坏性倾向，但可悲的是，这种反社会性和破坏性倾向永远无法被征服。启蒙思想中塑造的理性人物形象，在弗洛伊德所描述的现代西方世界里是找不到的，无论这个时代的科技进步多么显著。[1]

当美国股市在 1929 年 10 月崩盘时，资本主义国家都受到了冲击。西方民主国家的大规模失业让更多人转而信赖专制政党。在德国，纳粹党在每次选举中都占据优势，1933 年希特勒获得了首相职位。对于这一结果，该国知识分子和商界领袖十分满意，他们认为纳粹主义是摆脱当时经济困境的一条出路，而议会民主的无能又加剧了这种局面。在谴责共产主义者、资本主义者、和平主义者、自由主义者、国际主义者和堕落的现代主义者时，纳粹宣传种族主义意识形态，宣称该党能复兴国家。它甚至在国际层面上也获得了支持。美国历史学家卡尔·贝克尔（Carl Becke，1873—1945）在 1932 年写了一篇文章，他想知道曾经大行其道的自由主义理想，如今是否已经被社团主义的思想潮流所淹没？英国和法国的公众舆论开始转向战争罪行的话题，不再相信德国应该为第一次世界大战承担全部责任，并且愿意接受德国关于需要恢复国家"自然"边界的观点。尽管纳粹信息的核心内容令人憎恶，但"绥靖主义"在 20 世纪 30 年代末并不是一个肮脏的词。[2]

---

[1]　Sigmund Freud, *Civilization and Its Discontents*, trans., James Strachey (New York, 1961), especially pp. 68–9, 81–2. Roland Stromberg, *European Intellectual History Since 1789* (Englewood Cliff, NJ, 6th edn., 1994), pp. 200–2. 也可见 Alastair Hamilton, *The Appeal of Fascism: A Study of Intellectuals and Fascism, 1919–1945* (New York, 1971)。

[2]　Carl Becker, "Liberalism–A Way Station", in *Everyman His Own Historian and Other Essays* (Chicago, 1966), pp. 91–100; Keith Robbins, Appeasement (Oxford, 1988), pp. 78–82.

▶ ▷ 莫斯科的马克思主义

对第一次世界大战的灾难还有另一种响应，至少在一开始并没有完全放弃启蒙理性主义或丧失对历史进步发展的信仰。1917年11月，少数忠诚而组织严密的马克思主义革命者推翻了俄国临时政府。独裁的国王尼古拉斯二世（Nicholas Ⅱ）在当年3月退位，是他把这个极度缺乏准备的国家在1914年带入现代的机械化战争中，引发了灾难性的后果。前线的大规模伤亡、国内大范围的饥荒、城市罢工和农民动乱都摧毁了沙皇独裁政府的信誉。临时政府决定继续参战，俄国社会民主党的激进派系布尔什维克组织农民和工人暴动，在列宁（V.I. Lenin，1870—1924）和托洛茨基（Leon Trotsky，1879—1940）的领导下成立了一个新政府。作为世界上工业化程度最低的大国，俄国只有很少的工人阶级或无产阶级，似乎不太可能成为马克思主义革命的候选人；正如历史学家 J. M. 罗伯茨（J.M. Roberts）所观察到的，1917年11月发生的事情"既是旧秩序的崩溃，也是新秩序的开始"。[1]

但列宁坚信，1917年的俄国就像世界上未开发的殖民地国家一样，只要打破资本主义的桎梏，就会取得伟大的成就。他还认

---

[1]　J. M. Roberts, *Europe, 1880–1945* (New York, 2nd edn., 1989), p. 422.

认为，尽管俄国没有经历过资产阶级、资本主义和工业化的历史阶段，但真正的马克思主义革命是可以成功的。布尔什维克掌权后，立即与德国签订了停战协定，否认沙皇俄国背负的国际债务。他们开始将大片的地产、银行、教会财产和该国为数不多的工业收归国有，这引起了本国封建贵族、地主阶级的不满，并导致了一场持续到 1921 年的大规模内战。列宁认为，成功的马克思主义革命需要一个知识型的领导精英阶层——由全心全意的革命者组成——指导未受过教育的俄国农民，以及数量微小的无产阶级沿着历史的道路前进。这是《怎么办?》——一本列宁写于流亡时期的小册子——的主题之一，他在布尔什维克掌权后写的《共产主义运动中的"左派"幼稚病》（*"Left-Wing" Communism: An Infantile Disorder*，1902）中重申了这一点。列宁坚持认为，群众缺乏推翻资产阶级国家所必需的纪律和明确的方向感；具有"工会意识"的普通工人只是试图与统治阶级达成协议，他们进行"艰难的抗争，想从资产阶级政府那里得到权益，却遭受了更多痛苦"。他写道，只有在绝对的中央集权和坚定不移的党纪条件下，无产阶级的胜利才能得到保证。在列宁的带领下，马克思主义信条变成了一种宗教，其信徒骨干不愿接受对神圣文本的任何不同解读。[1]

---

[1]　Lenin, *"What is to be Done?" in Collected Works*, 45 vols (Moscow, 1977), 5: 354. 也可见 Beryl Williams, *Lenin* (Harlow, Essex, 2000), pp. 35–8。

与许多社会主义者不同，列宁从一开始就反对战争，宣称战争代表了资本主义的危机阶段，欧洲的资产阶级领导人由于土地和人员的匮乏而到海外进行殖民掠夺。为了使俄国人民相信这一历史观，布尔什维克压制了所有的反对派，并建立了一个秘密的警察机构"契卡"，以预先制止异议。第一次世界大战后，革命风暴笼罩着整个欧洲（德国、奥地利和匈牙利爆发了工人革命），资本主义国家纷纷站在反动派一边介入俄国内战，布尔什维克感到有理由通过他们所掌握的一切手段来保障他们的权力。因此，国家内部的权力被无节制使用；1921 年 3 月，在喀琅施塔得的波罗的海海军要求无记名投票、言论自由和新闻自由、释放所有政治犯，从而发生了兵变，政府当场屠杀了叛乱分子。与法国大革命时期的雅各宾派一样，布尔什维克领导人坚信只有镇压才能从资产阶级敌人手中保留住革命的果实。无产阶级意识以及向共产主义社会的最终过渡在晚些时候将会出现。[1]

这种精英领导理论在列宁的最终继任者约瑟夫·斯大林（Joseph Stalin，1879—1953）的领导下转变为更加严厉的统治。斯大林在其《列宁主义问题》（*Problems of Leninism*，1926）中，放弃了西方资产阶级革命的设想（他的对手托洛茨基提出的），主

---

[1] Richard Stites, "The Russian Empire and the Soviet Union, 1900–1945", in Michael Howard and Wm. Roger Louis, eds, *The Oxford History of the Twentieth Century* (Oxford, 1998), pp. 121–3.

张 "一国实现社会主义"，即苏联必须加强建设自己的工业资源和军事力量，以保卫国内革命并援助国外共产主义。为加强苏联经济和军事能力，他开创了第一个五年计划，与西方大萧条导致的失业形成鲜明对比的是，这些计划在提高就业率方面取得了明显的效果，并引起了外国观察家的注意。当然，这个 "斯大林主义国家" 尽了最大的努力来掩盖快速工业化的人力成本。20 世纪 30 年代的公审和强迫劳动营暴露了该政权的本质，但很少有西方人意识到会出现大型恐怖事件，如 1932—1933 年乌克兰的农业集体化和大饥荒直接导致了数百万人的死亡——可能比第一次世界大战期间所有国家的死亡总数还要多。[1] 斯大林认为：如果没有对媒体、教育、文化和艺术的控制，共产主义的 "新人" 是不可能塑造出来的。20 世纪 30 年代，随着清洗运动和国内恐怖主义策略的加剧，领袖崇拜得到了加强。没有人是安全的——不管是老布尔什维克、军队的最高指挥官、提出五年计划改革的工业工程师，还是质疑社会主义现实主义的艺术家。

　　列宁和斯大林都不相信理性与公民平等。他们相信，一种全新的意识只能是自上而下传递。他们也相信启蒙运动中提出的人性可以提升的观点，但是政治多元化、个人自由以及观念市场（西

---

[1]　Stites, "Russian Empire and Soviet Union", p. 124; Robert Conquest, *The Harvest of Sorrow: Soviet Collectivization and the Terror Famine* (New York, 1986) 涵盖了 20 世纪 20 年代末和 30 年代。

方政治家、思想家提倡的观念的社会交流市场）都被视为资产阶级操纵和欺骗的工具。斯大林认为，苏维埃国家的公共基础必须由一个革命党和一个体现党的最高理想的领导人来建立。

▶▷ 更加坚定的信仰：1945 年之后的民主

1945 年，法西斯和纳粹对自由民主的攻击行动随着第二次世界大战的失败而终止，苏联在 1990 年也结束了扭曲的马克思共产主义，但关于人性和人类社会行为能力的许多问题在西方仍然悬而未决。欧洲的全球领先地位已经被终结，其军事和经济实力在主要的冷战对手面前黯然失色，其殖民帝国岌岌可危，这不光是因为实力对比发生变化，更重要的是在第二次世界大战中为之奋斗和牺牲的民主原则出了问题。欧洲大陆的许多工业城市在战争中遭到严重破坏，1945 年的总体制造业能力约为战前水平的 20%。救济机构努力为饥饿人口提供食物，数百万因战乱或逃离迫害而流离失所的难民等待重新安置。这场战争毫无疑问地表明，即便是在世界上受教育程度最高、技术最先进、最富裕的文明中（尽管经历了大萧条），人类对残忍的嗜好与它仁慈的能力势均力敌。[1]

---

[1] W. M. Spellman, *A Concise History of the World Since 1945* (Houndmills, 2006), pp. 11–17.

在三十年的时间里发生了两次世界大战的原因何在？如何才能理解对广大平民所在的城市进行的炮火袭击、用原子武器焚烧平民、用高科技实施种族灭绝与启蒙思想的关联性？历史学家赫伯特·巴特菲尔德（Herbert Butterfield）在 1949 年说："必须强调的是，我们为自己制造了一个又一个悲剧，这是由于一种懒惰的、未经检验的学说所致，它在我们中间流行，而历史研究并不支持……重要的是不要相信人性。"[1] 但是，即使那些质疑人性的人在 1945 年后参与欧洲文明的重建，那么什么样的方式以及什么样的政治秩序能与新的人类现实相吻合呢？东欧各国人民几乎没有选择的余地，他们生活在苏联军队监视下的一党制国家，但在这片支离破碎的大陆的另一端——由盟军控制的西部地区及英国，他们小心翼翼地重拾民主意识形态，这与东欧的意识形态产生了严重的冲突。

诺埃尔·奥·沙利文（Noel O'Sullivan）认为，战后一直到 21 世纪的前十年各国思想统一十分重要。奥·沙利文称，1945 年，英国、法国、西德和意大利等国达成了普遍共识，即在付出惨痛代价击败极权主义之后，必须重新致力于自由民主的建设，使国家对所有公民更具包容性。这一共识引出了待完成的四项重要任务。首先是国家的法律需要保障个人的权利和自由。正如卡尔·波

---

[1]　Herbert Butterfield, *Christianity and History* (London, 1949), pp. 46–7.

普尔（Karl Popper，1902—1994）在《开放社会及其敌人》（*The Open Society and Its Enemies*，1945）中所写的那样，必须运用理性的批判、通过民主制度捍卫个人和群体的自由。[1] 其次——与第一项任务相矛盾——是需要通过扩大国家的福利来化解长期的阶级摩擦，从而为公民提供实现人类繁荣的条件。因此，在个人权利和社会权利之间找到适当的平衡成为前两项任务的关键。

第三项任务——也与第一项任务相矛盾，并在 20 世纪 60 年代成为最突出的任务——涉及进一步承认历史上被边缘化，或被排除在公民生活之外的群体的权利和多元化要求：女性、种族和少数族裔以及性别认同与主流文化不一致的人。最后，欧洲的东部和西部不得不接受一个欧洲不再占主导地位的世界的现实，尤其是在东欧剧变之后，一体化和跨国联盟的影响更加巨大。[2] 加强一体化和国际合作的必要性在许多方面表现得尤为明显，但最紧迫的是保护地球自然资源，使地球上的生命能够长期延续。从 20 世纪 40 年代末到 80 年代，对地球生态系统的根本威胁以核的形式出现；冷战结束后，这种威胁变得更加难以捉摸，并牵涉到经济模式，即在柏林墙倒塌时取得了胜利的市场资本主义。

---

[1] Karl Popper, *The Open Society and Its Enemies*, 2 vols (Princeton, 1963), 描写了如 Plato 和 Marx 这样的思想家的极权主义倾向。
[2] Noel O'Sullivan, *European Political Thought Since 1945* (Houndmills, 2004).

►▷　权利的重新构思

第二次世界大战后，西德、法国和意大利的政府在振奋人心的宣言、宪法和基本法律中，大胆地重拾对启蒙运动的信仰，认为民选政府的基本职责是保护和促进公民的普遍人权，接纳所有人的人格特性，拒绝一切形式的极权思想。1946 年的纽伦堡审判强调了这一点，对纳粹战争领导人定罪的原则是：对人类的责任大于对国家的责任，以及即使有关行为得到主权国家的宽恕甚至支持，也可以起诉为危害人类罪。战后立即成立的联合国组织的基本假设是：无论文化与地域差异，普遍标准和原则都是客观真实和普遍存在的。1948 年的《世界人权宣言》（Universal Declaration of Human Rights）第一条："人人生而自由，在尊严和权利上一律平等"，是这种刚刚恢复的启蒙运动哲学最具说服力的体现。[1]

第一次世界大战后一个报复性的和平解决方案强加给了被征服者，这次（第二次世界大战）的情况则有所不同，德国西半部和日本岛国都迅速融入民主国家的圈子，并在过渡中得到了 1947

---

[1]　Michael Bess, *Choices Under Fire: Moral Dimensions of World War II* (New York, 2006), pp. 63–7; Johannes Morsink, *The Universal Declaration of Human Rights: Origins, Drafting, Intent* (Philadelphia, 1999), pp. 1–12.

年美国以马歇尔计划的形式提供的大量援助。1918 年第一次世界大战结束后，当时欧洲知识分子严厉批评民主，嘲笑大众文化，并迎合独裁政权，而 1945 年以后，尤其是在 20 世纪 40 年代末两极分化的冷战开始后，人们清醒地认识到了在 18 世纪启蒙运动期间首次阐明的开放社会的优势。法国小说家阿尔贝·加缪（Albert Camus，1913—1960）曾代表他那一代人发表这样的观点："极权主义声称要消除罪恶，但没有一个罪恶比极权主义本身更罪恶的了。"加缪和同为存在主义者的让·保罗·萨特（Jean Paul Sartre，1905—1980）都曾描述过现代社会的荒谬性，但他们仍然坚持认为，在一个人人自行其是的世界里，人们必须努力创建有目标、有意义和有道德的社会秩序。[1]

重拾启蒙话语体系成为第二次世界大战后初期主要政治思想的灵魂，从左翼的共产主义者到右翼的保守派都认为，这一系列观点是正确的。广义地说，这包括一种信念：进步和人类解放是历史上的超然力量，人类由于其理性，有义务推进社会组织的民主原则。对于自由主义者和保守主义者来说，进步和解放都与国家和市场经济的发展密不可分；而对于马克思主义思想家来说，对民族主义和竞争市场的否定，代表着一种更高的人类意识状

---

[1] Karl Dietrich Bracher, *The Age of Ideologies: A History of Political Thought in the Twentieth Century*, trans., Ewald Osers (New York, 1984), pp. 191–2. 也可见 Roland N. Stromberg, *After Everything: Western Intellectual History Since 1945* (New York, 1975), pp. 26–30.

态，是社会和谐的必要前奏。左翼和右翼都认为地球的自然资源是无限的，认为开采这些资源对地球上的生命几乎没有任何负面影响。双方都完全接受了关于进步、自由和发展的主要叙述，但对治疗当前社会的弊病开出了不同的药方，对解决社会健康问题给出了不同的方案。

▶▷　西方对共产主义的质疑

美国、英国和苏联在大部分战争中都是盟友，在被占领的法国和南斯拉夫，反法西斯抵抗运动的公认领导人与共产党有联系。战后不久，法国和意大利的主要政治团体包括基督教社会民主党和共产党。法国共产党在 1945 年的国民议会选举中赢得了 28% 的选票，这得益于他们长期致力于实现更大范围的经济正义，并在纳粹占领时期开展了顽强的反法西斯活动。欧洲和美国许多杰出的科学家与知识分子对苏联在与德国的战争中的付出表示同情，一些科学家和情报官员甚至协助斯大林政权寻求核武器技术。[1]

然而，到了 20 世纪 40 年代末，随着苏联对东欧的强硬态度和斯大林的狂妄自大以及其对人民的暴行的揭露，人们对到处是集中营式的共产主义产生了普遍反感。间谍丑闻在美国引发了一

---

[1]　David Reynolds, *One World Divisible* (New York, 2000); David Brower, *The World Since 1945: A Brief History* (Upper Saddle River, NJ, 2000), pp. 27–49.

场共产主义政治迫害，而在法国，该国共产党否认苏联存在官方的清洗运动或监狱集中营，这严重削弱了其选举实力。苏联新总理尼基塔·赫鲁晓夫（Nikita Krushchev，1894—1971）在 1956年承认了斯大林的罪行，并承认马克思主义在此之前已经沦为独裁统治，这使苏联过去的支持者大失所望；与此同时，持不同政见者敢于大胆地谈论和撰写文章批判关于马克思主义理想在苏联失败之处。虽然苏联的历届继任者都在表面上肯定了列宁和斯大林建立起的基本体系的合理性，但是，随着政府压制越来越严重，外界观察家越来越难以证明马克思主义理论与苏联实践之间存在任何相似之处。[1] 乔治·奥威尔（George Orwell，1903—1950）最畅销的《动物庄园》（*Animal Farm*，1945）和《一九八四》（1949），以及阿瑟·凯斯特勒（Arthur Koestler，1905—1983）的《中午的黑暗》（*Darkness at Noon*，1940），这三部比较著名的小说抓住了社会中的反乌托邦共识。个人自由的丧失、令人窒息的国家主义以及权力精英对多数人的操纵，这些成了批判共产主义小说的特征。战后的西方民主实践从未像 18 世纪晚期和 19 世纪那样激动人心，但到了 20 世纪 50 年代，西方对曾经光芒四射的马克思主义却几乎没有任何信心了。多元化、多党制的民主似乎是对意识形态的最佳检验，也是对社会组织问题

---

[1]　William R Keylor, *A World of Nations: The International Order Since 1945* (New York, 2003),pp.64–9.

的整体回答。许多人赞同温斯顿·丘吉尔（Winston Churchill，1874—1965）的简短评论，即如果不尝试其他政府形式，你会觉得民主是最糟糕的一种。

▶▷ 战后福利国家

然而，有一条共同的主线将战后每一个竞争性的政治意识形态联系在一起。对于许多人来说，战争起到了极大的平衡作用，因为轰炸袭击和食物配给没有任何阶级区分。许多欧洲人在战时体会到了一种新的集体意识，并表示希望运用国家权力建立一个社会公正和经济平等的时代。一劳永逸地平息历史上的阶级分化，同时保持市场经济大致轮廓的愿景，这是新福利立法的强大推动力。但是，要确保每个公民都能享有社会进步带来的物质成果，民主选举产生的政府究竟应该承担哪些责任？在减轻社会结构剧变成本方面，国家的公共政策应该发挥什么作用？[1] 国家是否应该保证全面消除贫困，确保每一个公民有平等的自我发展机会？这种集权对个人自由和责任的理想与实践有什么影响？

在英国，这些重要的问题在第二次世界大战结束前已经存在

---

[1]　Michael Freeden, "The Coming of the Welfare State", in Terence Ball and Richard Bellamy, eds, *The Cambridge History of Twentieth-Century Political Thought* (Cambridge, 2003), p. 9.

了几十年。养老金计划加上有限的意外保险已被制定为法律，用以应对工业化带来的社会混乱。1911 年的失业保险计划将雇主、工人和国家聚集在一起，以保证在不可预测的市场驱动型经济中实现物质福利的最低标准。同年，社会学家、哲学家 L.T. 霍布豪斯（L.T. Hobhouse，1864—1929）通过提出国家干预经济的理论，以及呼吁国家关注公民健康，扩展了 T. H. 格林关于社会福利的想法。在《自由主义》（Liberalism，1911）中，霍布豪斯认为每个人都应该有机会去发掘自己的创造力和智力的全部潜能。根据这一目标，国家必须拓展权利概念，包括"工作权"和"生活工资权"。霍布豪斯认为，公民社会的目的不是支持少数人创造巨大的个人财富，而是教育年轻人、支持老年人和体弱者，并帮助那些为谋生而奋斗的大多数人。[1]

经济学家理查德·亨利·托尼（Richard Henry Tawney，1880—1962）同样受到格林著作的影响。作为伦敦经济学院的一名教师，托尼提出了一种基督教社会主义模式，这个模式下的"平等"不是以能力和潜力来定义的，而是作为共同人性的自然推论。所有人都享有基本的道德平等，他们对"自由"的定义远远超过古典自由主义者，后者将自由定义为"没有强制"的消极概念。托尼在《平等》（Equality，1931）中写道：只有当人们互帮互助，并

---

[1] L. T. Hobhouse, *Liberalism* (New York, 1911), pp. 158–9. D. J. Manning, *Liberalism* (New York, 1976), p. 102.

且都愿意接受其社会职责，人们才是自由的。他在《宗教与资本主义的兴起》（*Religion and the Rise of Capitalism*，1926）中讨论了 16 世纪宗教改革者早期自由主义思想中的激进个人主义言论，认为这些言论既不符合社会的可持续发展，也不符合人类的共同理念。即使是资本主义也必须脱离早期的个人主义观念，并接受人类最佳发展和社会团结的观念。托尼认为，积累本身就是一条道德和精神上的死胡同。[1]

这些都是极具影响力的观点。甚至在战争结束之前，两大主要政党都接受了托尼社会愿景的大致轮廓，支持 1942 年在资深社会改革家威廉·贝弗里奇（William Beveridge，1879—1963）领导下发表的一份政府支持的特别报告。该报告呼吁建立一个全面的社会保险体系，确保所有公民从出生到死亡都能从他们无法控制的疾病（包括健康问题）中得到保障。这个体系不设资格门槛，不管收入如何，每个人都能得到同等水平的社会福利。这是英国全面福利的开始，它将深深扎根于大众对民主治理基本功能的理解。[2]

战后整个西欧的中左翼政党接受了人类繁荣的类似概念。对

---

[1]　R. H. Tawney, *Equality* (New York, 1931), especially Chapter 1, "The Religion of Inequality". Ross Terrill, *Richard Tawney and His Times: Socialism as Fellowship* (Cambridge, MA, 1973).

[2]　Donald Sassoon, "Politics", in Mary Fulbrook, ed., *Europe Since 1945* (Oxford, 2001), p. 21.

这些新福利国家的捍卫者来说，个人幸福在本质上是彼此相关的，包括社会、知识和情感。在这个无常的、充满意外且司法仍存弱点的世界中，关怀和支持必须由更广泛的社会秩序网络来承担。民主国家现在成为这一共同愿景的媒介，它改变了之前不负责任的姿态，通过帮助那些没能享受到工业经济发展成果的人以促进社会利益最大化。实际上，国家现在要正式承担家庭和教会履行的职能，包括对工作场所的监管、对国家层面的经济规划以及对教育的全面监督。社会进步日益成为公共和个人行为道德的衡量标准。

►▷ 凯恩斯主义的中庸之道

约翰·梅纳德·凯恩斯（John Maynard Keynes，1883—1946）支持国家在经济不稳定时期进行干预。他毕业于剑桥大学，开始是公务员，在第一次世界大战期间被分配到英国财政部。战争结束时，他作为凡尔赛和平会议的经济顾问被派往巴黎，但《凡尔赛和约》的条款最终令他十分失望。凯恩斯在具有前瞻性的作品《和约的经济后果》（*Economic Consequences of the Peace*，1919）中批评了战胜国对德国的苛刻待遇，并认为赔偿的要求会进一步加剧欧洲政局的不稳定性。这本书很畅销，使凯恩斯小有名气，不过成为受人尊敬的经济学家是后来的事。这本书的核心内容包含了第一次世界大战后的重建政策，盟国要致力于重建德国而不是对它进行惩罚。[1]

凯恩斯在大萧条时期发表了他最著名的著作《就业、利息和货币通论》（ *The General Theory of Employment, Interest and Money* ，1936），当时的失业率高达 20%。凯恩斯持有一种非常规的观点，认为政府应该通过公共"赤字"支出在促进经济增长和充分就业方面发挥主导作用，他指出，在社会主义和不受监管的资本主义之间，在计划经济和市场经济之间，可能存在一个中间立场。他写道："我们所处的经济社会存在的突出问题是，它未能提供充分就业，以及它对财富与收入的任意和不公平的分配。"他认为，金融稳定和经济增长并不是一个不受监管、市场自我调整的自然结果。相反，国家必须承担调节市场经济的任务，并有权在关键时刻注入公共资金，以保住就业并刺激增长。实质上，由于在自由市场中没有经济均衡的自然法，国家有责任在高失业率时期刺激经济，以确保增长和普遍繁荣。凯恩斯认为，尽管国家能控制利率，增减税收，但不会破坏个人自由原则、私有财产所有权、生产资料或个人经济主权。[2]

---

[1]　Paul Davidson, *John Maynard Keynes* (Houndmills, 2007), pp. 1–12.

[2]　John Maynard Keynes, *The General Theory of Employment, Interest, and Money* (New York, 1936), p. 372.

凯恩斯是 20 世纪第一批在公共政策制定中起主导作用的学院派经济学家之一。虽然他主要是一位理论家，但他在第二次世界大战期间担任英国政府顾问，并在盟军战后规划中发挥了主导作用。例如，在 1944 年新罕布什尔州布雷顿森林会议上，凯恩斯推动了战后货币秩序的发展和世界银行的建立。实际上，他的论点将旧式的自由主义经济学家驱逐到了公共和学术生活的阴影中，因为西方民主国家接受了利用财政和货币政策来增加消费需求和促进就业的想法。前所未有地利用公共资金支持私营部门企业，或许是对国家干预理念最有力的肯定。

▶▷ 对福利国家的质疑

出生于奥地利的经济学家弗里德里希·冯·哈耶克（Friedrich von Hayek，1899—1992）在《通往奴役之路》（*The Road to Serfdom*）一书中，对凯恩斯主义范式和福利国家的中央计划特征提出了异议，认为干涉主义必然以个人自由的毁灭而告终。尽管这本书在美国很畅销（尤其是其缩略版），但很少有经济学家站出来支持它的主要论点。事实上，正如 20 世纪 50 年代越来越多的证据表明，福利国家的扩大并没有导致对经济、个人和政治自由的明显损害，哈耶克为应对经济衰退而提出的旧式市场解决方案，似乎与现实脱节。[1]

但哈耶克和其他保守派经济学家的边缘化被证明是暂时的。虽然大多数保守派思想家在 1945 年后接受了福利国家的基本大纲，但他们仍然对民主国家中央集权的发展保持警惕。每一个欧洲人都见证了德国独裁政权大规模滥用国家权力的情况，而且大多数人对斯大林时期苏联的权力滥用感到彻底失望。人们对大众政党和大众媒体再次滥用国家权力和逃避民主问责的潜在可能性深表担忧。人们还担心新的福利国家会创造一种依赖文化，并对民主造成威胁，因为任何获得国家支持的人都不会挑战当权者。国家主导主义要推进全民福利，同时要保护个人自由和宪法，要达到这二者的平衡，这对重建工作者来说是个不小的挑战。第二次世界大战后，保守派坚持认为个人自由和自由市场是不可分割的（19 世纪古典自由主义的永恒信条），人类一般情况下不会选择顺从；而且，通过指令性国家行动改善社会弊病，高估了机构修正和改变人性非理性一面的能力。主要的保守派不再严重依赖国家来创造良好的社会，而是继续强调关于自律以及个性化的性格修养的老式秘诀，并以此作为改善社会的基础。政治哲学家迈克尔·奥克肖特（Michael Oakeshott，1901—1990）将保守的特征描述为对熟悉的人和事物的忠诚，"喜欢体验过的而非未尝试过

---

[1] Robert Skidelsky, "Hayek versus Keynes: The road to reconciliation", in Edward Feser, ed., *The Cambridge Companion to Hayek* (Cambridge, 2006), pp. 82–108.

的，喜欢事实的而非神秘莫测的，喜欢实际的而非充满挑战的，喜欢有限的而非无限的，喜欢近的而非远的，喜欢足够的而非多余的，喜欢便捷的而非完美的，喜欢当下的欢乐而非乌托邦的幸福"。[1]

20 世纪 70 年代初，一系列相互关联的事态发展导致了关于全面福利国家的可行性和可取性的重新论证。欧洲人口的不断减少引起了人们的担忧，即人口老龄化将很快对国家政府的财政资源造成过度的需求。养老金和医疗保健费用的需求将不可避免地超过不断萎缩的劳动力的维持能力。欧洲生产力的下降和工资的上涨，以及福利义务的增加，使它与全球新兴市场上的其他经济体相比处于竞争劣势。对一些观察家来说，人们极为担心的依赖文化表现在罢工和工会要求提高工资与福利，以及缩短工作周期。

1973 年的石油危机是战后的转折点，西方社会通过生产资料的公有制来实现社会主义者自 19 世纪初以来所设想的平等的社会。在 1973 年之前，西方国家从中东获得廉价的原油供应，全球已探明储量的原油，三分之二都位于中东。当以色列与阿拉伯邻国发生战争时，美国对这个犹太国家的支持首先导致了阿拉伯国家的石油禁运，继而导致向西方国家出售的石油价格迅速上涨。欧佩克（OPEC）的这一惩罚性举措导致了自 20 世纪 30 年

---

[1] Michael Oakeshott, "On Being Conservative", in Russell Kirk, ed., *The Portable Conservative Reader* (New York, 1982), p. 569.

代大萧条以来西方最严重的经济衰退。整个十年间，失业率不断上升，税率居高不下，经济增长缓慢，劳资动荡加剧。随着对政府主导的解决经济问题的方案越来越不抱幻想，反对国家干预的保守派抓住这个机会，重新赢得了公众的支持。

1979 年英国玛格丽特·撒切尔（Margaret Thatcher）和 1980 年美国罗纳德·里根（Ronald Reagan）的当选是一个重要的转折点，因为两位领导人都承诺要缩小政府的规模和权限。这一时期，政府放松管制、执行私有化、回归市场经济原则。[1] 在英国，强大的工会在一系列激烈的罢工之后遭遇挫折，一些公共服务改为非国有化，交通和通信等关键经济部门被卖给了私人投资者，这些都符合弗里德里希·冯·哈耶克的新自由主义经济理论。长期以来，哈耶克的理论一直被他更知名的对手的理论所掩盖，他"在 20 世纪最后几十年主导了有关政治与市场关系的辩论，就像凯恩斯在两次世界大战期间和战后几十年主导了这场辩论一样"。[2] 哈耶克与美国经济学家米尔顿·弗里德曼（Milton Friedman，1912—2008）和他的"芝加哥学派"的追随者站到了同一行列，这些保守派巧妙地将他们对市场经济学的信仰与粗犷的个人主义、爱国

[1]　Spellman, *World Since 1945* (Houndmills, 2006), p. 179; Jules Tygiel, *Ronald Reagan and the Triumph of American Conservatism* (New York, 2005), pp. 125, 128, 133–5; Peter Clarke, *Hope and Glory: Britain 1900–1990* (New York, 1996), pp. 367–72.

[2]　Wayne Parsons, "Politics and Markets: Keynes and His Critics", in *Cambridge History of Twentieth-Century Political Thought*, p. 60.

主义、法律秩序结合在一起。

20 世纪八九十年代的保守派作家坚持认为：所有公民都应享有平等的权利，包括言论自由、集会自由、宗教自由和法律规定的正当程序。但他们也认为，那些认真行使这些自由权利的人，会获得比他们身边的人更好的教育，拥有更多的财富，从而获得更多的权力，这是允许出现的。自由会自然而然地导致经济和政治上的不平等，这是不可避免的，因为不能忽视个人的劳动成果的差异。在回顾 19 世纪早期自由主义者的核心信念的相关文章和书籍中，20 世纪晚期的保守派认为：所谓弱势群体，只不过是自由和平等的公民未能在竞争激烈的个人主义社会中充分利用他们的机会而已。这些新保守派宣称，政府通过法律和法规来减少经济不平等的做法实际上是行不通的，在道德上也是有问题的。在美国记者欧文·克里斯托（Irving Kristol，1920—2009）看来，保守主义必须是"改革主义者"，"通过回归自由主义视野和自由能量的原始来源，以纠正当今扭曲的自由主义版本"，来超越当代自由主义。[1]

到了 20 世纪 80 年代中期，左派政治在整个西方处于守势，而社会主义政党则在努力提出一种替代放松管制和基于市场的资本主义的可行方案。随着各方开始接受市场逻辑、利润动机

---

[1] Irving Kristol, *Reflections of a Neoconservative* (New York, 1983), p. 75; Sheldon Wolin, *Politics and Vision*, pp. 525–6.

和自由竞争导致的不平等，左派和右派政治之间的历史性区别开始变得模糊。具有讽刺意味的是，这一趋势在 1992 年比尔·克林顿（Bill Clinton）的民主党以及 1997 年托尼·布莱尔（Tony Blair）领导的"新工党"的胜利中得到了证实。两国政府都沿用了前任政府的政策，并对私营部门经济进行了大幅扩张。左派要求通过政治行动来弥补地位和条件上的不平等的呼声被平息了。对社会平等的意义和对市场的不信任的尖锐质疑已经一去不复返了，社会民主和平等的终生福利曾经是左派战后政治计划的核心，现在被认为是既不可持续也不可取的。在美国，1992 年克林顿总统试图建立一个全民医疗体系却以失败告终，以及 1994 年保守党接管美国国会，佐证了新的政治现实。

▶ ▷　失去中心：全球化与差异

　　1989 年柏林墙的倒塌标志着冷战的结束，西方迎来了对民主宪政信心十足的十年。新保守主义理论家，如美国的弗朗西斯·福山（Francis Fukuyama）振奋地写道：意识形态冲突已经终结，世界各国将拥抱西式民主政治、市场经济学和基于竞争性个人主义的广泛社会共识。[1] 随着苏联的突然解体，社会主义作为一个经

---

[1]　Francis Fukuyama, *The End of History and the Last Man* (New York, 1992).

济体系受到了重创，至今仍在恢复中。美国扮演了垄断的超级大国的角色，领导着一个强大的石油消费国军事联盟，在萨达姆·侯赛因（Saddam Hussein，1937—2006）领导的伊拉克入侵邻国科威特之后，向其发动战争。华盛顿和伦敦有很多人认为不可采取绥靖政策，必须向已经威胁到自由主义共识的现代独裁者发出警告。一系列快速重要的军事行动迫使伊拉克军队从科威特领土上撤离，这似乎为西方价值观的全球融合以及将当地身份认同和文化表达重新定位到私人领域铺平了道路。在蓬勃发展的全球金融市场上，这种信心表现得最为明显，因为在这些市场中监管协议难以达成一致，更不用说跨越国际边界强制执行。到了 20 世纪 90 年代，世界主要国家的经济命脉已经交织在一起，世界大都市中的富有居民彼此之间的共同点往往比他们的同胞更多。由于大部分不受监管的市场经济被鼓吹为进步的唯一模式，不论地点或文化如何，为追求最低成本而加速外包制造业和服务业成为西方发达经济体的特征。甚至连深思熟虑和备受尊敬的记者也陷入了普遍的困惑之中。21 世纪早期的一本畅销书在其标题中宣称：世界是"平的"，那些不接受新的相互关联的全球经济的人将很快被全球化的浪潮所吞没。[1] 当然，事实上，世界日益扩大的物质不平等是新经济体的显著特征，而在富裕的西方国家，国民收入的更大比例集中

---

[1] Thomas Friedman, *The World is Flat: A Short History of the 21st Century* (New York, 2005).

在越来越少的人手中。21 世纪伊始，普遍的乐观情绪受到了日益高涨的反西方情绪的影响——这些情绪主要由伊斯兰激进组织成员和全球经济危机引发，这场危机的规模之大自 20 世纪 30 年代以来还尚未出现过。美国的霸权——如果存在的话——被证明是短暂的。"9·11"恐怖袭击事件后，美国获得了全世界的同情和支持，之后，由西方国家组成的联盟与美国联手推翻了阿富汗的塔利班政权。但在 2003 年先发制人入侵伊拉克之后，美国在所谓的反恐战争中的支持度急剧下降。关于大规模杀伤性武器的似是而非的说法，以及侯赛因政权与塔利班之间的直接联系被证明是虚构的，是一种意识形态推动政策、弥补缺乏确凿证据的"情报"的失败。其结果是，人们对美国的意图越来越持怀疑态度，对这个单一超级大国的"不支持我们，就是在反对我们"的姿态越来越排斥。到 2010 年年底，针对伊拉克的"自愿联盟"已经只剩下一个国家，而在阿富汗，美国支持的喀布尔政府由于官员腐败，解决冲突步伐受阻。[1]

　　2008 年秋天，由于主要金融市场几近崩溃以及全球经济开始严重衰退，西方在伊拉克和阿富汗的军事介入付出了高昂的人力和财力代价。20 年来金融市场放松管制，加上不负责任的借贷做法助长了消费主义的气焰，消费者们对储蓄的蔑视和对债务的

---

[1]　David S. Mason, *The End of the American Century* (Lanham, Maryland, 2009), pp. 133–52.

赞许，为日后的灾难埋下了隐患，金融市场国际化的内在危险在抵押贷款行业中表现得最为鲜明。抵押贷款是以房地产总是升值的假设，向不符合条件的买家提供贷款。成千上万的抵押贷款被打包出售给世界各地的投资者，这些投资者对个人借款人的财政状况知之甚少，当房地产市场开始疲软时，丧失抵押品赎回权的情况成倍增加，主要的金融机构也陷入困境。美国政府感到不能完全靠一直认为可靠的市场，被迫投入数十亿纳税人的钱来支撑不负责任的银行和被视为"大到不能倒"的贪婪的华尔街公司。[1] 甚至连哈耶克的弟子、1987—2006 年担任美联储委员会主席的艾伦·格林斯潘（Alan Greenspan，1926— ）都在 2008 年年底的国会委员会发言中指出，他整个职业生涯对贷款机构监管的反对可能是错误的，并提出了关于公民美德和私人利益之间微妙平衡的新的重要问题。在这样一种商业文化中，资本经营者会利用他人的资产通过短期的冒险行为而获得过多的资金，而公民美德则被贬低为一种麻烦。关于人性以及实现和平与繁荣的社会秩序的最适当模式的辩论，再次成为公共政策的重点。

---

[1]　Richard A. Posner, *A Failure of Capitalism: The Crisis of '08 and the Descent into Depression* (Cambridge, MA, 2009), especially pp. 148–219.

▶▷　后现代批判

关于历史的终结和自由民主最终胜利的断言，不能完全掩盖战后哲学思想中一个有影响力的趋势，它质疑理性是否有能力为所有道德和政治价值，甚至是民主价值建立一个明确的基础。在第二次世界大战以及它所造成的 5000 多万人的死亡后，新一代自称为后现代主义的思想家站出来否认所有关于如何组织社会的大型理论的完整性。他们对整个政治意识形态的概念提出了质疑，因为它倾向于"综合"解决社会组织的问题，为人类提供一个"一刀切"的单一模式，从而削弱个人自主权。[1]

后现代作家专门瞄准所谓的西方依赖的"元叙事"概念，元叙事是所有社会和政治重建计划基础的普遍真理的概念。[2] 这些"元叙事"概念自早期基督教时代以来就一直是西方历史的一个特征，但它们从 18 世纪开始在西方文化中起到指导作用，那时自然法则、人的权利、理性原则和进步的历史观都成了政治词汇的一部分。法国后现代主义者让－弗朗索瓦·利奥塔（Jean-Francçis Lyotard，1924—1998）质疑：在一个多元认同和分裂的世界——

---

[1]　John Schwarzmantel, *The Age of Ideology: Political Ideologies from the American Revolution to Postmodern Times* (New York, 1998), p. 175.

[2]　John Morrow, *History of Political Thought*, pp. 371–2.

一个非殖民化和多元文化的时代——任何同质化或通用的观点是否都能站得住脚。作家和他们的体系似乎受到文化、视角和历史背景的限制。作为日常生活的参与者，理论家或政治人物是否能够以一种看似中立、超然的方式来制定宏大的理论。

后现代思想的另一个重要特征是认为发展、社会进步和解读历史其实只是创造这些东西的人认同，而非客观现实。对于后现代主义者来说，一切形式的普遍主义并没有带来解放——这是启蒙运动的核心愿望——而是导致精英阶层拥有更大的控制范围和权力。事实上，整个意识形态思维模式加上新通信技术的力量，促使 21 世纪发生了一些最可怕的恐怖事件。通常，国家、种族和阶级的同质化观念——据称所有这些概念都导致了人性的改变——最终导致了暴力、统治和堕落。根据这些作家的观点，所有的现代意识形态，从自由主义到专利主义，都具有极权化的世界观，这些世界观转化为多种形式的统治。

▶▷　差异政治

后现代主义为独特性、分裂和差异化价值提供了空间。或许后现代主义对意识形态的批判最明显的表现是出现了身份认同政治。认同政治最早起源于战后世界的反殖民主义，其形式多种多样，涉及大量少数民族。女性主义者、男同性恋者、女同性恋者、

难民、合法移民、宗教团体成员、要求获得地位的土著民族以及
非欧洲人都呼吁得到法律和宪法的承认、期待社会更广泛地接
受不同生活方式的选择，以及拥有不参与融入主流文化项目的权
利。[1] 对于认同政治的拥护者来说，作为传统自由主义核心的法
律平等，并未能确保公民的平等待遇。在某种程度上，认同在反
对压迫的斗争中取代了阶级，在这方面具有讽刺意味的是，认同
政治源于对启蒙人道主义的认可，要求充分平等、合法程序、相
互尊重和容忍，以及具有普遍认可标准的个人自决。[2]

　　差异是 20 世纪后半叶自由女性主义思想的一个重要主题。自
18 世纪以来占据主导地位的政治思想是以人性为框架的，而女性
主义者则提出了以女性为主体的价值观和利益最大化的可能性。
她们还指出，在西方历史中，幸福、私人与公共领域、个人自主、
占有欲和美好生活的概念都是在男性主导的社会中形成的，而这
些男性认为女性生而卑微，从来没有考虑过可能具有同等甚至更
高的价值的其他观点。女性主义者认为，即使有投票权，大多数
女性在私人领域的从属地位也仍会对公共领域的民主实践产生消
极影响，特别是在立法方面。家庭中不平等的分工和女性在劳动

[1]　Brian Barry, *Culture and Equality: An Egalitarian Critique of Multiculturalism* (Cambridge, 2001), p. 12; Michael Kenny, *The Politics of Identity* (Cambridge, 2004), pp. 1–11.
[2]　John Gray, *Endgames: Questions in Late Modern Political Thought* (Cambridge, 1997), p. x.

力市场上不平等的收入能力，提高了她们在公共领域充分的平等
参与的成本。自由民主传统中的女性主义者采用差异性语言作为
获得权力以确保公平竞争的手段，并实现真正的民主，因为几个
世纪以来父权思想形式的差异加剧了不平等。

在大多数情况下，认同群体间成员的利益相互重叠。例如，
女性主义者也可能是移民权利组织的成员，或是个别宗教少数群
体。同样，在另一个认同问题上，一个认同群体的地位可能与多
数人的文化立场一致，例如，某个宗教少数群体不支持将婚姻权
利扩大到男女同性恋者。但认同政治有一个特征适用于每一个群
体：自我本质的性质从来都不是静止的，而是始终在变化中，始
终需要自评而不是从外部获得评判。[1] 米歇尔·福柯（Michel
Foucault，1926—1984）在他的著作中提出了这样的观点：特定的
人群必须自评自己的现实生活状态和自己的存在价值，而不是靠
涵盖一切的外在强加的意识形态来评判。其自评的基础不是关于
美好生活的全面的理论知识，而是立足于个人的经验。由于自我
是社会因素或偶然因素的产物，故而个人没有规范其他人的合法
权利。[2]

---

[1]　James Tully, "Identity Politics", in *Cambridge History of Twentieth Century Political Thought*, pp. 17–9.
[2]　Clare O'Farrell, *Michel Foucault* (London, 2005), 提供了一个福柯的生活和工作的概述。

▶▷　移民和认同

关于认同形成的后现代观点与国际移民相关甚密。到了 20 世纪末，推动欧洲和美国进入工业时代的经济模式正在转型。重工业和制造业的时代已经接近尾声，因为发展中国家的消费品生产成本较低。在技术和服务相关因素的推动下，新的经济发展趋势出现了，不再需要大型城市工厂和大型工会，在同一家公司长期供职也不再可能。在全球市场上，随着公司减少终身福利方案并将项目外包给第三方，就业变得更加灵活，但就业方向也更加不明确。双职工家庭成为一种规范，在消费经济扩张的同时，出生率下降到接近或低于死亡率的水平。

在西方，下层阶级[1]仍然存在，但它越来越多地成为土著少数民族和外来人口的保留地，它的存在对西方民主理论提出了最大的挑战，因为多元文化社会的活力存在于与多数文化的紧密联系中，这些文化尤为重视同化的力量。在经济繁荣时期，欧洲和美国的当地人拒绝接受 "3D" 工作（枯燥、肮脏和危险的工作），所以大量的临时工和无证工人受到雇主欢迎；但是到了经济周期性低迷时期，这些人被视为不受欢迎的外国人，给国家福利机构造

---

[1]　下层阶级（Underclass），专指那些缺乏技能和训练，经历过长期失业或不能成为劳动力的人，包括那些参与街头犯罪和其他形式的违法行为，并且其家庭长期贫困或需依赖福利供给的人。——译者注

成压力。[1] 这种不平等的接受和拒绝模式，始于 20 世纪 50 年代的欧洲游客工人计划，并持续了半个世纪。这不是 1948 年联合国所设想的那种待遇：当时联合国通过了一项不具约束力的"世界人权宣言"，其对象是"人类大家庭的所有成员"，不分国籍。该决议的主要设计师、曾为美国第一夫人的埃莉诺·罗斯福设想建立一个跨越国界的，对全球文化差异保有理解和尊重的世界。自 20 世纪 50 年代以来，大部分国际移民流动都是跨越相邻穷国的边境，但西方国家从穷国向富国的流动人口数量相当可观，以至于在移民接收国出现了前所未有的情况。400 年来，欧洲人遍布全世界；1945 年后，欧洲大陆成为一个净移民区。到了 20 世纪 90 年代，整个欧洲大陆开始强烈反对移民群体，称这些移民拒绝同化，这加剧了欧洲的紧张局势，并导致了非欧洲移民后裔对欧洲社会的疏离感。

▶ ▷ 民族主义

后现代思潮的核心思想伴随着国家认同观点的崛起。民族主义的启蒙思想强调了民主公民，他们积极追求共同的教育和统一的公民精神。冷战后对国家基于种族和宗教的理解削弱了同化进程，而如今同化被认为是达到统领地位的新手段。改良后的地区

---

[1]　W. M. Spellman, *Uncertain Identity: International Migration Since 1945* (London, 2008), pp. 2–60.

主义形式出现在像大不列颠这样的老牌民主国家，例如，苏格兰和威尔士的公民呼吁建立更大的联邦制，并建立地方议会。最令人不安的是，所谓的同质民族国家现在在他们中间发现了多元的声音，他们强调自己的宗教、种族和语言十分重要，甚至认为地区身份高于普遍的公共关系。在某些情况下，宗教中的少数群体提出了特殊待遇的要求，例如建立宗教信仰学校和取缔现有法律制度，理由是世俗自由文化从定义上讲是霸权主义。族裔民族主义，以及对民族分歧点而非共同点的关注，带来了严重的后果。20 世纪 90 年代中期在前南斯拉夫、1995 年在贫穷的卢旺达的西部地区，都发生了种族灭绝事件。经过长时间的犹豫不决和拖延之后，一个由西方民主国家组成的联盟终于制止了在欧洲东南部杀害无辜者的行为，并在海牙将一些肇事者绳之以法，但相比之下，制止非洲黑人的暴力行为的努力则收效甚微。不幸的是，有些人对普遍道德原则的有效性提出了质疑，他们强调文化差异和激进的多元主义，并以此破坏国际问责和人权标准的基础。其结果是社会分裂的程度如此严重，以致国家的观念站不住脚。在排斥和迫害邻国的过程中，民族主义的残余势力找到了团结的唯一理由。

▶▷ 约翰·罗尔斯和自由主义的命运

人们试图重新解释启蒙运动的普遍主义，从而扭转日益分化的趋势。出生于美国的哲学家约翰·罗尔斯（John Rawls，1921—2002）就是其中之一，他提出了一个更具说服力的观点，将古典自由主义（包括社会契约理论）与批判自由主义的马克思主义和后现代的基本原则结合起来。罗尔斯可以说是 20 世纪最具影响力的政治思想家，当时英美哲学对亚里士多德、霍布斯、洛克、康德和黑格尔的形而上学理论不屑一顾，研究点缩小到了对事实问题的调查和对语言与术语含义的概念性研究。[1]就是在这个时期，他开始了自己的职业生涯。他成功地复兴了实质性的、"大问题"的政治哲学，同时有力地批判了后现代的观点，即道德只不过是一种特殊的社会建构。

罗尔斯同样对功利主义发出了挑战，这种功利主义将良好的公共政策等同于以最低的社会成本实现社会福利最大化。他认为这是对个人自由的威胁，因为最大利益（或社会利益）原则会践踏所谓的"人的独立性"或其他个人的尊严和人性。"每当一个社会着手最大限度地满足利益的全部内在价值或净平衡时，就会发现，有人会用同样的理由来证明自己的自由受到了侵犯。"[2] 20世纪五六十年代，从苏联到一些发展中的后殖民时代的国家都是如此，这样的证据遍地都是。罗尔斯在他的《正义论》(*Theory of*

---

[1]　See Martha Nussbaum's essay on the significance of Rawls' work in *Chronicle of Higher Education* (20 July 2001).

[2]　John Rawls, *A Theory of Justice*, revised ed. (Cambridge, MA, 1999), p. 185.

Justice，1971）中提出，要为自由主义制定一个强有力的战略，以捍卫平等和人道的价值观，对抗相对主义和功利主义的攻击。他的整个学术生涯都致力于探索、精炼和阐明"公正即公平"的概念，在这个概念中，社会是否良好要看它是否能够建立起为所有公民提供一系列保障基本利益的机制。

　　从一个简单的思想实验开始，罗尔斯要求他的读者把自己想象在一个"最初状态"，作为社会的一部分并熟悉人类事务，但不知道自己是男性还是女性、白人还是黑人、富有还是贫穷、有天赋的或残疾的（这种实验没有道德意义，只是使个人处于弱势群体的特征）。在"最初状态"（"无知的面纱"）之下，个人被要求采用一系列会影响社会制度的原则缔结社会契约。罗尔斯认为，理性的、规避风险的、利己主义的人处于这种最初的假设状态，并懂得人类事务的正常进程，他们将采取一定的原则并倡导人权，以最大限度地公平分配就业、教育、住房、医疗保健和其他可以让人有尊严地生活的"基本利益"的机会。罗尔斯在提出这一关于道德决策的论点时，避开了认为古典自然权利理论不过是资本家的知识支柱的马克思主义者的批评。因为在这种正义理论下，个人、社会和经济自由的安排方式是为最贫困的人提供最大的利益，他们可以在自主、安全和有保障的环境中决定自己的生活。罗尔斯认为，这一理论符合所有人的共同愿望，因此为评估当前的社会和经济结构提供了逻辑基础。它还在与不受监管的市场带来的不平等，以及共产主义制度派生的循规蹈矩之间开辟了一条中间道路。罗尔斯在他的著作中创建了一个福利国家和一个民权计划，使人们更公平地获得基本利益，这一思想与第二次世界大战后几年整个欧洲发展趋势基本一致，但在美国的影响力较小。[1]

《正义论》重新激发了关于个人与社会或社群自由的相对价值的讨论。在罗尔斯提出个人权利是源于"最初状态"的契约过程的产物时，他在哈佛大学的同事兼评论家罗伯特·诺齐克（Robert Nozick，1938—2002 年）在《无政府、国家和乌托邦》（*Anarchy, State, and Utopia*，1974）中主张权利是不可侵犯的，从根本上讲权利是人性的组成部分。但这两个人都对国家权力设定了重要的限制，并将个人权利置于国家和社会之上。加拿大的查尔斯·泰勒（Charles Taylor，1931—　）、英国的阿拉斯代尔·麦金太尔（Alasdair MacIntyre，1929—　）、美国的迈克尔·沃尔泽（Michael Walzer，1935—　）和迈克尔·桑德尔（Michael Sandel，1953—　）等理论家提出了另一种可替代的社群主义观点。关于现代自由主义理论的社群主义解读强调了人在相互重叠的关系和社会中的重要性，而不是独立个体之间彼此签订契约。桑德尔认为，高度个

---

[1] Louis I. Katzner, "The Original Position and the Veil of Ignorance", in H. Gene Blocker and Elizabeth H. Smith, eds, *John Rawls' Theory of Social Justice* (Athens, OH, 1980), pp. 42–58.

性化的传统自由主义理论在经验上是错误的，一个人在社会中的位置是权利形成的起点。社会中应存在具有"公共事务知识和归属感，关心整体，与命运攸关的社会建立道德纽带"的积极公民。[1]然而，对于一些社群主义理论的自由主义批判者来说，嵌入社群的想法本质上是保守和相对的；它很容易接受现有的社会规范，并且不鼓励异议和其他观点。

20 世纪后期政治思想的前沿存在着一些关键问题：各国如何才能重新树立起尊重文化差异的认同感和共同的公民目标？代议制民主国家如何能够在保护个人自由的同时，承认在经济严重不平等的环境下，这种自由对被排斥的人来说是毫无意义的？在媒体操纵、消费主义当道和经济不稳定的时代，如何深化和扩大公民参与度？西方的民族国家自治模式——世界各国人民采纳的一种公民秩序模式——如何能与加强国际合作和决策的社会需求相协调？20 世纪的惨痛教训仍使人记忆犹新，反西方情绪日益高涨，这些问题的答案仍然令人难以捉摸。

---

[1]　Michael Sandel, *Democracy's Discontent: America in Search of a Public Philosophy* (Cambridge, MA, 1996), p. 5. 也可见 Michael Walzer, *Politics and Passion: Toward a More Egalitarian Liberalism* (New Haven, 2004)。

| 结语 |
以新视角解读经典理论

古代民主理想的前提建立在以下基础之上：人类有能力在社会环境中理性地劳动、能就美好和有价值的生活建立共识，以及在社会中追求和努力创造美好而有价值的生活。人不是神，无法完全在自由和秩序之间掌握平衡。但也有人认为，体力劳动和财富的创造主要由不自由的人（经济不独立的女性、儿童和奴隶）承担，只有少数特权男性公民能够参与民主自治项目。人类理性有其局限性，对于古希腊和罗马世界来说，人类显然被分为两类：一类是能够理性思考并付诸行动的少数人，另一类是只适合做体力劳动和提供服务的大多数人。

在中世纪，世俗权威的首要目的是引导人们在来生获得救赎。就这个层面而言，国家不过是教会的附属物，是上帝选择的统治工具，在理论上服从教皇的纪律。教会的目的在于使人们认为进步、幸福和个人自由是属于来世而不是今生的，将人生在世理解为一段考验和准备的时间。社会停滞是神圣的命令，现有的不平等和社会等级制度也是如此。上述理论结构建立了一种极其不平等的社会秩序，在这种秩序下，少数特权阶层和寄生阶层从众多受压迫的农村劳动力中榨取剩余价值。在中世纪文化中，通过政治行为进行社会变革的想法是令人厌恶的，这是首次犯罪的根源。理性虽然是上帝赋予所有人类与生俱来的属性，却被《圣经》的一些理论所压制，以至于人们认为只有一个拥有完全强制权威的世俗王国才能维护秩序、保护臣民不会违背上帝的旨意。国家的强制性功能被作为一种盾牌，抵御折磨罪人的恶毒和不道德行为。

　　中世纪基督教世界的这种超然理论在文艺复兴时期受到了挑战，后被18世纪的启蒙运动轻易地推翻了。在相当短暂的时间内，奥古斯丁不朽的上帝之城屈服于市场驱动的短暂的人类之城。虽然启蒙运动的言论基本上是包容性的，但大多数哲学家和他们的中世纪前辈一样，对人民群众构建理性、组织社会的能力缺乏信心。大多数人像康德和伏尔泰一样支持开明的君主制和强制权力。对18世纪晚期的美国和法国革命者来说，他们希望建立的负责任的共和国要求公民既开明又见多识广，而大众则两方面的能力都不具备。人们认为，革命精英有义务建立一种政治和社会体制，随着时间的推移，这种体制将提高大多数人作为公民积极参与社会事务的能力。然而，实施适用于所有人的理性原则只被开明的少数人掌握。

　　在19世纪工业化时代和工人阶级意识不断增强的时代，启蒙运动中所隐含的民主原则开始显露，起初有些停滞不前，到1900年则完全显现。深刻的社会变革和经济变革导致政治权利范围扩大至大多数男性，女性选举权的赋予也被提上日程，工人阶级首次在政治制度中有了直接的发言权。各政治派别都承认，民主化进程是不可避免的。在采用现代政党制度的情况下，保守派采取了一种熟悉的家长式的姿态，并向新近获得权利的群众呼吁坚持民族主义的立场，而自由派强调个人自治的首要地位和反对国家弊政的权利。国家在住房、教育、就业和公共卫生等领域的干预理念只是缓慢地改善了工业社会的恶劣条件。到 1900 年，投票权的扩大、涉及物质福利等重要问题相关法律的颁布，降低了工人阶级革命爆发的可能性。无产阶级完全得到了安抚，以至于当 1914 年爆发了一场全面的欧洲战争时，那些敢于对抗残酷斗争的少数人，竟然被视为民族神圣事业的叛徒，遭到了同胞的敌视。

　　20 世纪中叶的极权主义经历深刻地考验了启蒙运动对人类理性的认知。对于那些在两次世界大战期间曾轻率地批评大众民主，并使自己服从于专制统治的知识分子来说，第二次世界大战使他们从错位的同情中醒悟。那些致力于摧毁自由主义观念的领导人对人民群众，甚至是受过高等教育的公民进行思想灌输和操纵，形成了战后特殊的思想氛围，并为后现代思想的反意识形态立场提供了平台。尽管中央集权在 20 世纪下半叶随着福利国家的出现和冷战的开始而持续，但对国家集权的怀疑依然存在，尤其是政治中的保守派。保守派、个人自治和经济自由是任何宪政民主的堡垒；社会团结是自愿联合和相互同情的表现，而不是善意的官僚命令。20 世纪下半叶，西方政治思想徘徊于保守的小国理论、对激进国家的自由主义承诺以及对平等的正确认知之间。

　　在 21 世纪开始时，尽管对后现代主义的质疑不断，但代议制宪政民主国家仍然在假定政治理论领域存在永恒真理的基础上运行。人类平等的言论、法制、不可侵犯的权利、市场经济的发展，以及社会生活水平进步的趋势持续影响着西方的民主政治文化。国家通常以提高公民福利来增加其政治的权威性，而民主国家则是通过公平的选举以及给予公民自由的权利来彰显政治权威。对文明的异议和对国家政策的和平挑战继续被大多数观察家解读为健康政治制度的基本要素。

第二次世界大战结束后，西方的物质财富积累以及福利国家的出现，削弱了传统阶级分化的影响，但是跨越阶级界线的新问题已经出现。例如，尽管有多重警告信号，但西方对"良好社会"的定义仍然是在民主国家的领导下，为人类的目的开发自然资源、为人类社会发展和消费方面进行界定。但在环境压力、经济全球化和国家内部特定身份的价值化的时代，这种范式可能无法长期持续。以有意义的方式解决这一问题，需要的是跨国合作与协调，而不是边界集中的政策。

值得庆幸的是，西方政治思想仍然在研究源于古代犹太基督教中的一些基本问题，这些问题后来在启蒙运动中作为道德原则得到了世俗的明确认可。这些原则要求人的基本平等不因个人的物质条件而减弱，人人享有尊严并受到尊重。如何落实这些原则，以及如何在不断变化的社会环境中应用这些原则，仍然是西方和其他国家政治辩论的焦点。人们呼吁出现一种理性的政治，呼吁一个思辨的过程，在这个过程中，通过辩论、妥协和协商一致来制定改善人类状况的规划，这种呼吁一直持续到21世纪。在一个西方价值观日益受到审视的多元世界，这一点尤其必要。一部分人使用暴力来维护其宗教激进主义中善的观点，而这些暴力事件对自由社会造成持续的威胁，使得负责任的政体为保卫国土安全、国民安全需保持警觉。为维护国民安全、国土完整，领导广大民众共同提高警觉性、努力建设自己的家园，同时为了证明警觉性与理性只能为少数统治阶层所拥有的观点是错误的，21 世纪的政体必将付出巨大的努力，经历艰巨的考验。

|参考书目及注释|

前言

1 George Sabine, A History of Political Theory (Hinsdale, IL, 4th edn., 1973), p. 3.

2 Christopher Rowe and Malcolm Schofield, eds, The Cambridge History of Greek and Roman Political Thought (Cambridge, 2000), pp. 1-2.

3 Sheldon Wolin, Politics and Vision: Continuity and Innovation in Western Political Thought (Princeton, 2004), p. 10.

4 Ibid., p. 4.

第一章 城邦与共和国（公元前 400—公元 400 年）

1 Paul Cartledge, "Greek Political Thought: The Historical Context", in Christopher Rowe and Malcolm Schofield, eds, The Cambridge History of Greek and Roman Political Thought (Cambridge, 2000), p. 11. Helpful introductions are provided by Ryan Balot, Greek Politi-cal Thought (Oxford, 2006) and David Stockton, The Classical Athenian Democracy (Oxford, 1990).

2 L. S. Stavrianos, Lifelines from Our Past: A New World History (Armonk, NY, 1997), argues for the communal nature of kinship societies. See also Felipe Fernandez-Armesto, The World: A History (Mahwah, NJ, 2007), Chapters 1 and 2, and William McNeill, A History of the Human

Community (Mahwah, NJ, 1997), Chapter 1.

3　William H. McNeill, A World History (New York, 1999), p. 16.

4　H. A. Frankfort, John Wilson, and Thorkild Jacobson, Before Philosophy: The Intellectual Adventure of Ancient Man (New York, 1964), pp. 88-9.

5　Dean Hammer, The Iliad as Politics: The Performance of Political Thought (Norman, OK, 2002), pp. 80-92; Balot, Greek Political Thought, pp. 18-19; Robin Barrow, Athenian Democracy (London, 1999), pp. 7-10.

6　Jonathan M. Hall, A History of the Archaic Greek World, ca. 1200-479 BCE (Malden, MA, 2007), pp. 93-100; Robin Osborne, "Archaic and Classical Greece", in The Edinburgh Companion to Ancient Greece and Rome (Edinburgh, 2006), p. 93.

7　Susan Price, "The Organization of Knowledge", in Konrad H. Kinzl, ed., A Companion to the Classical Greek World (Malden, MA, 2006), pp. 432-9; Martin West, "Early Greek Philos-ophy", in John Boardman, Jasper Griffin, and Oswyn Murray, eds, The Oxford History of the Classical World (New York, 1986), pp. 112-23.

8　Simon Hornblower, "Creation and Development of Democratic Institutions in Ancient Greece", in John Dunn, ed., Democracy: The Unfinished Journey, 508 B.C. to 1993 (Oxford, 1993), p. 3.

9　Paul Cartledge, "Greek Political Thought: The Historical Context", in Cambridge History of Greek and Roman Political Thought (Cambridge, 2000), p. 11.

10　Janet Coleman, A History of Political Thought, 2 vols (Malden, MA, 2000), 1: 23.

11　Thucydides, History of the Peloponnesian War, in Robert B. Strassler, ed., The Landmark Thucydides (New York, 1996), pp. 111-2. See also Donald Kagan, Pericles of Athens and the Birth of Democracy (New York, 1991).

12　Coleman, Political Thought, 1: 70.

13 R. M. Hare, "Plato", in R. M. Hare, Jonathan Barnes, and Henry Chadwick, eds, Founders of Thought (Oxford, 1991), pp. 12-13.

14 Plato, The Republic, trans., Paul Shorey (Cambridge, MA, 1963), p. 129.

15 Quoting Sabine, History of Political Theory, p. 60.

16 Jonathan Barnes, Aristotle (Oxford, 1982), is a good starting point. See also the same author's overview of Aristotle's life and work in Jonathan Barnes, ed., The Cambridge Companion to Aristotle (Cambridge, 1995), pp. 1-26.

17 Aristotle, The Politics and the Constitution of Athens, ed., Stephen Everson, (Cambridge, 1996), p. xi.

18 Barnes, Aristotle, p. 79.

19 Balot, Greek Political Thought, p. 232.

20 C. C. W. Taylor, "Politics", in Barnes, ed., The Cambridge Companion to Aristotle, p. 236; Abraham Edel, Aristotle and His Philosophy (Chapel Hill, NC, 1982), pp. 320-1.

21 Roger Crisp and Trevor J. Saunders, "Aristotle: Ethics and Politics", in David Furley, ed., From Aristotle to Augustine (London, 1999), pp. 130-5.

22 Aristotle, Politics, ed., Everson, p. 195.

23 Aristotle, Nicomachean Ethics, Book 10, Chapter 9, ed., Everson.

24 Aristotle, Politics, Book I, 2 (1253), ed., Everson, p. 14.

25 Wolin, Politics and Vision, pp. 65, 70.

26 J. M. Roberts, A Concise History of the World (Oxford, 1995), p. 140.

27 J. S. McClelland, A History of Western Political Thought (London, 1996), p. 84.

28 John Moles, "The Cynics", Cambridge History of Greek and Roman Political Thought (Cambridge, 2000), p. 419.

29 Norman Lillegard, On Epicurus (Belmont, CA, 2003) offers a short overview. See also James H. Nichols, Jr, Epicurean Political Philosophy: The

De rerum natura of Lucretius (Ithaca, NY, 1972), pp. 13-24.

30　Wolin, Politics and Vision, p. 71.

31　Malcolm Schofield, "Epicurean and Stoic Political Thought", in Cambridge History of Greek and Roman Political Thought (Cambridge, 2000), p. 442.

32　Malcolm Schofield, "Stoic Ethics", in Brian Inwood, ed., The Cambridge Companion to the Stoics (Cambridge, 2003), pp. 233-56.

33　Marcus Aurelius, Meditations, trans., Maxwell Staniforth (Harmondsworth, 1964), pp. 88-9, 96.

34　Romans, 13.1-6.

35　Matthew Innes, Introduction to Early Medieval Western Europe, 300-900 (London, 2007), pp. 41-2; Roger Collins, Early Medieval Europe, 300-900 (New York, 1991), pp. 17-24.

36　Julia M. H. Smith, Europe after Rome: A New Cultural History, 500-1000 (Oxford, 2005), p. 220; Ian Wood, "Christianisation and the Dissemination of Christian Teaching", in Paul Fouracre, ed., New Cambridge Medieval History, c. 500-c.700, pp. 710-711.

37　Bertrand Russell, History of Western Philosophy (London, 1969), p. 290.

38　St Augustine, The City of God, trans., Marcus Dods (New York, 1950), p. 709.

39　Peter Brown, Augustine of Hippo: A Biography (New York, 1967), pp. 360-1.

40　Quoting McClelland, History of Western Political Thought, p. 102.

41　1 Corinthians 12, 4-12.

42　Cicero, On the Commonwealth, ed., James E. G. Zetzel (Cambridge, 1999), p. 71 (Book 3, 33); Francis Oakley, Natural Law, Laws of Nature, Natural Rights: Continuity and Discontinuity in the History of Ideas (New York, 2005), pp. 39-40.

第二章 君权神授（公元 400—1500 年）

1 Quoting Antony Black, Political Thought in Europe 1250-1450 (Cambridge, 1992), p. ix. See also Marcus Bull, Thinking Medieval: An Introduction to the Study of the Middle Ages (Houndmills, 2005), pp. 15-18, where the author discusses the variety of modern responses to the Middle Ages.

2 D. E. Luscombe, "The Formation of Political Thought in the West", in J. H. Burns, ed., The Cambridge History of Medieval Political Thought, c. 350-1450 (Cambridge, 1988), pp. 158-9.

3 R. N. Berki, The History of Political Thought: A Short Introduction (London, 1977), p. 103.

4 C. Warren Hollister, Medieval Europe: A Short History (Boston, 1998), p. 59; Robert T. Howe and Helen Howe, The Medieval World (White Plains, NY, 1988), pp. 86-7; Edward Peters, Europe and the Middle Ages (Englewood Cliffs, NJ, 1989), pp. 88-9.

5 Michael Oakeshott, Lectures in the History of Political Thought (Charlottesville, VA, 2006), p.255; A. Daniel Frankforter, The Medieval Millennium (Upper Saddle River, NJ, 1999), p. 49.

6 Hollister, Medieval Europe, p. 33; Jacques Le Goff, The Birth of Europe (Maldon, MA, 2005), pp.200-28. See also Brian Tierney, Western Europe in the Middle Ages, 300-1475 (Boston, 1999) .

7 Joseph Canning, A History of Medieval Political Thought, 300-1450 (London, 1996), p. 17; Eamon Duffy, Saints and Sinners: A History of the Popes (New Haven, 2002), p. 48. John B. Morrall, Political Thought in Medieval Times (New York, 1958), p. 13, discusses the "elective" principle.

8 Luscombe, "Formation of Political Thought in the West", in The Cambridge History of Medieval Political Thought, pp. 169-70.

9 Ibid., pp. 168-9.

10 Patrick Wormald, "Kings and Kingship", in Paul Fouracre, ed., The New Cambridge Medieval History, c. 500-c. 700 (Cambridge, 1995), pp. 571-604, provides a good overview of early Germanic kingship.

11　Warren Treadgold, A History of the Byzantine State and Society (Stanford, 1997), offers a com-prehensive survey. See also Mark Whittow, The Making of Byzantium, 600-1025 (Berkeley, 1996) . On the transition of the empire to the east, see Michael Grant, From Rome to Byzantium: The Fifth Century AD (New York, 1998) .

12　Canning, Medieval Political Thought, p. 4.

13　R. W. Southern, Western Society and the Church in the Middle Ages (New York, 1970), pp. 94-6; Roger Collins, Early Medieval Europe, 300-1000 (New York, 1991), pp. 64-70.

14　Jeffrey Burton Russell, A History of Medieval Christianity: Prophecy and Order (Arlington Heights, Illinois, 1968), pp. 35-41.

15　Gelasius quoted in Brain Tierney, ed., The Crisis of Church and State, 1050-1300 (Englewood Cliffs, NJ, 1964), p. 13.

16　Oakeshott, Lectures, p. 266.

17　David Nicholas, The Evolution of the Medieval World, (London, 1992), pp. 118-20; Canning, Medieval Political Thought, p. 55. Later Caolingian annals portrayed the conflicts leading up to the coup as religious wars designed to protect the Church. See Philippe Buc, "Political Rituals and Political Imagination in the Medieval West from the Fourth Century to the Eleventh", in Peter Linehan and Janet L. Nelson, eds, The Medieval World (London, 2001), p. 191.

18　Matthew Innes, Introduction to Early Medieval Western Europe, 300-900 (New York, 2007), pp. 400-7; John A. F. Thomson, The Western Church in the Middle Ages (London, 1998), pp. 42-4; Joseph H. Lynch, The Medieval Church: A Brief History (New York, 1992), pp. 59-64.

19　Quoted in Janet Nelson, "Kingship and Empire", in Cambridge History of Medieval Political Thought, p. 221.

20　Hollister, Medieval Europe, pp. 95-6.

21　Le Goff, The Birth of Europe, pp. 32-5; Thomas F. X. Noble, "The Papacy in the Eighth and Ninth Centuries", in Rosamond McKitterick, ed.,

The New Cambridge Medieval History, c. 700-900 (Cambridge, 1995), pp. 568-9.

22 R. W. Southern, Western Society and the Church, p. 92.

23 Ibid., p. 99.

24 Janet L. Nelson, "Kingship and Royal Governance", in The New Cambridge Medieval History, c. 700-900, p. 393.

25 R. H. C. Davis, A History of Medieval Europe: From Constantine to Saint Louis (London, 2nd edn., 1988), pp. 156-64.

26 Nelson, "Kingship and Empire", in Cambridge History of Medieval Political Thought, pp. 226-7.

27 Brian Tierney, Western Europe in the Middle Ages, p. 205; Le Goff, Birth of Europe, pp. 40-1.

28 Tierney, Western Europe in the Middle Ages, p. 208.

29 Ibid., p. 214.

30 Hollister, Medieval Europe, pp. 228-9.

31 Ibid., p. 230.

32 "Dictates of the Pope", in C. Warren Hollister, ed., Medieval Europe: A Short Sourcebook (New York, 1997), pp. 260-1.

33 John B. Morrall, Political Thought in Medieval Times (New York, 1958), pp. 34-6.

34 Tierney, Western Europe in the Middle Ages, pp. 220-3.

35 Tierney, ed., Crisis of Church and State, pp. 76, 78, 83. See also selections from Mangold of Lautenbach and Hugh of Fleury, in Ewart Lewis, Medieval Political Ideas (London, 1954), pp. 164-8.

36 Frank Barlow, The Feudal Kingdom of England, 1042-1216 (New York, 1988), pp. 122-33.

37 Tierney, Western Europe in the Middle Ages, p. 225.

38 Sabine, History of Political Theory, p. 216.

39 Le Goff, Birth of Europe, pp. 100-9.

40 John of Salisbury quoted in Canning, Medieval Political Thought, p.

112.

41　John of Salisbury, Policraticus, trans. and ed., Gary J. Nederman (Cambridge, 1990), pp. 28, 30.

42　Tierney, Western Europe in the Middle Ages, p. 313.

43　Hollister, Medieval Europe, pp. 298-9.

44　Fernand Van Steenberghen, Aristotle in the West, trans., Leonard Johnston (Louvain, 1970), pp. 8-22.

45　Eleanor Stump, Aquinas (London, 2003), 314-6, discusses the role of the state in forward-ing justice. Alexander Passerin D'Entreves, The Medieval Contribution to Political Thought: Thomas Aquinas, Marsilius of Padua, Richard Hooker (New York, 1959), pp. 22-3; Berki, History of Political Thought, p. 106.

46　Berki, History of Political Thought, p. 107. Arthur Lovejoy, The Great Chain of Being (Cambridge, MA, 1936) is the classic survey.

47　From Aquinas, Summa Theologica, in Ralph McInery, ed. and trans., Thomas Aquinas: Selected Writings (London, 1998), p. 613. See also Sabine, History of Political Theory, pp. 241-3.

48　David Nicholas, The Transformation of Europe, 1300-1600 (London, 1999), pp. 53-84, reviews the secularizing tendencies in government.

49　Unam Sanctum in Tierney, ed., The Crisis of Church and State, 1050-1300, p. 189.

50　Black, Political Thought in Europe, 1250-1450, pp. 48-9.

51　Barbara Tuchman, A Distant Mirror: The Calamitous Fourteenth Century (New York, 1972); Robin Winks and Lee Palmer Wandel, Europe in a Wider World (New York, 2003), pp. 32-40.

52　Nicholas, Transformation of Europe, pp. 128-9.

53　Dante, On World Government, trans., Herbert W. Schneider (Indianapolis, 1957), pp. 52-80; John A. Scott, Understanding Dante (Notre Dame, IN, 2004), pp. 144-5; Sabine, History of Political Theory, p. 246.

54　Marsilius of Padua, Defensor Pacis, trans., Alan Gewirth (Toronto,

1980), p. 23. See also Leo Strauss, "Marsilius of Padua", in Leo Strauss and Jospeh Cropsey, eds, History of Political Philosophy (Chicago, 1987), pp. 276-95.

55 Canning, Medieval Political Thought, pp. 155-6.

56 Marsilius, Defensor Pacis, p. 45.

57 Francis Oakley, The Medieval Experience: Foundations of Western Cultural Singularity (New York, 1974), pp. 106-7.

58 David Nicholas, The Evolution of the Medieval World: Society, Government and Thought in Europe, 312-1500 (London, 1992), pp. 461- 4; Albert Rigaudiere, "The Theory and Practice of Government in Western Europe", in Michael Jones, ed., The New Cambridge Medieval History, c. 1300-1415 (Cambridge, 2000), pp. 31-2.

59 Nicholas, Evolution of Medieval World, pp. 465-6.

60 Quentin Skinner, Machiavelli (Oxford, 1996), provides a short overview of Machiavelli's life and work.

61 Quoting Wolin, Politics and Vision, p. 188. See also Elena Fasano Guarini, "Machiavelli and the Crisis of the Italian Republics", in Gisela Bock, Quentin Skinner, and Maurizio Viroli, eds, Machiavelli and Republicanism (Cambridge, 1993), pp. 17-40.

62 Machiavelli, The Discourses, ed., Bernard Crick (Harmondsworth, 1986), p. 132.

63 E. A. Rees, Political Thought from Machiavelli to Stalin (Houndmills, 2004), p. 7. On Machiavelli and natural law, see J. N. Figgis, Political Thought from Gerson to Grotius, 1414-1625 (New York, 1960), pp. 97-9.

64 Wolin, Politics and Vision, pp. 180-1.

65 Sabine, History of Political Theory, p. 323.

66 Machiavelli, The Discourses, p. 515.

67 Machiavelli, The Prince, trans., George Bull (Harmondsworth, 1981), p. 96.

68 Machiavelli, The Discourses, p. 268.

69　Quentin Skinner, Machiavelli, p. 59.

70　Machiavelli, The Prince, p. 91.

第三章　主权国家的出现（1500—1700 年）

1　Theodore Rabb, Origins of the Modern West（New York, 1993）, p. 21. See also Rabb, The Struggle for Stability in Early Modern Europe（New York, 1975）for an overview of the period 1500-1700; and Thomas Munck, Seventeenth-Century Europe, 1598-1700（Houndmills, 1991）.

2　Fernand Braudel, Capitalism and Material Life, 1400-1800（New York, 1973）provides a comprehensive overview.

3　Herschel Baker, The Image of Man（New York, 1947）, part III, and the same author's The Wars of Truth（Cambridge, MA, 1952）, focus on the Renaissance view of human nature. See also De Lamar Jensen, Renaissance Europe: Age of Recovery and Reconciliation（Lexington, MA, 1992）.

4　Richard Mackenny, Sixteenth Century Europe（New York, 1993）, p. 58.

5　Roland Bainton, The Age of the Reformation（New York, 1956）, p. 12. See also Alister McGrath, The Intellectual Origins of the European Reformation（Malden, MA, 2004）.

6　Berki, History of Political Thought, p. 126.

7　Franklin Le Van Baumer, ed., Main Currents of Western Thought（New Haven, 1978）, p. 169.

8　Garrett Mattingly, introduction to the Harper Torchbook edition of J. N. Figgis, Political Thought from Gerson to Grotius, 1414-1625（New York, 1960）, p. xiv.

9　Mackenny, Sixteenth-Century Europe, pp. 60-1. See also Paul Kennedy, The Rise and Fall of the Great Powers（New York, 1988）, chapter 1.

10　Lewis W. Spitz, The Renaissance and Reformation Movements, 2 vols（St Louis, 1987）, 2: 359; De Lamar Jensen, Reformation Europe（Lexington, MA, 1992）, p. 34.

11   Euan Cameron, The European Reformation (Oxford, 1991), pp. 99-103, 106-8. Martin Marty, Martin Luther (New York, 2004), is the most recent scholarly biography.

12   Wolin, Politics and Vision, p. 148.

13   Luther, "An Appeal to the Ruling Class", in Lewis W. Spitz, ed., The Protestant Reformation (Englewood Cliffs, NJ, 1966), p. 54.

14   Ibid., p. 55.

15   Hans J. Hillerbrand, Men and Ideas in the Sixteenth Century (Prospect Heights, IL, 1969), pp. 28-9.

16   Quentin Skinner, The Foundations of Modern Political Thought, 2 vols (Cambridge, 1978), 2: 15.

17   Jensen, Reformation Europe, p. 88.

18   Cameron, European Reformation, p. 153.

19   Quoting Skinner, Foundations, 2: 71. The point is reaffirmed on p. 113. See also Francis Oakley, "Christian Obedience and Authority, 1520-1550", in J. H. Burns, ed., The Cambridge History of Political Thought, 1450-1700 (Cambridge, 1991), pp. 170-1.

20   Skinner, Foundations, 2: 113.

21   Dennis Sherman and Joyce Salisbury, The West in the World (New York, 2001), p. 377.

22   Robin Briggs, Early Modern France, 1560-1715 (Oxford, 1977), pp. 14-24. See also Richard S. Dunn, The Age of Religious Wars, 1559-1689 (New York, 1970), pp. 20-31.

23   W. M. Spellman, European Political Thought, 1600-1700 (Houndmills, 1998), p. 53.

24   Skinner, Foundations, 2: 87. John Guy, Tudor England (Oxford, 1988), provides the best overview of the period.

25   G. R. Elton, The Tudor Revolution in Government (Cambridge, 1966), makes the case for the revolutionary nature of the English Reformation under Cromwell's guidance.

26 A. G. Dickens, The English Reformation (New York, 1964), p. 71; Skinner, Foundations, 2: 33.

27 On Elizabeth's reign, a good starting point is Carole Levin, Elizabeth I (Houndmills, 2000) . See also John Neale, Elizabeth I and Her Parliaments, 2 vols; A. G. R. Smith, The Government of Elizabethan England (New York, 1967) .

28 Charles H. MacIlwain, ed., The Political Works of James I (New York, 1965), p. 62; Trew Law of Free Monarchy, in Johann P. Sommerville, ed., King James VI and I: Political Writings (Cambridge, 1994), p. 69.

29 Spellman, European Political Thought, 1600–1700, p. 59.

30 The best recent treatment is Johann P. Somerville, Thomas Hobbes: Political Ideas in Historical Context (Houndmills, 1992) .

31 Thomas Hobbes, Leviathan, ed., Richard Tuck (Cambridge, 1991), p. 89.

32 Roland Stromberg, An Intellectual History of Modern Europe (Englewood Cliff, NJ, 1975), p. 88.

33 Quoting Noel Malcolm, "Hobbes and Spinoza", in Cambridge History of Political Thought, 1450–1700, p. 535.

34 Hobbes, Leviathan, p. 124.

35 Henry Bertram Hill, ed., The Political Testament of Cardinal Richelieu (Madison, WI, 1961) .

36 Bossuet, Politics quoted in J. P. Sommerville, "Absolutism and Royalism", in Cambridge History of Political Thought, 1450–1700, p. 350.

37 Jensen, Reformation Europe, pp. 109–11.

38 Calvin, "The Geneva Confession of Faith" (1526) in Spitz, ed., Protestant Reformation, p. 115.

39 Sabine, History of Political Theory, p. 340.

40 Knox's attack on female monarchs in general, and Elizabeth I in particular, began in 1558 with The First Blast of the Trumpet Against the Monstrous Regiment of Women. See Marvin Breslow, ed., The Political

Writings of John Knox（Washington，1985）．

41 Allen，Political Thought，pp. 346-52；Kingdom，"Calvinism and Resistance Theory"，in Cambridge History of Political Thought，1450-1700，pp. 216-8．

42 Christopher Goodman，How Superior Powers Ought to be Obeyed of Their Subjects，in Edmund Morgan，ed.，Puritan Political Thought（Indianapolis，1965），pp. 2，9．

43 Ponet quoted in Peter Holmes，Resistance and Compromise：The Political Thought of the Elizabethan Catholics（Cambridge，1982），p. 4．

44 Francis Hotman，Francogallia，in Julian H. Franklin，ed.，Consititutionalism and Resistance in the Sixteenth-Century：Three Treatises by Hotman，Beza and Mornay（New York，1960），p.55.Donald Kelley，Francis Hotman：A Revolutionary's Ordeal（Princeton，1973），offers a good analysis.

45 Beza，Right of Magistrates，in Franklin，ed.，Constitutionalism，p. 108. On the book's pub-lishing history，see Robert M. Kingdom，"Calvinism and Resistant Theory，1550-80"，in Cambridge History of Political Thought，1450-1700，p. 211.

46 Quoting J. W. Allen，A History of Political Thought in the Sixteenth Century（London，1967；originally published 1928），p. 315.

47 Spellman，European Political Thought，1600-1700，pp. 82-3．

48 Mariana，"The King and the Education of the King"（1599）quoted in Richard Bonney，The European Dynastic States，1494-1660（Oxford，1991），p. 311. For a treatment of Catholic resistance theory see Frederic Baumgartner，Radical Reactionaries：The Political Thought of the Seventeenth-Century Catholic League（Geneva，1976）．

49 Robert Filmer，Patriarcha in J. P. Somerville，ed.，Patriarcha and Other Writings（Cambridge，1991），p. 2.

50 John Locke，Two Treatises of Government，ed.，Peter Laslett（Cambridge，1963），Book 1：52；Book 2：56.

51 Ibid.，2：124，125，126．

52　Ibid., 2: 4, 6, 23.

53　John Milton, A Defense of the People of England, in Martin Dzelzainis, ed., John Milton: Political Writings, trans., Claire Gruzelier (Cambridge, 1991), p. 108.

54　Andrew Sharp, ed., The English Levellers (New York, 1998) provides a selection of important Leveller tracts.

55　Gerrard Winstanley, The New Law of Righteousness, in George H. Sabine, ed., The Works of Gerrard Winstanley (New York, 1965), p. 159.

56　Sabine, History of Political Theory, pp. 447, 451.

57　Grotius, The Law of War and Peace, trans., Francis W. Kelsey (Indianapolis, IN, 1925), p. 38.

58　Hobbes, Leviathan, ed., Richard Tuck (Cambridge, 1991), p. 91.

59　Grotius quoted in Michael Zuckert, Natural Rights and the New Republicanism (Princeton, 1994), p. 122.

60　Stromberg, Intellectual History of Western Europe, p. 74.

第四章　从臣民到公民（1700—1815 年）

1　A useful starting point is Roy Porter, The Enlightenment (Atlantic Heights, NJ, 1990). Peter Gay, The Enlightenment: An Interpretation, 2 vols (New York, 1969), treats the relationship between the Enlightenment and classical antiquity, while Carl Becker, The Heavenly City of the Eighteenth-Century Philosophers (New Haven, 1932), explores the century's faith in reason.

2　Philipp Blom, Enlightening the World: Encyclopédie, The Book That Changed the Course of History (New York, 2005), traces the history of the project.

3　David J. Sturdy, Louis XIV (New York, 1998), provides a solid introduction to the reign. See also, Anthony Levi, Louis XIV (New York, 2004).

4　Bettina L. Knapp, Voltaire Revisited (New York, 2000), pp. 6-8, and

Roger Pearson, Voltaire Almighty: A Life in Pursuit of Freedom (New York, 2005), pp. 69-84, examine his exile in England. Voltaire, Letters on England, trans., Leonard Tancock (New York, 1980) .

5 Constance Rowe, Voltaire and the State (New York, 1968), pp. 132-3. Peter Gay, Voltaire's Pol-itics: The Poet as Realist (Princeton, 1959), offers the best analysis of Voltaire's monarchism.

6   Maurice Cranston, Philosophers and Pamphleteers: Political Theorists of the Enlightenment (Oxford, 1986), p. 46. See also Gay, The Enlightenment, 2: 471-2.

7   Voltaire, Philosophical Dictionary, 2 vols, trans., Peter Gay (New York, 1962), 2: 413.

8   Judith N. Shklar, Montesquieu (Oxford, 1987), pp. 1-28, provides an overview of his life and work.

9   Montesquieu, The Spirit of the Laws, trans., Thomas Nugent (New York, 1949), p. 1.

10   Ibid., p. 6.

11   J. Robert Loy, Montesquieu (New York, 1968), p. 85.

12、13   John Plamenatz, Man and Society, 2 vols (London, 1963), 1: 253. Berki, History of Political Thought, p. 152.

14   Maurice Cranston, Jean-Jacques: The Early Life and Work (Chicago, 1991), treats the period to 1754.

15   Rousseau, Discourse on the Origin of Inequality, in Roger Masters and Christopher Kelly, eds, The Collected Writings of Rousseau, 4 vols (Hanover, NH, 1992), 3: 37.

16   Ibid., 3: 43.

17   Ibid., 3: 54.

18   Stromberg, Intellectual History of Western Europe, p. 147.

19   Patrick Riley, "Social Contract Theory and Its Critics", in Mark Goldie and Robert Wolker, eds, The Cambridge History of Eighteenth-Century Political Thought (Cambridge, 2006), p. 362.

20   Jean-Jacques Rousseau, The Social Contract, trans., Maurice Cranston (London, 1968), p. 96.

21   Rousseau, Social Contract, p. 65. See the discussion in Jonathan Wolfe, An Introduction to Political Philosophy (Oxford, 1996), pp. 95-7 and Dupre, The Enlightenment and the Intellectual Foundations of Modern Culture, pp. 167-8.

22   Paul Rahe, Republics Ancient and Modern (Chapel Hill, 1992), explores the links between the ancient republics and the American Revolution.

23   Gordon Wood, "The American Revolution", in The Cambridge History of Eighteenth Century Political Thought, eds, Mark Goldie and Robert Wokler (Cambridge, 2006), p. 601. See also the same author's The Creation of the American Republic, 1777-1787, (Chapel Hill, 1969).

24   Wood, "The American Revolution", pp. 601-2.

25   The classic exposition of this thesis is Bernard Bailyn, The Ideological Origins of the American Revolution (Cambridge, MA, 1967). Jeremy Black, George III: America's Last King (New Haven, 2006), pp. 209-19, examines the king's role in the lead-up to war. See also Charles R. Ritcheson, British Politics and the American Revolution (Norman, OK, 1954), pp. 3-5.

26   Edmund Burke, "Speech on Moving Resolutions for Conciliation with the Colonies" (March 1775) in Ross J. S. Hoffman and Paul Levack, eds, Burke's Politics: Selected Writings and Speeches (New York, 1967), p. 69.

27   Thomas Paine quoted in Wood, "The American Revolution", p. 611.

28   James Madison, Federalist # 51 in Terence Ball, ed., The Federalist (Cambridge, 2003), p. 255.

29   For an introduction to the Anti-Federalists, see Ralph Ketcham, ed., The Anti-Federalist Papers and the Constitutional Convention Debates (New York, 1986) and W. B. Allen and Gordon Lloyd, eds, The Essential Anti-Federalist (New York, 1985).

30   Hamilton, Federalist #1 in Ball, ed., The Federalist, p. 1.

31   The financial and political crises facing the French government prior

to 1789 are described by William Doyle, Origins of the French Revolution (Oxford, 2nd edn., 1988), pp. 43-65.

32　Alan Forrest, The French Revolution(Oxford, 1995), pp. 24-39.

33　Bruce Haddock, History of Political Thought, 1789 to the Present (Cambridge, 2005), p. 11.

34　See, for example, Brian Tierney, The Idea of Natural Rights (Atlanta, 1977) and the review of recent interpretations in Francis Oakley, Natural Law, Laws of Nature, Natural Rights(New York, 2005), pp. 87-109.

35　Louis Dupre, The Enlightenment and the Intellectual Foundations of Modern Culture(New Haven, 2004), pp. 159-60.

36　Ibid., pp. 154-9.

37　Oakley, Natural Law, pp. 108-9; Locke, Second Treatise of Government, ed., C. B. Macpherson(Indianapolis, IN, 1980), p. 66.

38　Edmund Burke, Reflections on the Revolution in France, in L. G. Mitchell, ed., The Writings and Speeches of Edmund Burke, 8 vols (Oxford, 1989), 7: 92.

39　Ibid., 7: 72.

40　Berki, Short History of Political Theory, pp. 170-1.

41　A. J. Ayer, Thomas Paine(New York, 1988), pp. 1-10.

42　Mark Philp, Paine (Oxford, 1989), pp. 10-11; Bruce Kuklick, ed., Paine: Political Writings(Cambridge, 1989), p viii.

43　George Spater, "American Revolutionary, 1774-89", in Ian Dyck, ed., Citizen of the World: Essays on Thomas Paine(New York, 1988), pp. 28-30.

44　Philp, Thomas Paine, pp. 12-13.

45　Paine, Common Sense, in Kuklick, ed., Political Writings, p. 3.

46　Paine, Rights of Man, Part II, in Political Writings, p. 155.

47　Ibid., p. 155.

48　Ibid., p. 157.

49　Ibid., pp. 161, 172.

50　William Godwin, Enquiry Concerning Political Justice, ed., F. E. L.

Priestley, 3 vols (Toronto, 1946), 2: 119.

51   Patrick Riley, "Social Contract Theory and Its Critics", in Cambridge History of Eighteenth-Century Political Thought, p. 356. David Miller, Philosophy and Ideology in Hume's Political Thought (Oxford, 1981), p. 187 concludes that for Hume "moral judgement necessarily involved an element of feeling".

52   Hume quoted in Melvin Richter, "The Comparative Study of Regimes and Societies", in Cambridge History of Eighteenth-Century Political Thought, p. 163.

53   Jack Fruchtman, The Apocalyptic Politics of Richard Price and Joseph Priestly (Philadelphia, 1983); Helvetius, De L'Esprit or Essays on the Mind (New York, 1970), pp. 62-3; Beccaria, Of Crimes and Punishments (Oxford, 1964), p. 11.

54   Jeremy Bentham, An Introduction to the Principles of Morals and Legislation (Oxford, 1967), p. 125; John Dinwiddy, Bentham (Oxford, 1989), pp. 7-8.

55   Gianni Vaggi, The Economics of Francois Quesnay (Durhan, NC, 1987), p. 18, writes that for Quesnay, "economic events are the result of the working of objective laws, which describe the systematic order of society".

56   Iain McLean, Adam Smith, Radical and Egalitarian: An Interpretation for the Twenty-First Cen-tury (New York, 2007), pp. 88-95, discusses Smith's view of markets and government intervention.

57   Adam Smith, The Wealth of Nations, ed., Edwin Cannan (New York, 1937), p. 423. See also John H. Hallowell, Main Currents in Modern Political Thought (New York, 1960), p. 139 and Emma Rothschild and Amartya Sen, "Adam Smith's Economics", in Knud Haakonssen, ed., The Cambridge Companion to Adam Smith (Cambridge, 2006), p. 347 on the essential duties of the sovereign.

58   Mary Astell, Political Writings, ed., P. Springborg (Cambridge, 1996), p. 18.

59　Karen Offen, European Feminisms, 1700-1950: A Political History (Stanford, CA, 2000), p. 31.

60　Paine quoted in Micheline R. Ishay, The History of Human Rights: From Ancient Times to the Globalization Era(Berkeley, 2004), p. 110.

61　Rachel G. Fuchs and Victoria E. Thompson, Women in Nineteenth-Century Europe(Houndmills, 2005), pp. 5-7.

62　Quoted in Offen, European Feminisms, pp. 51-2.

63　Ibid., p. 54.

64　Condorcet quoted in Offen, European Feminisms, p. 57.

65　Olympe de Gouge, "Declaration of the Rights of Women and Citizen", in Hilda L. Smith and Bernice A. Carroll, eds, Women's Political and Social Thought: An Anthology (Bloomington, IN, 2000), p. 150.

66　Williams, Letters Written in France, in Adriana Craciun, ed., British Women Writers and the French Revolution(Houndmills, 2005), p. 1.

67　John Davidson, trans., Persian and Chinese Letters (New York, 1901); Immanuel Kant, Toward Perpetual Peace and Other Writings on Politics, Peace, and History, Pauline Kleingeld, trans., David L. Colclasure (New Haven, 2006), pp. 74-5.

68　Quoting Barbara Taylor, "Mary Wolstonecraft and the Wild Wish of Early Feminism", in Fiona Montgomery and Christine Collette, eds, The European Women's History Reader(New York, 2002), p. 53.

69　Mary Wolstonecraft, A Vindication of the Rights of Women (New York, 2004), p. 19, where she begins her attack on Rousseau.

70　Olwen Hufton, The Prospect Before Her: A History of Women in Western Europe, 1500-1800 (New York, 1996), p. 454.

71　Quoting Sylvana Tomaselli, in Mary Wolstonecraft, A Vindication of the Rights of Man and A Vindication of the Rights of Women, ed., Sylvana Tomaselli(Cambridge, 1995), p. xxvi.

72　Adams quoted in Paul Schumaker, From Ideologies to Public Philosophies: An Introduction to Political Theory(Oxford, 2008), pp. 31-2.

第五章 意识形态与平等观念（1815—1914年）

1 Robert Tombs, "Politics", in T. C. W. Blanning, ed., The Nineteenth Century: Europe 1789-1914 (Oxford, 2000), pp. 10-11. Historian Harry Hearder has written that "Much of the thought of the period 1830-1880 was to have a greater influence on the post-1880 period than on its own". Europe in the Nineteenth Century, 1830-1880 (New York, 2nd edn., 1988), p. 41.

2 Tom Kemp, Industrialization in Nineteenth-Century Europe (New York, 2nd edn., 1985), provides a useful overview of industrial change and its impact on society.

3 T. C. W. Blanning, ed., The Nineteenth Century: Europe, 1789-1914 (Oxford, 2000), p. 2.

4 Franklin L. Ford, Europe, 1780-1830 (New York, 2nd edn., 1989), chapters 8 and 9 treat the career of the emperor. See also Robert Gildea, Barricades and Borders: Europe 1800-1914 (Oxford, 1987), pp. 35-56.

5 Charles S. Maier, "Democracy Since the French Revolution", in John Dunn, ed., Democracy: The Unfinished Journey (Oxford, 1992), p. 126. See also Jacques Droz, Europe Between Revolu-tions, 1815-1848, trans., Robert Baldick (New York, 1967), pp. 9-17 and Arthur J. May, The Age of Metternich, 1814-1848 (New York, 1963), chapters 1 and 2.

6 Thomas Carlyle, Past and Present, ed., Richard D. Altick (Boston, 1965), p. 148.

7 Thomas Carlyle, On Heroes, Hero-Worship, & the Heroic in History (Berkeley, CA, 1993), p. 3. Walter Waring, Thomas Carlyle (Boston, 1978), pp. 91-4.

8 Hugh Brogan, Alexis de Tocqueville: A Life (New Haven, 2006), pp. 253-82, describes the writing and publication of Democracy in America.

9 Alexis de Tocqueville, Democracy in America, ed., Richard D. Heffner (New York, 1956), p. 114.

10 Ibid., p. 118.

11　Jack Lively, trans., The Works of Joseph de Maistre (New York, 1965), p. 126; Coleridge, "Sec-ond Lay Sermon (1817)", in R. J. White, ed., The Conservative Tradition (New York, 1957), p. 82. See also Peter Viereck, Conservative Thinkers (London, 2006), pp. 33-7.

12　Harry Hearder, Europe in the Nineteenth Century, 1830-1880 (New York, 1988), p. 227.

13　Benjamin Disraeli, Sybil, ed., Tom Braun (London, 1985); E. J. Feuchtwanger, Disraeli, Democracy and the Tory Party (Oxford, 1968), pp. 80-102, describes the Tory effort to broaden the Party's electoral appeal.

14　Jill Harsin, Barricades: The War of the Streets in Revolutionary Paris, 1830-1848 (Houndmills, 2002), pp. 251-318.

15　Tocqueville quoted in Roger Price, ed., Documents of the French Revolution of 1848 (New York, 1996), p. 117.

16　J. M. Thompson, Louis Napoleon and the Second Empire (New York, 1955), pp. 232-7.

17　August Comte, Course of Positive Philosophy, in Gertrud Lenzer, ed., August Comte and Posi-tivism: The Essential Writings (Chicago, 1975), p. 219; Arline Reilein Standley, August Comte (Boston, 1981), p. 25.

18　Alain Plessis, The Rise and Fall of the Second Empire, 1852-1871 (Cambridge, 1985), provides a brief overview.

19　Lynn Abrams, Bismarck and the German Empire, 1871-1918 (New York, 2nd edn., 2006), pp. 40-1; Edgar Feuchtwanger, Bismarck (New York, 2002), pp. 219-22.

20　Giuseppe Mazzini, "On the Superiority of Representative Government" (1832), in Stephano Recchia and Nadia Urbinati, eds, A Cosmopolitanism of Nations: Giuseppe Mazzini's Writings on Democracy, Nation Building, and International Relations (Princeton, 2009), p. 49.

21　Thomas Malthus, An Essay on the Principle of Population (1798), ed., Philip Appleman (New York, 2004), p. 36; David Ricardo, The Principles of Political Economy and Taxation (1817), ed., Ernest Rhys (London, 1933), pp. 52–3.

22　See the discussion in Bruce Haddock, History of Political Thought: 1789 to the Present (Cambridge, 2005), p. 91.

23　John Stuart Mill, On Liberty, in Collected Works of John Stuart Mill, eds, J. M. Robson and Alexander Brady (Toronto, 1977), XVIII, p. 220.

24　Ibid., p. 223.

25　John Stuart Mill, Considerations on Representative Government (London, 1963), p. 168.

26　Wendy Donner, The Liberal Self: John Stuart Mill's Moral and Political Philosophy (Ithaca, NY, 1991), pp. 126–7.

27　Gail Tulloch, Mill and Sexual Equality (Worcester, 1989) and William Thomas, Mill (Oxford, 1985), pp. 120–1.

28　J. S. McClelland, A History of Western Political Thought (New York, 1996), p. 514. See also David O. Brink, Perfectionism and the Common Good (Oxford, 2003), pp. 4–5. A Useful study of Green is M. Ricter, The Politics of Conscience: T. H. Green and His Age (1964) .

29　Alon Kadish, Apostle Arnold: The Life and Death of Arnold Toynbee, 1852–1883 (Durham, NC, 1986) .

30　Morley quoted in Walter L. Arnstein, Britain Yesterday and Today (Lexington, MA, 6th edn., 1992), p. 196. Lloyd George quoted in Arnstein, ed., The Past Speaks: Sources and Problems in British History (Lexington, MA, 2nd edn., 1993), p. 304.

31　Sophia A. van Wingerden, The Women's Suffrage Movement in Britain, 1866–1928 (Houndmills, 1998), pp. 55–69; David Morgan, Suffragists and Liberals: The Politics of Woman Suffrage in England (Totawa, NJ, 1975), pp. 14–19.

32　Krishan Kumar, Utopia and Anti-Utopia in Modern Times (Oxford, 1987), pp. 49–65.

33　John F. C. Harrison, Quest for the New Moral Order: Robert Owen and the Owenites in Britain and America (New York, 1969), p. 163, writes that 7 British and 16 American cooperative communities were undertaken.

34   Ruth Levitas, The Concept of Utopia (Syracuse, NY, 1990), pp. 36-9; Spencer M. DiScala and Salvo Mastellone, European Political Thought, 1815-1989 (Boulder, CO, 1998), p. 28.

35   Peter Singer, Hegel (Oxford, 1983), pp. 9-23 treats Hegel's understanding of history.

36   Terrell Carver, Engels (Oxford, 1981), pp. 10-11.

37   A solid survey of the 1848 revolutions is Peter Stearns, 1848: The Revolutionary Tide in Europe (New York, 1974) .

38   Karl Marx and Friedrich Engels, Manifesto of the Communist Party, in Robert C. Tucker, ed., The Marx-Engels Reader (New York, 1972), p. 336. See also Marx's Wage Labor and Capital in the same volume, pp. 167-90. Marx published the first volume of Capital in 1867. The final two volumes were edited and published posthumously by Engels in 1885 and 1891.

39   Robert Tombs, "Politics", p. 25.

40   Hallowell, Main Currents in Modern Political Thought, p. 449.

41   Peter Gay, The Dilemma of Democratic Socialism: Eduard Bernstein's Challenge to Marx (New York, 1952), is a good starting point.

42   Carlton J. H. Hayes, A Generation of Materialism, 1871-1900 (New York, 1941), p. 190; Jack J. Roth, The Cult of Violence: Sorel and the Sorelians (Berkeley, CA, 1980), pp. 45-53.

43   Quoted in Hallowell, Main Currents in Modern Political Thought, p. 464. On the origins of the Fabians, see Margaret Cole, The Story of Fabian Socialism (New York, 1964), pp. 338.

44   Blatchford, Merrie England quoted in Arnstein, ed., The Past Speaks, p. 292.

45   Peter Marsh, Joseph Chamberlain: Entrepreneur in Politics (New Haven, 1994), pp. 83-9.

46   Rerum Novarum in Charles J. Dollen, James K. McGowan and James J. Megivern, eds, The Catholic Tradition, 14 vols (Wilmington, NC,

1979), I: 357-8, 375. Eric O. Hanson, The Catholic Church in World Politics (Princeton, NJ, 1987), pp. 40-1, 49-50.

47   See Laurence Lafore, The Long Fuse: An Interpretation of the Origins of World War I (New York, 2nd edn., 1971), offers a thorough analysis of the European state system in the years before the war. Jeremy Black, "European Warfare, 1864-1913", in Black, ed., European Warfare, 1815-2000 (Houndmills, 2002), pp. 51-78.

48   Felix Gilbert, The End of the European Era, 1890 to the Present (New York, 1970), pp. 22-7.

49   Heinrich von Treitschke, Politics, ed., Hans Kohn (New York, 1963), pp. 3, 35, 39.

50   J. M. Roberts, Europe, 1880-1945 (New York, 2nd edn., 1989), p. 229.

51   M. S. Anderson, The Ascendancy of Europe, 1815-1914 (New York, 2nd edn., 1985), pp. 364-9; Robert Gildea, Barricades and Borders: Europe 1800-1914 (Oxford, 1987), pp. 388-9.

52   Peter Fritzsche, ed., Nietzsche and the Death of God: Selected Writings (Boston, 2007), pp. 1-36, is an accessible introduction.

53   Di Scala and Mastellone, European Political Thought, pp. 127-31.

54   Lenin, What is to be Done? in Franklin Lee Van Baumer, ed., Main Currents of Western Thought (New Haven, 4th edn., 1978), p. 726.

第六章　瓦解和不确定性（1914—2010 年）

1   Niall Ferguson, The War of the World: Twentieth-Century Conflict and the Descent of the West (New York, 2006), provides a comprehensive overview. See also Daniel Brower, The World in the Twentieth Century (Upper Saddle River, NJ, 6th edn., 2006).

2   Grey quoted in Walter Arnstein, Britain Yesterday and Today, p. 245. On the lead-up to war in 1914, see Spencer C. Tucker, The Great War, 1914-1918 (Bloomington, IN, 1998), pp. 1-16.

3 Roland Stromberg, Democracy: A Short, Analytical History (London, 1996), pp. 49-54.

4 Michael Howard, "Europe in the Age of the Two World Wars", in Howard and Wm. Roger Louis, eds, The Oxford History of the Twentieth Century (Oxford, 1998), pp. 108-9. See also Alan Sharp, The Versailles Settlement: Peacemaking in Paris, 1919 (New York, 1991), pp. 19-41.

5 Adolf Hitler, Mein Kampf, trans., Ralph Manheim (Boston, 1971), p. 180. John Toland, Adolf Hitler (New York, 1976), Chapters 4-6 covers the rise to power in the 1920s.

6 Alexander De Grand, Italian Fascism: Its Origins and Development (London, 2000), pp. 22-37.

7 Mussolini, "Fascism's Myth: The Nation", in Roger Griffin, ed., Fascism (Oxford, 1995), p. 42.

8 Philip Morgan, Italian Fascism, 1919-1945 (New York, 1995), pp. 64-97; Martin Clark, Mussolini (Edinburgh, 2005), pp. 38-61.

9 Patricia Clavin, The Great Depression in Europe, 1929-1939 (Houndmills, 2000), especially pp. 110-46, 179-183 on conditions in Eastern Europe.

10 Sigmund Freud, Civilization and Its Discontents, trans., James Strachey (New York, 1961), especially pp. 68-9, 81-2. Roland Stromberg, European Intellectual History Since 1789 (Englewood Cliff, NJ, 6th edn., 1994), pp. 200-2. See also Alastair Hamilton, The Appeal of Fascism: A Study of Intellectuals and Fascism, 1919-1945 (New York, 1971).

11 Carl Becker, "Liberalism - A Way Station", in Everyman His Own Historian and Other Essays (Chicago, 1966), pp. 91-100; Keith Robbins, Appeasement (Oxford, 1988), pp. 78-82.

12 J. M. Roberts, Europe, 1880-1945 (New York, 2nd edn., 1989), p. 422.

13 Lenin, "What is to be Done?" in Collected Works, 45 vols (Moscow, 1977), 5: 354. See also Beryl Williams, Lenin (Harlow, Essex, 2000), pp. 35-8.

14 Richard Stites, "The Russian Empire and the Soviet Union, 1900–1945", in Michael Howard and Wm. Roger Louis, eds, The Oxford History of the Twentieth Century (Oxford, 1998), pp. 121–3.

15 Stites, "Russian Empire and Soviet Union", p. 124; Robert Conquest, The Harvest of Sorrow: Soviet Collectivization and the Terror Famine (New York, 1986) covers the late 1920s and 1930s.

16 W. M. Spellman, A Concise History of the World Since 1945 (Houndmills, 2006), pp. 11–17.

17 Herbert Butterfield, Christianity and History (London, 1949), pp. 46–7.

18 Karl Popper, The Open Society and Its Enemies, 2 vols (Princeton, 1963), traces totalitarian tendencies in thinkers as varied as Plato and Marx.

19 Noel O'Sullivan, European Political Thought Since 1945 (Houndmills, 2004) .

20 Michael Bess, Choices Under Fire: Moral Dimensions of World War II (New York, 2006), pp. 263–7; Johannes Morsink, The Universal Declaration of Human Rights: Origins, Drafting, Intent (Philadelphia, 1999), pp. 1–12.

21 Karl Dietrich Bracher, The Age of Ideologies: A History of Political Thought in the Twentieth Century, trans., Ewald Osers (New York, 1984), pp. 191–2. See also Roland N. Stromberg, After Everything: Western Intellectual History Since 1945 (New York, 1975), pp. 26–30.

22 David Reynolds, One World Divisible (New York, 2000); David Brower, The World Since 1945: A Brief History (Upper Saddle River, NJ, 2000), pp. 27–49.

23 William R Keylor, A World of Nations: The International Order Since 1945 (New York, 2003), pp. 64–9.

24 Michael Freeden, "The Coming of the Welfare State", in Terence Ball and Richard Bellamy, eds, The Cambridge History of Twentieth-Century Political Thought (Cambridge, 2003), p. 9.

25　L. T. Hobhouse, Liberalism (New York, 1911), pp. 158-9. D. J. Manning, Liberalism (New York, 1976), p. 102.

26　R. H. Tawney, Equality (New York, 1931), especially Chapter 1, "The Religion of Inequality". Ross Terrill, Richard Tawney and His Times: Socialism as Fellowship (Cambridge, MA, 1973).

27　Donald Sassoon, "Politics", in Mary Fulbrook, ed., Europe Since 1945 (Oxford, 2001), p. 21.

28　Paul Davidson, John Maynard Keynes (Houndmills, 2007), pp. 1-12.

29　John Maynard Keynes, The General Theory of Employment, Interest, and Money (New York, 1936), p. 372.

30　Robert Skidelsky, "Hayek versus Keynes: The road to reconciliation", in Edward Feser, ed., The Cambridge Companion to Hayek (Cambridge, 2006), pp. 82-108.

31　Michael Oakeshott, "On Being Conservative", in Russell Kirk, ed., The Portable Conservative Reader (New York, 1982), p. 569.

32　Spellman, World Since 1945 (Houndmills, 2006), p. 179; Jules Tygiel, Ronald Reagan and the Triumph of American Conservatism (New York, 2005), pp. 125, 128, 133-5; Peter Clarke, Hope and Glory: Britain 1900-1990 (New York, 1996), pp. 367-72.

33　Wayne Parsons, "Politics and Markets: Keynes and His Critics", in Cambridge History of Twentieth-Century Political Thought, p. 60.

34　Irving Kristol, Reflections of a Neoconservative (New York, 1983), p. 75; Sheldon Wolin, Politics and Vision, pp. 525-6.

35　Francis Fukuyama, The End of History and the Last Man (New York, 1992).

36　Thomas Friedman, The World is Flat: A Short History of the 21st Century (New York, 2005).

37　David S. Mason, The End of the American Century (Lanham, Maryland, 2009), pp. 133-52.

38 Richard A. Posner, A Failure of Capitalism: The Crisis of '08 and the Descent into Depression (Cambridge, MA, 2009), especially pp. 148-219.

39 John Schwarzmantel, The Age of Ideology: Political Ideologies from the American Revolution to Postmodern Times (New York, 1998), p. 175.

40 John Morrow, History of Political Thought, pp. 371-2.

41 Brian Barry, Culture and Equality: An Egalitarian Critique of Multiculturalism (Cambridge, 2001), p. 12; Michael Kenny, The Politics of Identity (Cambridge, 2004), pp. 1-11.

42 John Gray, Endgames: Questions in Late Modern Political Thought (Cambridge, 1997), p. x.

43 James Tully, "Identity Politics", in Cambridge History of Twentieth Century Political Thought, pp.517-9.

44 Clare O'Farrell, Michel Foucault (London, 2005), offers an accessible overview of Foucault's life and work.

45 W. M. Spellman, Uncertain Identity: International Migration Since 1945 (London, 2008), pp. 22-60.

46 See Martha Nussbaum's essay on the significance of Rawls' work in Chronicle of Higher Education (20 July 2001) .

47 John Rawls, A Theory of Justice, revised ed. (Cambridge, MA, 1999), p. 185.

48 Louis I. Katzner, "The Original Position and the Veil of Ignorance", in H. Gene Blocker and Elizabeth H. Smith, eds, John Rawls' Theory of Social Justice (Athens, OH, 1980), pp. 42-58.

49 Michael Sandel, Democracy's Discontent: America in Search of a Public Philosophy (Cambridge, MA, 1996), p. 5. See also Michael Walzer, Politics and Passion: Toward a More Egalitarian Liberalism (New Haven, 2004) .

|后　记|

在写作过程中笔者查阅了大量文献，如读者希望对这类问题有进一步了解和探讨，不妨阅读下文。相关著作包括谢尔顿·沃林（Sheldon Wolin）《政治与愿景：西方政治思想的连续性与创新》（*Politics and Vision*：*Continuity and Innovation in Western Political Thought*）（普林斯顿，2004）；约翰·莫罗（John Morrow）《西方政治思想史：专题导论》（*The History of Western Political Thought*：*A Thematic Introduction*）（纽约，2005）；约翰·邓恩（John Dunn）主编，《民主的历程——公元前508年—1999年》（*Democracy*：*The Unfinished Journey*，*508 B.C. to 1993*）（牛津，1993）；约翰·麦克里兰（J. S. McClelland）《西方政治思想史》（*A History of Western Political Thought*）（伦敦，1996）；N. 贝尔奇（N. Berki）《政治思想史：简介》（*The History of Political Thought*：*A Short Introduction*）（伦敦，1977）；乔纳森·沃尔夫（Jonathan Wolfe）《政治哲学导论》（*An Introduction to Political Philosophy*）（牛津，

1996）；罗兰·斯特龙伯格（Roland Stromberg）《民主：短暂的分析历史》（*A Short, Analytical History*）（伦敦，1996）。

　　关于古代世界，可参见克里斯托弗·罗（Christopher Rowe）和马尔科姆·斯科菲尔德（Malcolm Schofield）主编的《剑桥希腊和罗马政治思想史》（*The Cambridge History of Greek and Roman Political Thought*）（剑桥，2000）；赖恩·巴洛特（Ryan Balot）《希腊政治思想史》（*Greek Political Thought*）（牛津，2006）和大卫·斯托克顿（David Stockton）的《古典雅典民主》（*The Classical Athenian Democracy*）（牛津，1990）；罗宾·巴罗（Robin Barrow）《雅典民主》（*Athenian Democracy*）（伦敦，1999）；珍妮特·科尔曼（Janet Coleman）《政治思想史》（*A History of Political Thought*）2卷（马尔登，马萨诸塞州，2000）；乔纳森·巴恩斯（Jonathan Barnes）主编《剑桥指南哲学丛书系列》（*The Cambridge Companion to Aristotle*）（剑桥，1995）；罗宾·巴罗《雅典民主》（伦敦，1999）；唐纳德·卡根（Donald Kagan）《伯利克里时代的雅典和民主的诞生》（*Pericles of Athens and the Birth of Democracy*）（纽约，1991）；理查德·麦尔文·黑尔（R. M. Hare）、乔纳森·巴恩斯（Jonathan Barnes）和亨利·查德威克（Henry Chadwick）主编的《思想创始者》（*Founders of Thought*）（牛津，1991）。

　　中世纪的研究包括J.H.伯恩斯（J. H. Burns）主编的《剑桥

中世纪政治思想史，公元 350—1450 年》（*The Cambridge History of Medieval Political Thought, c. 350-1450*）（剑桥，1988）；马库斯·布尔（Marcus Bull）的《中世纪思维：中世纪研究导论》（*Thinking Medieval: An Introduction to the Study of the Middle Ages*）（Houndmills，2005）；安东尼·布莱克（Antony Black）《欧洲的政治思想 1250—1450 年》（*Political Thought in Europe 1250-1450*）（剑桥，1992）；约瑟夫·坎宁（Joseph Canning）《中世纪政治思想史 300—1450 年》（*A History of Medieval Political Thought, 300-1450*）（伦敦，1996）；约翰·B. 莫拉尔（John B. Morrall）《中世纪时期的政治思想》（*Political Thought in Medieval Times*）（纽约，1958）；大卫·尼古拉斯（David Nicholas）《中世纪世界的演变》（*The Evolution of the Medieval World*）（伦敦，1992）；马修·英纳斯（Matthew Innes）《中世纪早期西欧导论，300—900 年》（*Introduction to Early Medieval Western Europe, 300-900*）（纽约，2007）；R.W. 萨瑟恩（R. W. Southern）《中世纪的西方社会和教会》（*Western Society and the Church in the Middle Ages*）（纽约，1970）；约翰·A.F. 汤姆森（John A. F. Thomson）《中世纪的西方教会》（*The Western Church in the Middle Ages*）（伦敦，1998）；大卫·尼古拉斯（David Nicholas）《中世纪世界的演变：欧洲的社会、政府和思想，312—1500 年》（*The Evolution of the Medieval World: Society, Government and Thought in Europe, 312-1500*）（伦

敦，1992)。

近代早期的研究见 J.H. 伯恩斯主编的《剑桥政治思想史，1450—1700 年》(*The Cambridge History of Political Thought, 1450-1700*)(剑桥，1991)；西奥多·拉布（Theodore Rabb）《现代早期欧洲关于稳定的斗争》(*The Struggle for Stability in Early Modern Europe*)(纽约，1975)；阿利斯特·麦格拉思（Alister McGrath）《欧洲宗教改革的知识来源》(*The Intellectual Origins of the European Reformation*)(马尔登，马萨诸塞州，2004)；J.N. 菲吉斯（J. N. Figgis）《从格尔森到格劳秀斯的政治思想，1414—1625 年》(*Political Thought from Gerson to Grotius, 1414-1625*)(纽约，1960)；昆廷·斯金纳（Quentin Skinner）《现代政治思想的基础》(*The Foundations of Mod-ern Political Thought*) 2 卷（剑桥，1978)；W.M. 斯佩尔曼（W. M. Spellman）《欧洲政治思想，1600—1700 年》(*European Political Thought, 1600-1700*)(Houndmills，1998)；J.W. 艾伦（J. W. Allen）《十六世纪的政治思想史》(*A History of Political Thought in the Sixteenth Century*)(伦敦，1967)；理查德·邦尼（Richard Bonney）《欧洲王朝国家，1494—1660 年》(*The European Dynastic States, 1494-1660*)(牛津，1991)。

关于 18 世纪，有马克·戈尔迪（Mark Goldie）和罗伯特·沃尔克（Robert Wolker）主编的《剑桥十八世纪政治思想史》(*The Cambridge History of Eighteenth-Century Political Thought*)(剑桥，

2006）；罗伊·波特（Roy Porter）《启蒙运动》（*The Enlightenment*）（大西洋高地，新泽西州，1990）；彼得·盖伊（Peter Gay）《启蒙运动：一种解释》（*The Enlightenment: An Interpretation*）2 卷（纽约，1969）；莫里斯·克兰斯顿（Maurice Cranston）《哲学家和小册子作者：启蒙运动的政治理论家》（*Philosophers and Pamphleteers: Political Theorists of the Enlightenment*）（牛津，1986）；保罗·拉赫（Paul Rahe）《古代和现代的共和国》（*Republics Ancient and Modern*）（教堂山，1992）；伯纳德·贝律恩（Bernard Bailyn）《美国革命的思想认识渊源》（*The Ide-ological Origins of the American Revolution*）（剑桥，1967）；路易斯·杜普雷（Louis Dupre）《现代文化的启蒙和知识基础》（*The Enlightenment and the Intellectual Foundations of Modern Culture*）（纽黑文，2004）；约翰·H. 哈洛韦尔（John H. Hallowell）《现代政治思想的主流》（*Main Currents in Modern Political Thought*）（纽约，1960）；凯伦·奥芬（Karen Offen）《欧洲女性主义，1700—1950：政治史》（*European Feminisms, 1700-1950: A Political History*）（斯坦福，加州，2000）；欧文·赫夫顿（Olwen Hufton）《她的前景：西欧妇女史，1500—1800》（*The Prospect Before Her: A History of Women in Western Europe, 1500-1800*）（纽约，1996）。

19 世纪的有布鲁斯·哈多克（Bruce Haddock）《政治思想史，1789 年至今》（*History of Political Thought, 1789 to the Present*）

（剑桥，2005）；斯宾塞 M. 迪斯卡拉（Spencer M. DiScala）和马斯泰罗内（Salvo Mastellone）《欧洲政治思想，1815—1989 年》（*European Political Thought, 1815-1989*）（博尔德，美国科罗拉多州，1998）；M.S. 安德森（M. S. Anderson）《欧洲的统治地位，1815—1914 年》（*The Ascendancy of Europe, 1815-1914*）（纽约，1985）；罗伯特·吉尔（Robert Gildea）《路障和边界：欧洲 1800—1914》（*Barricades and Borders: Europe 1800-1914*）（牛津，1987）；赫德（Hearder）《十九世纪的欧洲，1830—1880 年》（*Europe in the Nineteenth Century, 1830-1880*）（纽约，1988）；大卫·O. 贝克尔（David O. Brink）《完美主义和共同利益》（*Perfectionism and the Common Good*）（牛津，2003）；索菲亚·A. 冯·温吉登（Sophia A. van Wingerden）《英国妇女选举权运动，1866—1928 年》（*The Women's Suffrage Movement in Britain, 1866-1928*）（Houndmills，1998）。

对 20 世纪政治思想的概述包括特伦斯·鲍尔（Terence Ball）和理查德·贝拉米（Richard Bellamy）主编《剑桥二十世纪政治思想史》（*The Cambridge History of Twentieth-Century Political Thought*）（剑桥，2003）；诺埃尔·奥沙利文（Noel O'Sullivan）《1945 年以来的欧洲政治思想》（*European Political Thought Since 1945*）（洪明斯，2004）；卡尔·迪特里希·布拉彻（Karl Dietrich Bracher）《意识形态时代：二十世纪政治思想史》（*The Age of Ideologies: A*

History of Political Thought in the Twentieth Century）埃瓦尔·德奥泽译（纽约，1984）；罗兰·斯特隆伯格（Roland N. Stromberg）《在发生了一切之后：1945 年以来的思想史》（*After Every-thing：Western Intellectual History Since 1945*）（纽约，1975）；大卫·雷诺兹（David Reynolds）《一个可以分割的世界》（*One World Divisible*）（纽约，2000）；威廉·R. 克勒（William R. Keylor）《国际世界：1945 年以来的国际秩序》（*A World of Nations：The Inter-national Order Since 1945*）（纽约，2003）；迈克尔·肯尼（Michael Kenny）《认同政治》（*The Politics of Identity*）（剑桥，2004）；阿拉斯泰尔·汉密尔顿（Alastair Hamilton）《法西斯主义的控诉：对知识分子和法西斯主义的研究，1919—1945 年》（*The Appeal of Fascism：A Study of Intellectu-als and Fascism，1919-1945*）（纽约，1971）；约翰·格雷（John Gray）《最后阶段：现代晚期政治思想中的问题》（*Endgames：Questions in Late Modern Political Thought*）（剑桥，1997）。

索 引

《爱弥儿》, 180

《爱尔福特纲领》, 227, 228

《波斯人信札》, 149, 184

《不协调教会的协调》, 079

《忏悔录》, 041

《常识》, 160, 169, 170, 171

《大洋国》, 128

《第三产业妇女请愿书》, 181

《动物庄园》, 262

《都督的权利》, 126

《独立宣言》, 165, 174

《法国革命论》, 167–169, 171

《对统治阶级的呼吁》, 105

《法兰克加利亚》, 125

《法律的元素》, 116

《法律篇》, 017, 020, 021, 025

《斐多篇》, 017

《妇女的屈从地位》, 212

《妇女公民权宣言》, 182

《妇女与公民权利宣言》, 182

《工作与时日》, 010

《公民法》, 058

《共产党宣言》, 224

《关于苏格兰王权的对话》, 124

《关于英国国家的信》, 147

《关于政府第一原则的文章》, 175

《国富论》, 177

《国家六论》, 110, 111

《和平保卫者》, 085–088

《话语和手册》, 035

《基督教徒的顺从》, 113

《基督教要义》, 122

《建设自由共和国的简易办法》, 134

《剑桥希腊和罗马政治思想史》, 003–010

《教士不纳俗税》, 083

《君主论》, 090, 092, 126

《克力同篇》, 017

《利维坦》, 116, 138

《理想国》, 017–020, 024

《联邦党人文集》, 161, 162

《论出版自由》, 141

《论蒂托·李维的前十本书》, 090–093

《论法的精神》, 150, 151

《论反抗僭主之权》, 126, 127

《论犯罪与刑罚》, 176

《论公民》, 116

《论精神》, 175

《论人类不平等的起源和基础》, 218

《论世界帝国》, 085

《论责任》, 035

《论自由》, 210

《美国危机》, 170

《民法大全》, 047, 078

《南特敕令》, 111, 127, 140

《尼各马可伦理学》, 027, 080

《女权辩护》, 003, 184, 185

《人权和公民权利宣言》, 164

《社会契约论》, 154, 155, 174

《圣经》, 056, 077, 079, 082, 085, 097, 100, 106, 108, 111, 113, 120, 121, 122, 124, 137, 179, 289

《〈圣经〉中提到的政治》, 108

《世界人权宣言》, 259, 282

《苏格拉底的申辩》, 017

《为英国人民声辩》, 134

《文明及其不满》, 250

《物性论》, 033

《新的工业世界和社会事业》, 220

《一篇简短的政治权力论述》, 125

《一圣教谕》, 083

《印花税法案》, 159

《怎么办？》, 237, 253

《战争与和平法》, 137

《哲学通信》, 149

《正义论》, 284, 286

《政府的两篇论文》, 129, 166, 179

《政治家篇》, 017, 020

《政治家手册》, 076, 077

《政治经济学原理》, 212

《政治信仰》, 118

《政治义务原理讲演录》, 213

《政治正义论》, 173, 219

《中午的黑暗》, 262

《朱莉》, 180

《自然法与万民法》, 138

《自由法》, 136

《自由君主立宪制》, 114

《永久和平论》, 184

阿尔瓦国, 063

阿卡德的萨尔贡, 006

阿那克西曼德, 011

阿那克西米尼, 011

阿纳斯塔修斯, 060

阿维尼翁, 083, 084

埃德蒙·柏克, 前言, 143, 152, 159, 167, 170, 187

埃皮克提图 , 035, 036

爱奥尼亚人 , 010, 011, 012

爱德华六世 , 113, 125

爱德华一世 , 089

爱琴海 , 009

安布罗斯 , 060

安东尼·阿什利·库珀 , 128

安妮·博林 , 112

盎格鲁—撒克逊 , 054, 088

奥德赛 , 008

奥多亚克 , 043

奥古斯丁 , 前言 , 001, 040, 041–045,
　　048, 073, 080, 087, 093, 094, 100,
　　104, 122, 290

奥古斯都 , 030, 039, 089

奥利弗·戈德史密斯 , 184

奥利弗·克伦威尔 , 128, 136, 140

奥林匹·德·古格斯 , 182

奥斯特罗特国 , 055

奥托一世 , 067

巴基隆·多伦 , 114

巴黎 , 076, 078, 090, 110, 145, 164,
　　170, 176, 181, 183, 185, 203, 204,
　　223, 245, 247, 266

巴门尼德 , 012

柏拉图 , 前言 , 001, 002, 013–025,
　　027, 028, 040–043, 058, 092, 151

拜占庭帝国 , 057, 058

保守主义 , 前言 , 143, 144, 167, 187–
　　189, 194, 196, 198, 200, 260, 272, 273

本笃会修道院 , 053

彼得·阿伯拉尔 , 080

彼得大帝 , 119

毕达哥拉斯 , 012

波斯 , 015

伯拉纠 , 043

伯里克利 , 014–016, 019

伯罗奔尼撒战争 , 016

伯特兰·罗素 , 041

勃艮第人 , 043

博洛尼亚 , 076, 078, 079, 102, 132

博尼法斯 , 062

博斯维特 , 108, 119, 148

卜尼法斯八世 , 083

布尔什维克 , 237, 247, 252–255

布尔什维克革命 , 237, 247

查尔斯·马特尔 , 062

查理二世 , 129

查理九世 , 109, 110

查理曼大帝 , 061, 063–066

查理五世 , 103, 104, 107

查理一世 , 115, 116, 133

查士丁尼 , 046, 047, 058

城邦 , 前言 , 001, 002, 008–010, 011,
　　013–015, 022–025, 028–031, 033,
　　042, 045, 132, 151, 155, 156, 294

城邦国家 , 009, 011, 151, 156

慈运理 , 120

大分裂 , 084, 085

大宪章 , 088

戴克里先, 039

丹麦, 112, 118

但丁·阿利基耶里, 085

德·康德塞特, 182

德尔图良, 079

德谟克利特, 012, 223

德尼斯·狄德罗, 145

德西德里厄斯·伊拉斯莫斯, 102

低地国家, 052

狄奥多西一世, 060

第欧根尼, 031, 032

佃户, 061

定居, 004, 006, 009, 053, 066, 121,
　　147, 226, 228

东哥特, 054

东罗马, 046, 047, 055, 057, 060, 065,
　　069

都督, 077, 095, 107, 116, 121, 122,
　　126, 127, 131, 134, 140

图密善皇帝, 035

多利安, 008, 009

多米尼加, 080

俄国, 119, 180, 242, 252, 253, 254

法国大革命, 145, 163, 167–171, 176,
　　181, 183, 186, 187, 190, 195, 196,
　　219, 254

法兰克人, 043, 125

法老, 007, 008

腓力四世, 083

菲利普二世, 103, 113, 114, 123

菲利浦四世, 090

腓特烈二世, 149

封建关系, 067

封建领主, 052

封建土地制度, 052

弗兰西斯一世, 102, 103

弗朗西斯·霍斯曼, 125

弗勒里得休, 073

弗里德里希·冯·哈耶克, 268, 271

伏尔泰, 143, 146–148, 149, 181, 183,
　　290

格莱安, 079

格雷戈里, 060

格里高利, 071–073

公共教育, 155, 192, 211, 227

公民大会, 014, 016

共和国, 001, 035, 042, 091, 095, 128,
　　132–134, 136, 143, 150, 151, 156,
　　157, 160, 161, 169, 172, 179, 180,
　　196, 199, 203, 229, 245, 287, 290,
　　294, 326

共和政体, 前言, 030, 039, 133, 151,
　　184

古希腊, 前言, 002, 011–014, 030–
　　032, 045, 046, 079, 097, 098, 145,
　　174, 223, 289

光荣革命, 145

贵族政体, 029

荷兰, 052, 102, 122, 123, 129, 133,
　　136, 142, 156, 209

赫西俄德, 010

黑死病, 084, 096

亨伯特, 070

亨利·布雷顿, 078

亨利八世, 111-113

亨利二世, 077, 109

亨利三世, 070

亨利四世, 071

亨利五世, 074

红衣主教, 070, 071, 084, 118

胡戈·格劳秀斯, 136

胡格诺教, 109, 125

护民官, 029

霍诺里乌斯, 043

基督教, 前言, 034, 037-042, 044,
045, 047-051, 053, 055-057, 063-
065, 067, 070, 071, 073, 075, 080,
082, 083, 086, 092, 094, 095, 097,
098, 100, 101, 105, 106, 109, 113,
120, 122, 128, 132, 137-142, 153,
154, 192, 200, 219, 220, 225, 232,
234, 236, 261, 264, 277, 290, 292

基督教的理性, 141

加蒂纳拉, 103

教皇, 前言, 043, 049, 051-053, 056,
059, 060, 062-065, 067-075, 079,
082-087, 098, 100, 102-104, 106,
109, 113, 118, 231, 248, 289

教会法, 070, 071, 105, 106

杰拉德·温斯坦利, 135

杰拉斯, 060

杰里米·边沁, 176, 210

经院哲学, 082

君主政体, 029, 049, 068, 088, 103,
114, 123, 134, 140, 148, 151, 158,
164

卡利克斯图, 074

卡罗莱纳, 061

卡佩王朝, 089

凯尔特人, 043

凯瑟琳·德·美第奇, 109

康拉德·格瑞贝尔, 120

康姆莫德斯, 036, 039

克莱门特五世, 083

克里斯托弗·古德曼, 124

克里斯托弗·罗, 前言, 323

克利斯提尼, 013, 014

克洛德·阿德里安·爱尔维修,
175

克洛维, 055, 061

克洛维斯, 061

兰斯, 067, 326

冷战, 前言, 010, 190, 241, 256, 258,
260, 273, 282, 291

黎塞留, 118

理事会, 014, 058, 071

理性, 前言, 011, 016, 018, 019, 022,
023, 028, 034, 035, 037, 042, 043,
047, 048, 055, 080-082, 085, 098,
099, 117, 131, 137, 138, 141, 144,

145, 150, 156, 166, 167, 172–175,
177, 185–188, 194, 197, 198, 205,
207, 209, 218, 219, 221, 222, 225,
235, 236, 237, 240, 243, 244, 246,
250, 252, 258, 260, 269, 277, 285,
289, 290–293

利奥九世 , 070

利奥三世 , 063, 064

利奥十三世 , 231

利奥一世 , 059

利奇菲尔德战役 , 068

领主 , 052, 061, 067, 224

卢克莱修 , 033

路德教 , 107, 108, 113, 121

路易十六 , 163, 168, 182

路易十三 , 118

路易十四 , 118, 127, 140, 141, 146,
147, 183

路易十五 , 148, 181

路易斯·拿破仑 , 203, 204

吕克昂学园 , 021, 024

伦巴第 , 054, 062, 063

罗伯斯庇尔 , 171, 183

罗伯特·菲尔麦 , 129

罗马法律 , 047, 058, 124

罗马和平 , 034

罗穆卢斯 , 043

罗纳德·里根 , 271

马丁·路德 , 前言 , 100, 104

马丁五世 , 085

马尔科姆·斯科菲尔德 , 前言 , 323

马吉亚人 , 066

马可·奥勒留 , 036, 039

马西利乌斯 , 085–087

玛丽·埃斯代尔 , 179

玛丽·沃斯通克拉夫特 , 前言 ,
184, 216

迈锡尼 , 008

曼尼戈德 , 073

美索不达米亚 , 006

孟德斯鸠 , 143, 149–152, 156, 179,
183, 184

民主政体 , 029, 240

墨洛温王朝 , 061, 062

牧师 , 007, 041, 051, 056, 059, 060,
069, 070, 074, 076, 086, 098, 105,
106, 120, 123, 124, 148

穆斯林 , 057, 062, 063, 066, 069, 079,
184

拿破仑 , 前言 , 068, 133, 171, 188,
195, 196, 201, 203, 204, 206, 208

拿破仑·波拿巴 , 068, 171, 188,
195, 203

南斯拉夫 , 245, 249, 261, 283

尼科洛·马基雅维利 , 090

牛津 , 076, 078, 124, 128, 213, 214,
322, 323, 325, 326, 327

农奴 , 052, 061, 097, 193, 195, 224

奴隶 , 015, 025, 030, 031, 034, 035,
040, 053, 061, 131, 156, 158, 179,

231, 236, 289

诺曼国王, 074, 088

丕平, 062, 063

皮斯特拉斯, 013

平等派, 134–136, 142

普鲁士, 119, 148, 149, 195, 222, 223, 233

普鲁塔克, 033

普罗提诺, 041

普世主义, 前言, 010

七年战争, 158

骑士, 089, 090, 094

启蒙运动, 前言, 050, 098, 099, 143–146, 151, 156, 157, 165, 172, 173, 179, 180, 184, 186, 188, 193, 194, 198, 205, 206, 218, 221, 234– 237, 240, 255, 259, 260, 278, 283, 290–292, 326

契约和同意原则, 067

虔诚的路易, 066

乔治·布坎南, 124

乔治·塞宾, 前言

犬儒学派, 001, 031, 032

让·博丹, 095, 109, 110

让·雅克·卢梭, 151, 152

认同政治, 241, 278–280, 328

日本, 259

日耳曼, 前言, 037, 039, 040, 043, 049, 050–058, 060, 061, 063, 066, 070

萨蒂亚城, 059

萨仁, 065

塞缪尔·普芬道夫, 138

塞萨雷·贝卡里亚, 176

塞萨洛尼卡城, 060

三级会议, 090, 118, 148, 164, 181

上帝之城, 前言, 001, 037, 042, 290

身份认同, 274, 278

神权君主制, 067

神圣罗马帝国, 068, 074, 103, 104, 106, 107, 109, 121, 122, 137

圣巴托罗缪大屠杀, 125

圣餐, 120

圣公会, 060, 070

石油危机, 270

史蒂芬二世, 062

世界公民, 183, 184

世俗, 前言, 001, 008, 032, 039, 042, 049, 052, 053, 056, 058–061, 063, 065, 067, 068, 070, 071, 072, 075, 079, 082, 083, 085, 086, 087, 094– 096, 098–103, 105–108, 110, 111, 115, 120, 121, 123, 139, 184, 186, 210, 219, 220, 227, 241, 250, 283, 289, 292

斯多葛, 001, 031, 034–037, 047

苏美尔地区, 006

梭伦, 013

索尔兹伯里的约翰, 前言, 057, 076

泰勒斯, 011

特里尔 , 065

天主教会 , 047, 051, 052, 090, 091,
　　101, 108, 112, 118, 139, 163, 231,
　　248

同意原则 , 010, 028, 049, 053, 067,
　　088, 089, 142, 144, 174

图尔的主教格列高利 , 055

图尔战役 , 062

托马斯·阿奎那 , 前言 , 080

托马斯·贝克特 , 076

托马斯·霍布斯 , 003, 095, 115, 130

托马斯·克伦威尔 , 112, 128, 136,
　　140

托马斯·莫尔 , 102, 112

托马斯·潘恩 , 160, 169, 179

挖掘者 , 135, 136

瓦伦提尼安三世 , 059

汪达尔人 , 041, 042

威廉·葛德文 , 173, 185, 219

威廉·皮特 , 158

威廉·廷代尔 , 113

维京人 , 066

问责制 , 前言

沃尔姆斯宗教协定 , 074

无产阶级 , 前言 , 188, 193, 194, 215,
　　224, 225, 226, 228, 231, 252, 253,
　　254, 291

无政府主义 , 154, 173, 198, 219

西奥多·比扎 , 126

西奥多里克 , 055

西尔维斯特一世 , 065

西方的没落 , 249

西哥特 , 042, 043, 054

西哥特人 , 042, 043, 054

西罗马 , 042, 043, 047, 050, 051, 055,
　　057, 058, 064, 065

西西里岛 , 069, 073

希尔德布兰德 , 071

希尔德里克 , 062

下议院 , 089, 147–149, 159, 160, 202,
　　217

贤人会 , 088

宪政 , 前言 , 025, 095, 120, 147, 151,
　　196, 206, 240, 273, 291

协商机构 , 前言

协商性政府 , 052

辛克马 , 067

新教 , 前言 , 070, 100, 103, 106–113,
　　120–125, 127, 129, 140, 141, 166

性情 , 前言 , 150

匈奴王阿提拉 , 059

休谟 , 151, 174, 175, 176

叙任权斗争 , 074

畜牧 , 003, 006

雅典 , 002, 013–016, 019–024, 028,
　　034, 080, 323

雅各宾派 , 169, 171, 183, 187, 254

亚琛 , 065, 066

亚当·斯密 , 143, 177, 178, 207

亚里士多德 , 前言 , 001, 003, 021–

028, 036, 055, 079, 080, 081, 086, 094, 117, 137, 151, 167, 174, 284

扬·胡斯, 102

耶路撒冷, 080, 124

伊壁鸠鲁, 001, 031–034, 046, 223

伊壁鸠鲁学派, 001, 031, 033, 034, 046

伊丽莎白一世, 114, 123

伊利亚特, 008

伊曼努尔·康德, 180, 184

议会, 前言, 089, 090, 114–116, 118, 119, 128, 129, 133, 142, 145, 147, 148, 159, 162, 164, 167, 168, 170, 171, 182, 190, 203, 208, 214, 228, 236, 237, 244, 246–249, 251, 261, 283

议会政府, 236, 237

优西比乌斯, 058

游牧, 003, 004, 006, 068

元老院, 029, 030, 035, 039

原始恐惧, 003

约翰·波奈特, 125

约翰·加尔文, 100, 121, 126

约翰·洛克, 前言, 095, 128, 141, 148

约翰·弥尔顿, 133, 140

约翰·诺克斯, 123

约翰·切克, 113

约翰·威克里夫, 102

约翰二十二世, 086

约翰十二世, 068

约瑟夫·普里斯特利, 175

再洗礼派, 120, 121

詹姆士·哈林顿, 128

詹姆斯一世, 095, 114

哲人, 前言, 143, 145, 152, 163, 175, 179, 180, 182, 183

政府的起源, 174, 175

政体, 前言, 026, 028–030, 039, 049, 068, 085, 088, 103, 106, 115, 123, 133, 134, 140, 148, 151, 158, 162, 164, 173, 184, 240, 274, 293

政治机构王廷, 088

政治理论的历史, 前言

政治学, 022, 023, 025, 027, 028, 077, 086, 116, 204, 233

执政官, 029, 035, 039, 171

智人, 002

重装士兵, 009, 010

诸侯, 066, 072

主教, 前言, 040, 041, 047, 051–053, 055, 056, 058–061, 067–074, 079, 084, 090, 091, 094, 100–105, 107–114, 118–121, 123–125, 127–129, 139–141, 163, 166, 168, 231, 248

专制政体, 151, 173

庄园主, 051

资产阶级, 109, 146, 147, 164, 165, 180, 191, 201, 206, 217, 219, 221, 223, 225, 236, 243, 253, 254, 255

自然法 , 前言 , 001, 035, 045, 047,
048, 081, 082, 091, 095, 130–132,
135–139, 165, 168, 173, 174, 176,
186, 207, 209, 214, 218, 231, 267,
277

自由主义 , 前言 , 141, 144, 186–190,
194, 206–210, 213, 216, 217, 233,
234, 239, 240, 244, 250, 251, 260,

264, 265, 268, 269, 271, 272, 274,
278, 279, 283, 284–287, 291

宗教激进主义 , 前言 , 241, 293

宗教正统 , 前言 , 110

族父权论 , 129

佐西米斯 , 043